성경적 부모표 영어

· 크리스천 부모의 영어교육 이야기 ·

이젠 엄마표 영어를 넘어

성경적 부모표 영어

추소정 지음

홈앤에듀
Home & Edu

　자녀들과 교육 때문에 마찰이 생긴 경험들이 모두 있을 것입니다. 공부보다는 아이와의 관계에 집중하는 것이 더 나은 것인지, 아니면 아이의 미래를 위해 갈등이 생기더라도 강압적으로 끌고 나가는 게 맞는 것인지… 공부에 치여 기쁨을 잃은 아이의 표정을 보며 이게 과연 맞는 걸까 고민하는 사이, 시간은 흐르고 관계는 더 틀어지고 맙니다. 왜 영어를 공부해야 할까? 투자하는 시간과 비용에 비해 왜 결과물이 나오지 않을까? 부모가 하나되고, 자녀들도 기쁘게 영어교육을 할 수는 없을까? 성인이 된 두 아들의 엄마이자 공부방에서 아이들을 가르치고 있는 선생님이신 추소정 사모님의 이 책을 읽다 보면 "영어교육의 방향과 속도"에 대한 고민의 해답을 분명 찾게 될 것입니다. _성정선(서울)

　대기업에 근무하며 여섯 살 아이에게 영어 과외를 시켰던 엄마입니다. 그런데 추소정 사모님의 강의를 통해 아이의 미래와 영어에 대한 큰그림을 그릴 수 있었습니다. 이 책은 강의 내용이 좀 더 구체적으로 언급되어 실행에 매우 유익합니다. 많은 재정이 소비되는 영어교육을 성실함만 있으면 검소한 방법으로 놀라운 결과를 얻을 수 있도록 도움을 줍니다. 저희 가정은 그 열매들을 보고 있고, 더불어 아빠들이 바빠서 교육에 참여할 수 없는 대한민국의 현실 속에서도 엄마표가 아닌 부모표로 완성해갈 수 있음을 경험하고 있습니다. _김혜란(용인)

자녀를 양육하기 위해 가장 중요한 것을 꼽으라면 하나님으로부터 오는 사랑과 지혜가 아닐까요. 책을 읽는 동안 자녀 때문에 남몰래 아파하고 눈물 흘린 시간을 주님께서 꼭 안아주시고 다독이시며 다시 일어날 수 있다고 격려하시는 것 같았습니다. 자녀 양육에 지친 마음이 회복되어 다시 뜨겁게 사랑하고, 특히 영어교육에서 하늘로부터 오는 지혜를 구하는 어머니, 아버지들께 일독을 권합니다. _정소흔(대구)

자녀를 위한 진정한 교육이 무엇인지를 알려주는 가이드 같은 책이었습니다. 영어 교육의 영역에서도 가이드라인의 역할을 할 뿐 아니라 우리 자녀들의 오리지널 디자인과 부모로서 지녀야 할 성품에 이르기까지 깊은 가르침을 얻게 하는 책입니다. 모든 부모님이 자녀를 위한 '참사랑'과 '교육'이라는 두 마리 토끼를 얻어 가셨으면 하는 마음으로 필독하시기를 추천합니다. _김희수(경기 광주)

하나님께서 저자의 삶을 통해 아름답게 차리신 밥상을 받은 것 같습니다. 영어가 메인요리인 줄 알았는데, 한 페이지씩 읽어갈 때마다 엄마표 영어를 넘어, 성경적인 부모가 될 균형 잡힌 식단을 만나게 되었습니다. 성경적 원리와 지혜가 담겨있는 이 책을 통해 성경적인 부모로서 살아가는 기쁨과 풍요로움을 누리게 되길 기대합니다. _강희정(양주)

올해 나이 스물 한 살, 스물 두 살인 연년생 두 아들이 6, 7세일 때 아이들과 홈스쿨을 시작했다. 내가 아이들을 학교에 보내지 않고, 집에서 홈스쿨을 하게 된 것은 공교육에 대한 불신이나 대안 교육에 대한 열정이 있어서가 아니었다. 기독교 홈스쿨을 하는 대부분의 가정처럼 성경적 가치로 아이들을 교육하려는 거룩한 목적도 아니었다. 또래보다 발달이 늦었던 작은 아이 예준이가 네 살때 자폐 스펙트럼 진단을 받았기 때문이다. 이러한 이유로 어쩔 수 없이 홈스쿨을 시작했다. 홈스쿨을 통해 나는 비로소 엄마가 되고, 아내도 되고, 사람 구실도 이만큼 하고, 그리스도인도 된 것 같다.

그전까지는 결혼해서 아내가 되고, 아이를 낳아서 엄마가 되었지만, 아내가 어떤 자리인지, 엄마가 누구인지를 몰랐다. 우리 부부는 가정을 이루었지만, 가정을 향한 하나님의 비전을 몰랐다. 각자 자신의 야망만 생각했다. 박사과정 학생이던 남편은 공부밖에 몰랐다. 나도 나 자신에게만 관심이 있었다. 남편은 교수가 돼서 자기 길을 갈 테니 나도 아이가 학교에 입학하는 일곱 살이 되면 거추장스러운 양육의 짐을 벗고 나의 길을 가리라 생각했다. 그래서 연년생 아이들을 낳고 기르면서도 새벽 두세 시에 일어나 공부를 하고 강사 자격증도 따는 등 나 자신의 계획에 충실한 삶을 살았다.

그러던 내가 작은아이의 장애로 인해 홈스쿨을 시작하면서 기독교 홈스쿨 부모교육을 통해 가정을 향한 하나님의 비전, 성경적 부모의 역할을 배우게 되었다. 나는 교회에서 나고 자란 모태 신앙인이다. 그러나 삶에 대한 성경적 기준을 갖고 있지 못했다. 그런 것을 배워본 적도, 들어본 적도 없었다. 늘 믿음 따로, 삶 따로의 모습으로 살았다. 성경과 자녀 양육, 성경과 영어 교육은 상관이 없는 줄 알았다. 그래서 당연히 영어는 세상에서 이름난 영어 전문가에게 배우고, 자녀 양육은 양육 전문가에게 배워야 한다고 여겼다. 그랬던 내가 결혼, 가정, 자녀 교육에 대한 성경적 가치를 접하게 되면서 성경적인 결혼, 자녀 양육, 영어 교육에 대해 고민하고 배우게 되었다. 이 책은 이런 고민에서 나온 배움의 결과물이며, 성경에 가치를 둔 영어 교육에 대한 이야기이다.

홈스쿨을 하기 전부터 아이들 영어는 내가 가르치려고 했었다. 그래서 아이들이 아직 말도 잘 못할 때부터 어떻게 가르쳐야 하는지 공부를 하러 다녔다. 영어 전문 출판사에서 하는 영어 독서지도사 과정과 어린이 읽기

쓰기 지도사 과정을 마쳤다. 두 과정 모두 영어 독서에 대한 전반적인 지식을 배우게 되어 유익했다.

그러나 내가 영어 독서에 대해 정말 제대로 배우게 된 것은 아이들을 가르치면서였다. 내 아이들에서 시작하여 동네 아이들, 교회 어린이집과 방과후 교실에서, 또 '시냇가 나무 교실'이라는 영어 공부방을 운영하면서 유아에서 고등학생까지 17년 동안 정말 다양한 아이들을 만났다.

영어 교육 전문가들에게서 배운 이론과 현장에서 부딪혀 알게 된 실제는 아주 달랐다. 아이들을 직접 만나면서 경험한 시행착오를 통해 많은 것들을 배우게 되었다. 가장 소중한 깨달음은 아이마다 배움의 속도와 스타일이 다르다는 것이다. 또 그것을 존중해 줄 때 아이들이 가장 잘 배우게 된다는 점이다.

특히 '성경적 부모표 영어'에 대한 고민은 '엄마표 영어'로 유명한 유료 사이트를 접하며 시작되었다. 공부방을 시작한 지 얼마 되지 않았을 때, 한 학부모의 권유로 공부방 아이들을 더 잘 가르쳐보려고 가입을 했다. 그곳의 시스템과 방대한 자료, 노하우들은 확신과 기대감을 주기에 충분했다.

그러나 아빠를 배제하고 성경적 기준과는 거리가 먼 '엄마표 영어'의 한계를 절감하게 되었다.

그 후 기독교 홈스쿨 부모들에게 강의를 하게 되었다. 나의 고민과 경험을 나누고, 기도하며 '성경적 부모표 영어'에 대해 도전했다. 홈스쿨 부모들뿐 아니라 강의를 들은 크리스천 부모들의 반응은 대부분이 '영어'에 목말라 왔는데 '성경적'에 꽂혀서 돌아간다는 것이었다. 교육에 있어서 성경적인 가치 기준에 목말라하는 크리스천 부모들이 많다는 것을 알게 되었다. 그런 부모들에게 실수하고 실패하며 몸으로 부딪쳐 배운 것을 나누고자 하는 마음으로 이 책을 썼다.

나는 '성경적 부모표 영어 홈스쿨'을 통해 한국 교회 안에 교육 회복 운동이 일어나길 꿈꾼다. 교육이 우상이 되는 이 시대에, 교육 영역에서도 하나님만이 왕 되시고, 하나님이 친히 다스려 주시는 하나님 나라의 통치가 이루어지길 간절히 바란다.

성공 지향, 성취 지향의 학습을 강요받은 우리 자녀들의 마음 안에 복음이 전해질 토양이 황폐해지고 있다. 이러한 시대에 부모의 마음이 자녀에게, 주님께 향하게 되길 간절히 원한다. 우리의 마음이 회복되길 바라는 마음으로 이 책을 썼다. 이 글을 읽는 모든 그리스도인 부모에게 이 회복의 불이 지펴져서 한국 교회 안에, 다음 세대의 심령 속에 복음의 불길이 활활 타오르길 간절히 기도한다.

이 책을 집필할 마음을 주시고 구할 때마다 필요한 지혜와 힘을 주신 하나님께 감사와 찬양을 올려드린다. 책을 쓸 수 있는 밑거름이 되어 주었던 '성경적 부모표 영어스쿨(홈스쿨지원센터 주최)'의 많은 수강생들, 함께 기도하며 같은 길을 걸어온 사랑하는 '성경적 부모표 영어 카페'의 회원님들 그리고 '시냇가 나무 교실'의 학부모님들과 학생들께도 감사드린다. 이 강의를 계획하고 책을 쓸 수 있도록 독려해 주신, '홈스쿨지원센터' 박진하 소장님과 최건해 집사님 부부께도 감사드린다.

저렴하면서 질 좋은 콘텐츠를 계속해서 보급하여 많은 아이들이 즐겁게 영어를 배울 수 있게 해주시고 지면에도 사이트 화면 캡쳐를 허락해 주신 리틀팍스의 양명선 대표님께도 감사를 드린다.

고민 많던 홈스쿨 초기에 우리 가족을 사랑으로 품어주시고, 리틀팍스를 소개해주시고 꼭 필요한 때에 WFTH를 알려주신 길미란 사모님께 감사드린다. 또한 홈스쿨의 여정에서, 나와 우리 아이들의 스승이자 나를 성경적 부모표 영어 강사로 세워지게 도움을 주신 이승은 사모님께 사랑과 감사를 드린다.

우리 가족의 소중한 친구이며, 중요한 아이디어와 자료들을 기꺼이 나누어 주신 김현선 선생님께도 감사드린다. 홈스쿨 엄마의 바쁜 시간 중에 금쪽같은 시간을 쪼개어 교정으로 섬겨주신 성정선 선생님께 특별한 감사를 드린다.

또 부족하고 연약한 엄마가 용서를 구할 때마다 용서와 사랑을 주는 두 아들 종윤이와 예준이, 고맙고 사랑한다. 결혼 이후 지금까지, 있는 모습 그대로 나를 용납하고 사랑하며 삶의 본이 되어 준 남편 이흥기 목사께도 사랑과 존경을 드린다.

2021년 봄, 추소정

이제는 천국에서

주님과 얼굴과 얼굴을 대하고 계신

사랑과 믿음의 사람이셨던 아빠,

사랑해요.

당신의 사랑으로 행복했어요.

천국에서 만나요.

이스라엘 백성들이여, 들으시오. 우리 하나님 여호와는 오직 한 분 뿐이신 여호와시오.

여러분의 하나님 여호와를 마음과 뜻과 힘을 다하여 사랑하시오.

내가 오늘 여러분에게 주는 이 명령을 항상 마음속에 기억하시오.

그리고 여러분 자녀에게도 가르쳐 주시오.

집에 앉아 있을 때나 길을 걸어갈 때, 자리에 누웠을 때나 자리에서 일어날 때, 언제든지 그것을 가르쳐 주시오.

그것을 써서 손에 매고 이마에 붙여 항상 기억하고 생각해야 합니다.

여러분의 집 문설주와 대문에도 써서 붙이시오.

_신 6:4~9

PART 1

왜
성경적 부모표
영어인가?

1. 영어, 성경적으로 할 수 있을까?

어머 홈스쿨을 하세요?

》》 엄마표 영어의 시작

나는 학생인 남편과 결혼했기 때문에 결혼 초부터 아이 영어 교육은 직접 하겠다고 생각했다. 큰아이 종윤이를 임신했을 때부터 유아 영어에 관한 책도 읽고, 아이를 낳고 나서는 유아 때부터 Wee Sing 시리즈인 『Wee Sing for Baby』, 『Wee Sing Fingerplays & Songs』, 『Wee Sing Nursery Rhyme & Lullabies』 등의 테이프를 틀어 놓고 아이에게 들려주고, 에릭칼(Eric Carl)의 『The Very Hungry Caterpillar』, 『Brown Bear Brown Bear, What Do You See』, 『I Can Do It』 등의 책들을 읽어 주고, 노래도 불러 주고, 밤에 잠자기 전에는 CD도 들려주었다. 작은아이 예준이를 임신해서도, 또 출산 이후에도 '엄마표 영어'는 계속되었다. 유아기에는 아이들이 동요나 그림책을 통해서 영어 소리에 익숙해지기를 바랐다. 집에서는 아이와 영어로 말하기 위해 유아들이 할 만한 말들을 영어로 익혀서 영어와 우리말을 섞어서 썼다. 그러나 엄마가 집에서 아이와 하는 일상 회화라는 것이 단어나 문장도 한정되어 있고, 영어가 얼마나 늘겠나 싶은 의구심이 들었다.

그 무렵 우리나라에서는 기러기아빠 문제가 사회적으로 큰 이슈였다. 가족이 영어 때문에 헤어져 살다가 가정이 깨어지는 현실이 너무나 안타까웠다. 나는 가족이 함께 하며 큰 비용을 들이지 않고 국내에서 영어를 익히는 방법은 독서로 영어를 배우는 것이라는 결론을 갖게 되었다. 그래서 한 영어 전문 출판사에서 하는 영어독서지도사 과정과 주니어 영어 읽기쓰기 지도사 과정을 마쳤다.

그러고 나니 동네 아이들을 가르칠 기회가 생겼다. 교회의 어린이집과 방과후 교실 등에서 유아부터 초중고 아이들에게 영어 독서지도를 하게 되었다. 독서지도에 대해 더 잘 알고 싶어서 우리나라에서 독서 운동을 가장 먼저 시작한 한우리독서운동본부에서 독서지도사 과정도 공부했다. 이런 경험을 바탕으로 2005년부터 2010년까지 한우리평생교육원과 대학 평생교육원에서 독서지도사들을 대상으로 '교육심리' 강의를 하기도 했다.

아이들을 재우고 새벽 두세 시에 일어나 공부를 하고 틈틈이 남편과 친정 부모님께 아이들을 맡기고 배우러 다녔다. 아이가 초등학교에 입학하는 7세가 되기만을 기다리면서 영어독서지도와 부모 역할 훈련 강의 및 상담 영역에서 경험과 경력을 쌓아갔다. 작은아이가 7세가 되어 초등학교에 입학하면 영어독서지도와 강의를 더 많이 하고, 상담 쪽으로 더 공부를 하면서 본격적으로 나의 삶을 살겠다고 계획했다. 그러나 나의 계획은 작은아이 예준이의 발달 장애로 어그러졌다. 그때부터 내 삶은, 아니 우리 가정의 삶은 전혀 다른 방향으로 흘러갔다.

⟫ 엄마, 나를 사랑하세요?

예준이는 둘째 아들이다. 예준이가 세 살 때부터 나는 아이가 이상하다고 느꼈다. 모든 게 빨랐던 큰아이와 달리 예준이는 모든 게 너무 느렸다. 걱정하는 내게 주변에서는 아들이라 그렇다고, 늦되는 아이들이 있다고, 조금만 기다려 보라고 했다. 그렇게 네 살이 되었을 때 엄마만의 직관으로 더 이상 미룰 수 없겠다는 생각이 들었다. 예준이는 당시 '전반적 발달 장애' 진단을 받았다. 현재는 '자폐 스펙트럼 장애'라고 부른다. 아이를 치료하기 위해 기도하면서 여러 기관을 다녔다.

치료기관에 가게 되면 부모가 아이 양육사를 써야 한다. 임신했을 때 상황, 태어나서 어떻게 키웠는지를 상세하게 쓰게 되어 있다. 장애아를 둔 엄마가 양육사를 쓰는 것은 참 못할 일이다. 아이가 별 탈 없이 컸다면 아무 문제도 아닐 모든 것들이 다 원인이고 내 잘못인 것만 같아서 스스로 나를 고발하는 것 같은, 지우고 싶은 기억들과 마주해야 했기 때문이다.

세 번째 기관에서 양육사를 쓰던 날이었다. 늦은 봄이어서 창문이 열려 있었다. 푸른 하늘이 보이고, 꽃잎이 흩날리는, 햇빛이 환히 파고드는 열려진 3층 창문 밖으로 뛰어내리고 싶었다. 지금도 차를 타고 그 길을 지나면 그 날의 기억에 가슴이 먹먹해지곤 한다.

예준이 엄마로 살아온 지난 20년간 참 많은 눈물을 흘렸다. 왜냐고 많이 물었다. '왜 우리 예준이가 이렇게 되었을까' '왜 내게 이런 일이 일어났을까' 그 질문에 대한 답을 구하려 애썼다. 지금도 그 물음은 진행형이다. 한 가지 분명한 것은 답을 구하는 동안 나는 엄마가 되어갔고, 아내로, 하나님 아버지의 딸로 다시 태어났다.

2007년 7월 초에 쓴 일기의 일부이다.

하나님은 왜 내게 예준이를 주셨을까?

왜 나처럼 사랑이 부족한 자에게 예준이를 맡기셨을까?

내게 이생의 자랑(What I have & what I do)이라고 할 만한 게 뭘까?

지식이다.

지적인 나를 의미하는 모든 것이다.

학력, 지식, 타이틀, 직업, 능력이다.

역설적이게도 하나님은 그것에 대해 아니라고,

이 모두는 껍데기에 불과하다고,

껍데기는 아무것도 아닌 거라고,

너 자신이 소중하다고,

네 존재를 사랑한다고

계속 말씀하셔도 여전히 못 믿는 내게

자꾸 말씀하시기 위해 예준이를 보내셨다.

예준이를 사랑하느냐고 하나님은 물으신다.

기대로 눈을 반짝이며 "엄마, 나를 사랑하세요?"라고 묻는 예준이를 통해

내게 물으신다.

피아노를 배우다 선생님도, 스스로도 포기한 예준이,

책을 몇 번을 읽어 줘도 내용을 물으면 모르는 예준이,

친구를 그리워하고 좋아하면서도 막상 만나면 할 말을 찾지 못하다 결국은

혼자 노는 예준이,

좋아하는 이모들을 만나도 수줍음 때문에 싫다고 말하는 예준이,

아무리 주의를 줘도 아무 데서나 흥분해서 큰 소리로 떠드는 예준이…

나를 부끄럽게 하고 죄인 된 심정이 되게 하는 예준이지만

그 예준이가 이젠 사랑스럽다.

예준이 덕분에 난 사랑을 배우고 있다.

사랑이 뭔지도 몰랐던 내가,

사랑받을 줄도, 사랑할 줄도 몰랐던 내가

이제사 마흔이 다 되어서야 사랑을 배워가고 있다.

사도 바울에게 주님 주신 말씀,

"은혜가 네게 족하다. 이는 내 능력이 약한 데서 온전하여진다."

그 말씀의 의미가 뭔지 조금은 알 듯하다

>>> 어머, 홈스쿨 하세요?

"어머, 홈스쿨 하세요?" 큰아이가 초등학교 1학년 나이가 될 즈음부터 많이 들었던 질문이다. 아이들이 어릴 적에 홈스쿨에 대해 듣고 우리도 홈스쿨을 하게 되면 참 좋겠다고 생각했다. 그러나 학생인 남편이 공부하고 내가 일을 해야 하는 우리 가정의 사정상 어렵다고 생각했다. 게다가 나는 성취 욕구가 아주 강한 사람이라 아이들이 7세가 되면 본격적으로 내 꿈을 펼치리라 마음먹고 있었다.

그런데 예준이는 치료를 받으면서 차차 나아지긴 했지만 6세가 되도록 감정 조절이나 표현 능력이 너무나 부족했다. 아이들이 본격적으로 대화하고 상호작용을 통해 놀기 시작하는 어린이집 6세 반에 예준이를 보내게 되었을 때 따돌림을 받게 될까 봐 걱정이 컸다. 아이 문제로 고민하다가 대안교육을 생각하고 알아보았지만, 우리 가정 형편으로는 학비가 너무 비쌌다.

그 무렵 남편이 홈스쿨을 제안했다. 동생이 선물한 여러 책 중 『홈스쿨링 이렇게 시작하세요』라는 책이 있었다. 남편이 먼저 읽고 내게 읽어보라고 권했다. 미국의 다양한 홈스쿨 가정의 사례를 기록한 책이었다. 우리 집과 너무나 상황이 비슷한 한 가정이 나왔다. 발달장애를 가진 아들을 공교육에 적응시키려다가 여러 어려움을 겪으면서 결국 홈스쿨을 선택하게 되어 부모도 아이도 행복을 찾았다는 내용이었다. 퇴근길의 복잡한 지하철에서 그 책을 읽다가 주위 사람들에 상관없이 눈물이 쏟아졌다. 우리 가정을 홈스쿨로 부르시는 하나님의 음성으로 들렸다.

그렇게 홈스쿨을 결정하여 큰아이가 7세, 작은아이가 6세 되던 2006년부터 지금까지 홈스쿨을 하고 있다(큰아이는 중3 되던 2015년에 대안학교에 다니다가 2016년 가을학기부터 미국에 유학을 가 있다).

≫ '나 자신'에서 '가정'으로

너무나 짧은 시간 동안 주님은 모든 걸 바꾸셨다. 먼저 내 마음이 바뀌었다. 홈스쿨이 우리 가정에 대한 주님의 계획임을 확신하게 되었다. 홈스쿨을 결정하면서 환경도 열어 주셨다. 박사과정을 마쳤지만, 아직 논문을 쓰지 못해 학위가 없는 남편에게 연구교수로 일할 수 있는 직장도 주셨다. 당시 나는 교회 부설 방과후 교실과 어린이집에서 아이들에게 영어를 가르치고 있었는데 훌륭한 후임 교사를 보내 주셔서 기쁘게 그만둘 수 있었다. 이미 강의 계약이 되어 있던 한우리평생교육원에서 독서지도사들에게 교육심리를 강의하는 것도 수석 강사님과 교육원 측의 배려로 최소한만 할 수 있었다. 홈스쿨 초기에는 한우리평생교육원의 강의 외에는 바깥일을 중단하고 홈스쿨에 집중했다.

홈스쿨을 하면서 가장 큰 변화는 마음의 중심이 나 자신에서 가정으로 향하게 된 것이다. 홈스쿨을 하기 전에는 결혼하여 가정을 이루었지만 내가 하고 싶은 것, 내가 이루어야 할 것에만 관심이 있었다. 그 때문에 문자 그대로 전투적인 삶을 살았다. 틈틈이 상담과 영어 관련 공부를 하면서 방과후 교실과 어린이집에서 유아부터 고등학생까지 영어를 가르치고, 때때로 어른들 대상으로 강의를 했다. 교회에서 목자를 하면서 지역장까지 하고 있었다. 우리 집은 지역 식구들, 전도한 사람들, 전도하기 위해 교제하는 사람들로 늦은 밤까지 북적댔다. 그러면서 예준이 치료도 병행했다.

홈스쿨 초기에는 오전 시간을 홈스쿨에만 집중하기로 하고 그것을 주위에 알려가며 이해를 구하는 것이 큰일이었다. 집에 찾아온 사람들을 정중히 돌려보내는 일도 자주 있었다. 교회에도 양해를 구하면서 점차 사역을 줄여갔다. 그러면서 여러 일들로 분주하고 전쟁 같았던 내면에 평화가 찾아왔다. 아이들 곁에 있는 엄마로서의 안정감과 행복도 느꼈다.

중심이 자신에서 가정으로 바뀌면서 우선순위도 변했다. 큰아이가 일곱 살 때 엄마에게 가장 중요한 것 세 가지를 물어보니 "1번 전도, 2번 우리들, 3번 아빠"라고 답을 했다. 정말 그랬다. 당시 나는 전도에 미쳐있어서 길을 가다가도 만나는 사람에게 전도했고, 목욕탕에 가서도 옆에 있는 사람에게 전도했다. 나중에 동네 아줌마에게 들은 이야기다. 자신이 이 동네로 이사 왔을 때 사람들이 나를 순복음교회 전도사라고 하면서, 나를 조심하라고 했다고 말해 주어서 동네 사람들이 나를 어떻게 생각하는지 알게 되었을 정도였다.

≫ 부모를 변화시키는 하나님의 계획

홈스쿨을 하게 되면 부모가 먼저 교육을 받게 된다. 부모교육을 통해 내 삶의 잘못된 우선순위가 바뀌어갔다. 교회 일이, 그중에서도 전도가 내 삶의 1순위였던 삶에서 하나님과의 개인적인 관계가 0순위가 되었다. 말씀을 묵상하고 기도하는 것을 가장 중요하게 여기게 되었다. 전도 다음으로 아이들이 남편보다 먼저였는데 하나님과의 관계 다음으로는 남편이 1번이어야 함을 배웠다. 홈스쿨을 한다고 아이들에게 집중하느라 남편보다 아이들이 먼저인 시간이 있었지만, 회개하고 남편이 1순위가 되도록 조정해갔다.

홈스쿨의 부모교육[1]을 통해서 성경적 삶의 원리들을 배우게 되었다. '설계'의 원리를 통해 하나님께서 내 삶의 모든 부분을 계획하셨음을 알게 되었고 인정하게 되었다. 홈스쿨 초기에는 홈스쿨 하기 좋은 환경으로 이사를 가거나 홈스쿨러들이 많은 교회로 옮기고 싶은 유혹이 있었다. 그러나 설계의 원리를 통해 내가 이 교회를 택한 것이 아니라 하나님께서 이 교회로 인도하셨음을 믿게 되어 최근 교회 사역을 마칠 때까지 근 20년간 한 교회를 섬겼다. 또한 남편, 아이들, 시댁, 친정, 나 자신도 하나님의 설계임을 믿고 수용하게 되었다.

또한 '권위'를 통해 내 삶의 모든 필요를 공급하시고, 인도해 가시며, 보호해 주시는 것을 알게 되었다. 어릴 적부터 겉모습은 순종하는 것 같지만 속으로는 권위에 대해 비판적이었던 내가 권위 아래 순복하는 것을 배워가게 되었다. 전도와 양육을 열심히 하던 지역장이 어느 날 갑자기 홈스쿨을 한다면서 집에서 아이들하고만 있는 모습을 보고 교회 권위자들께서는 걱정도 많으시고 오해도 많이 하셨다. 내심 섭섭하기도 하고 마음이 상할 때도 있었다. 그러나 권위자들께 은혜 입기를 간구하면서 하나님께 지혜를 구했다. 그래서 매년 학기가 시작되는 3월에는 교구 담당 교역자를, 9월에는 아이들을 담당하시는 교육부서 목회자를 모시고 개강예배를 드리며 홈스쿨에서 배우는 것들을 보여드리며 축복을 받았다. 나중에 지역장 직분을 내려놓을 때도 담임목사님의 축복을 받으며 내려놓을 수 있었다.

'용서'의 원리를 배운 것도 큰 의미가 있었다. 상처를 받고 용서하지 않는

---

[1] IBLP의 베이직 세미나를 여러 번 수강하였다. 처음에는 우리 부부만 들었지만 아이들이 중학생이 되어서는 가족이 함께 들었고, 홈스쿨 모임의 가정들과도 함께 수강하였다.

마음을 발판 삼아 사탄이 지배권을 넓혀가려고 하는 것을 배우게 된 이후로 우리 부부는 잠들기 전에 서로에게 섭섭한 것, 마음 상한 것을 용서하고, 잘못한 것은 상대에게 용서를 구하려고 했다. 우리는 둘 다 내성적인 성격이라 누가 잘못한 것을 마음속에 담아두고 며칠씩 원한을 풀지 않는 성격이었다. 용서의 원리를 배운 이후로는 죄를 짓고 용서를 구하거나 타인의 잘못을 용서하기까지의 시간이 점점 짧아져 갔다.

아이들과의 관계에서도 마찬가지였다. 아이들을 노엽게 만들기까지 화를 내는 것이 죄라는 것을 알게 된 후로는 아이들이 잘못해서 내가 화를 냈더라도 반드시 용서를 구했다. 우리 가족은 모두 죄인이기에 여전히 서로에게 죄를 짓지만 용서를 구하고 용서함으로 사랑 안에서 성장하는 것을 보게 된다.

또한 '책임'의 원리를 통해 내가 한 말이나 행동들이 결국 주님 앞에서 결산 받게 됨을 알게 되었다. 그래서 그전에는 그저 사람들과 헤어질 때 인사말로 밥 먹자고 했던 말도 조심해서 하게 되었다. 밥을 먹자고 했을 때는 아무리 사정이 어려워도 꼭 약속을 지키려고 애썼다. 컴퓨터 프로그램도 정품을 사용하려고 했다. 불법 다운로드는 하지 않으려고 했다. 남편은 개인 용도로 인쇄해야 할 일이 있으면 직장에서 안 하고 동네 인쇄점에서 했다. 그래서 불편을 감수하고 기다리고 인내해야 했지만, 그것이 주님이 원하시는 일이기에 그렇게 했다.

홈스쿨은 자녀를 통해 부모를 변화시키시려는 하나님의 계획이라는 말을 많이 들었다. 이제는 그 말이 믿어진다. 홈스쿨의 가장 큰 수혜자는 부모인 우리 자신이다.

다음은 2007년 10월 2일에 쓴 일기의 일부이다.

홈스쿨 2년 차, 무엇이 달라졌나?

여유가 생겼다.

전엔 아이들이 하는 행동에 일희일비했다.

그러나 이젠 아이들이 문제행동을 해도 퇴보하는 듯 보여도

크게 낙심하지 않는다.

큰 틀 안에서는 진보하고 있다는 확신 때문이다.

속도가 빠르고 늦고의 차이는 있지만,

그리스도 안에선 누구나 자라게 되어 있다.

나도, 남편도, 종윤이도, 예준이도 모두 자란다.

내가 교회에서 섬기는 사람들과 나누던 영적 비밀, 가치, 유산을

아이들과 나누기 시작하자

(그전엔 애들은 가라, 애들이 뭘 아냐는 식의 태도였다.)

상상도 못 했던 변화가 있었다.

요즘 종윤이는 어떤가?

열정적이고 근면하다.

어린 나이에도 경청하려고 순종하려고 애쓰는 모습,

창의성, 책임감, 자기 표현하려 애쓰는 모습,

보통의 엄마들보다 훨씬 힘의 욕구가 강한 내게

은혜로 반응하며 자신을 지키려는 눈물겨운 노력, 경이롭고 존경스럽다.

내게 형성적 징계의 가치, 상호 책임과 상호 성장,

제자 삼는 것의 기쁨을 일깨워 주는 co-learner이다.

내게서 사랑과 인정, 경청의 지원을 받으면서

점차로 사랑과 순종의 성품이 자라가는 걸 느낀다.

종윤이 안에 정직의 가치, 인내와 끈기의 열매, 겸손의 성품이 드러나면서

내가 종윤이에게 배우는 시간이 많아졌다.

어젠 가정예배 드릴 때 자신의 교만한 태도에 대해 회개하며

겸손과 인내의 성품 주시길 기도했다.

예준이는?

그 안에 있는 열정, 기쁨, 사랑의 성품을 존경한다.

모든 면에서 뛰어난 형과 끊임없이 비교되는 환경 속에서도

마음을 지켜가며 꾸준히 진보해 가는 모습이 경이롭다.

내가 씨 뿌리고 물 주지만

자라게 하시는 놀라우신 하나님을 보게 해 주는 멋진 아들이다.

아주 열정적으로, 헌신적으로 믿으시던 부모님 밑에서 자라면서도

내가 깊이 배우지 못했던 것들-

하나님이 사랑이신 것,

십자가에 나타난 아버지의 그 사랑과 승리,

부활의 의미,

베풀고 나누는 삶,

크리스천 공동체의 신비,

고난을 유익으로 바꾸시는 것,

성품의 힘과 가치,

인생의 의미와 목적,

삶이 예배 된다는 것,

구원 얻는 후사들을 돕는 영인 천사들 등을

배우며 자라가는 우리 아이들을 볼 때

얼마나 기쁘고 자랑스러운지!

마음이 아픈 아이들을 만나다

》》 공부방을 시작하다

큰아이가 4학년 때까지는 크고 작은 어려움이 있었지만, 대체로 순탄하게 홈스쿨을 했다. 작은아이도 점차로 호전되어 자폐 진단을 받고 치료받을 때와는 상상할 수 없었던 모습으로 자랐다. 그렇게 홈스쿨을 해 오던 우리 가정에 큰 변화가 생겼다.

직장에서 연구한 주제로 박사 논문을 쓰던 남편은 본인의 소명과 달란트에 대해 깊이 고민하며 답을 찾고 있었다. '공부하는 것이 즐거운 일이지만 과연 내 평생을 걸 만큼 가치 있는 일인가?'를 고민하는 남편에게 나는 '무엇을 할 때 가장 기뻤고 보람이 있었냐'고 물었다. 남편은 영아부 교사로 가끔 말씀을 전할 때가 있었는데 그때가 행복했다고 했다. 또 홈스쿨 모임에서 아버지들과 아이들 앞에서 말씀을 전할 때, 남선교회 회장으로, 남성 목장의 목자로 형제들과 말씀 나누고 삶을 나눌 때가 행복했다고 말했다. 다 말씀을 전하는 것과 관련이 있었다. 2010년 8월 박사 논문도 마쳤고, 당시 직장도 그해 말까지로 계약이 만료되는 시점이어서 우리 부부는 진지하게 기도하며 고민했다. 결국 목회자로서의 소명을 발견하고 확신한 남편은 12월에 직장을 나오고 다음 해인 2011년 3월 신학대학원에 입학했다.

그때부터 나는 생계를 위해 영어 공부방을 하게 되었다. 내 아이들을 직접 가르쳐서 두 아이 모두 제 또래 미국 아이들이 책 읽는 수준으로 독서를 하고, 영어를 잘한다고 소문이 났기 때문에 그간 주변에서 영어를 가르쳐 달라는 사람들이 있었다. 그래서 홈스쿨을 하면서도 아주 가까운 지인들의 아이들을 간간이 가르친 경험이 있었다. 과외를 할 것이라고 말했더니 남편이 직장을 그만둔 바로 다음 달부터 아이들을 보내주신 엄마들이 있어서 넉넉하진 않아도 생계 문제는 해결할 수 있었다. 모든 학원이 그렇듯이 아이들이 들고 나고 했지만 11년 차인 지금까지 광고 하나 없이 입소문만으로 소개를 받아 새로운 아이들이 꾸준히 왔다. 예비하신 은혜였다.

우리 공부방은 어학원과 과외의 장점을 취해 만들고자 했다. '듣기나 읽기를 충분히 차고 넘치게 해서 말하기나 쓰기까지도 잘 할 수 있게 하자. 아이들이 즐겁게 배우되 어학원 수준의 성과를 낼 수 있게 하자'고 생각했다. 동시에 아이들 각자의 단계와 성향, 학습 스타일을 고려하여 각자의 계획표를 짜고, 아이들 개인의 선호와 성향을 고려해 탄력적으로 운영했다. 아이들이 흥미롭게 배울 수 있도록 미디어를 적절히 활용했고, 크고 작은 시행착오를 거치며 시스템을 업그레이드해 갔다. 덕분에 어학원보다는 저렴한 교육비에, 성과는 어학원보다 낫다는 평을 듣게 되었고, 숙제가 많고 시험이 많은 어학원에서 지친 아이들이 와서 즐겁게 배우면서 결과는 더 좋은 것으로 소문이 났다.

근처에 있는 S대 교수 아파트에 사는 아이들도 많이 왔다. 유학을 간 아빠 엄마를 따라 외국에 살다가 귀국한 아이들이었다. 즐겁게 배우되 이미 익힌 영어를 잊지 않게 하려는 목적으로 온 것이다. 아이들이 즐겁게 다니고 영어책을 읽는 것이 꾸준히 늘기 때문에 부모들도 만족해했다.

≫ 마음이 아파 공부가 힘든 아이들

하나님께서는 공부방을 통해 마음이 아픈 아이들을 만나고 그들의 필요에 귀를 기울이게 하셨다. 샛별이는[2] 중학교 3학년일 때 만난 아이다. 샛별이 엄마는 거의 혼자서 네 명의 아이를 길렀고, 직장까지 다녔다. 늘 일에 치여 지내는 남편에게 도움을 받을 수 없었다. 밑으로 동생 세 명이 있는 맏이, 순하고 순종적이었던 샛별이에게 엄마는 많은 관심을 기울이지 못했다. 그렇게 잘 자라는 줄로만 알았던 샛별이가 초등 고학년이 되면서 부모와의 갈등이 표면화되기 시작했다. 어릴 때 자기 마음을 몰라주고 부모의 입장만을 강요했다며 부모에게 날카롭게 대하기 시작했다. 중학교에 들어가면서 친구 관계에 어려움을 겪었고, 학교에 가는 것을 힘들어하게 되었다. 내가 만난 샛별이는, 시험 보기 며칠 전 누워서 수학책을 읽기만 해도

---

2) 이 책에 나오는 학생들의 이름은 사생활 보호 차원에서 가명으로 썼으며, 가정의 상황도 일부 수정하였음을 밝혀둔다.

백 점을 맞을 만큼 학습적인 자원이 풍부한 아이였다. 그런 아이가 친구나 교사의 말 한마디에 쉽게 상처를 받았다. 학교에서 있었던 사소한 일을 곱씹으며 공부에 집중하기 어려워했다. 어린 시절에 받은 억눌렸던 상처들이 사춘기가 되어 관계의 문제로 본격적으로 터져 나왔기 때문이다.

샛별이 뿐만 아니라 내가 가르쳤던 많은 아이 가운데 마음이 아픈 아이들은 학습에 어려움을 겪었다. 마음이 아픈 아이들은 공부에 쓸 심리적인 에너지가 거의 없다. 그리고 그 문제의 대부분은 중요한 타인과의 관계에서 비롯된다. 청소년기에 나타나는 교사나 친구와의 관계 갈등은 실은 어릴 적에 부모와의 관계에서 시작된 경우가 상당하다.

미국의 심리학자 토마스 고든(Thomas Gordon, 1918~2002)은 1960년 시카고대에서 정서적, 지적 문제를 가진 아이들을 치료하던 중 어린이들의 이러한 문제는 상담실에서 정신의학적으로 다뤄져야 할 문제가 아닌 것을 깨닫게 되었다. 그는 이 문제들이 가정 안에서 부모들과의 관계에서 비롯된 만큼 부모들에게 어떻게 자녀들과 사랑의 관계를 맺을 수 있는지를 가르쳐야겠다고 결심했고, '부모 역할 훈련(Parent Effectiveness Training, PET)'이라는 부모교육 프로그램을 시작하게 된다. 그는 부모를 교육했고, 그 결과는 '어린이들의 문제는 상담실이 아닌 가정 안에서 풀어야 한다'는 그의 생각이 옳았다는 것을 증명해 주었다. 그때부터 그는 2002년 생을 마칠 때까지 약 40년간 상대적 약자인 자녀, 학생, 고용인의 편에서 강자들인 부모와 교사, 관리자들을 교육하는 일에 매진하게 되고, 민주적이고 협동적인 의사소통 모델을 개발한 공로를 인정받아 세 번이나 노벨 평화상 후보에 지명되는 영예를 얻게 된다.

나 역시 두 아이를 기르는 엄마로서, 또 공부방을 운영하는 교사로서 아이들이 가진 많은 문제가 부모와의 관계 속에서 비롯되며, 아이들과 부모의 관계가 회복되면서 문제가 해결되는 것을 많이 경험해 왔다. 공부방을 하면서 아이들이 영어를 즐겁게 배우고, 영어를 통해 자신감을 얻게 된 점도 감사하지만, 마음이 아파서 공부를 할 수 없던 아이들을 만나 도울 수 있게 된 점이 참으로 감사하다.

이런 아이들은 대략 네 부류라고 할 수 있다.

첫 번째 부류는 아이에게 맞지 않는 무리한 학습 때문에 몸이나 마음이 아픈 아이들이다.

창휘는 학업 스트레스로 초등학교 1학년 때 원형 탈모가 왔다. 어학원에 다니며 힘들어하다가 오게 되었다. 엄마가 아이 상태를 말해 주면서 무리하지 않게 공부할 수 있기를 원했다. 원래도 우리 공부방의 중요한 원칙은 '아이가 소화할 수 있을 만큼'만 하는 것이다. 창휘와 같은 아이는 특별히 이 부분에 신경을 쓴다. 아이와 또 엄마와도 따로 대화해 가면서 숙제량을 조절해 갔다. 중간에 슬럼프도 있었지만 몇 년째 잘 다니며 꾸준히 실력이 늘어갔다.

성우는 6학년이 되어서 만났는데 his, run 같은 기본적인 단어들도 잘 몰랐다. 전반적으로 학습에는 흥미가 없고 재능도 없어 보이는 아이였다. 그러나 몇 달을 배우고 나더니 "엄마, 나는 세상에서 태권도 말고는 재밌는 게 없었는데 이제는 영어도 재밌어!"라고 했다고 한다. 한글도 읽기 수준이 초등 저학년 수준이었다. 알고 보니 유치원 선생님이던 성우의 어머니는 늦되는 성우가 한글을 배울 때 급한 마음에 때리면서 가르쳤다고 한다. 그래서 이런 기억 때문에 아이가 읽기 자체에 공포심과 상처가 있었다. 그 이야기를 듣고, 나는 성우의 어머니에게 그것에 대해서 용서를 구하면 좋겠다고 말했다. 성우 어머니는 성우에게 용서를 구했다. 그리고 나는 읽기가 많이 뒤처져 있는 성우의 읽기 레벨을 빠르게 높일 방법을 기도하며 찾기 시작했다. 성우에 대해 기도하는데 큰아이 종윤이가 초등학교 때 마가복음을 암송하고 성경 음원을 들으면서 눈으로 따라 읽고 나서 성경 읽기가 빠르게 늘었던 것이 생각났다. 그래서 성우에게 『쉬운 성경』의 음원을 구매해 들으면서 눈으로 따라 읽게 시켜보았다. 초등 저학년 수준으로 음독을 떠듬떠듬하던 성우의 읽기 속도를 빠르게 하는 데 확실히 효과가 있었다. 또 나는 성우가 내용을 이해하면서 읽는지 걱정이 되었는데 어느 날 성경을 듣고 나서 내용에 대해 질문을 하는 것을 보고 성우가 이해하면서 읽었다는 것을 알게 되었다.

초등 3학년인 지웅이는 어릴 때부터 영어를 싫어했다. 다들 영어공부를 시키는 분위기여서 1학년 때 동네 학원을 보냈는데 너무 어려워하고 힘들어했다. 나중에는 영어 때문에 스트레스를 받아 틱까지 왔다. 많이 긴장하고 왔던 아이는 공부방이 가정집이라는데 안심을 했다. 그런데 음성 틱이 너무 심해서 이미 엄마에게 설명도 듣고 각오를 했는데도 견디기가 힘들었다. 특히 첫날에는 정말 숨이 넘어갈 정도로 소리를 많이 내서 듣다 보니 속이 울렁거릴 지경이었다. 하지만 '얼마나 긴장이 되고 아팠으면 저렇게 몸으로 S.O.S.를 외칠까?' 싶어서 마음이 아프고 기도가 절로 나왔다. "주님, 우리 지웅이가 너무 아픕니다. 저 힘든 마음, 고통스러운 마음 치료하시고 위로해 주세요. 평안케 해 주세요." 둘째 날 다시 만났을 때 틱은 현저히 줄어들었고, 점점 눈에 띄게 증상이 좋아지더니 한 달 뒤에는 완전히 없어졌다. 나중에 지웅이 엄마를 만나 물어보니 역시 틱이 사라졌다고 해서 "어떻게 된 일이지요?" 여쭈었더니 "아무것도 안 했어요" 하시면서 "선생님이 기도하신 것 아니에요?" 하셔서 같이 웃었다.

애초에 지웅이 엄마와 나는 첫 달은 그저 아이가 싫어하지 않고 공부방에 다니게만 해 주자고 목표를 세웠었다. 그래서 수업 시간도 조금씩 늘려 갔고, 숙제도 거의 내주지 않았다. 지웅이를 겪어보니 지웅이는 굉장히 섬세하고 자존심이 강한 아이였다. 그래서 계속해서 아이에게 어렵지는 않은지, 과제가 적당한지 물어보면서 아이가 할 수 있는 수준에서 격려하면서 조금씩 훈련의 강도를 높여갔다. 그러면서 아이는 영어를 조금씩 재미있어 하기 시작했고, 흥미가 생기자 빠르게 영어를 익혀 갔다. 학원을 몇 달을 다니며 파닉스를 배웠다는데 파닉스 규칙도 잘 몰랐던 아이가 공부방에 온지 한 달이 지나자 한두 줄짜리 책들을 읽기 시작했다. 그 후로는 정말 빠르게 늘어서 파닉스부터 시작한 아이가 1년 반 만에 미국 초등학교 1, 2학년 수준의 책들을 읽게 되었다. 영어를 어릴 때부터 싫어했다던 지웅이를 가르쳐보니 영어를 싫어하는 아이가 아니었다. 창휘와 성우, 지웅이를 통해 아이가 영어를 싫어하고 못하는 이유는 아이의 기질이나 학습 스타일을 존중하지 않고 천편일률적으로 접근하기 때문이라는 생각을 하게 되었다.

두 번째 부류는 성장하면서 이런 저런 상처로 인해 마음이 아파서 학습이 안 되는 아이들이다.

4학년 소연이는 초등 저학년 때 학교에서 따돌림을 당한 기억 때문에 소아우울증이 있었다. 별일이 아닌데도 잘 울고, 공부방의 다른 아이들과도 잘 부딪혔다. 소연이 때문에 그만두고 싶어 하는 아이도 있었다. 나 자신도 스트레스가 심했다. 그리고 가르치고 배우는 것에 비해 성과가 정말 나지 않았다. 고민이 많았지만 기도할 때마다 주님은 그 아이를 잘 품으라고 하셨다. 소연이 덕분에 정말 기도를 많이 했다. 소연이의 엄마가 믿음이 있는 분이어서 인내하며 함께 기도하며 가르쳤다. 그러자 아이가 점차 밝아지고, 실력도 눈에 띄게 향상되기 시작했다. 나중에는 소연이를 통해 소개받아 공부방에 오는 아이들도 많아졌다.

1학년인 대호의 경우는 분노조절장애가 있었다. 공부방의 아이들과 잘 싸우고 화도 잘 냈다. 이런 사정을 부모님께 말씀드리고 상담을 받도록 권면을 했다. 부모님께서 1년간이나 아이와 함께 상담을 받고 애쓴 결과 아이가 많이 달라졌다. 대호는 마음이 안정되자 실력도 많이 향상되었다. 3학년이 되자 자기 또래 미국 아이들이 읽는 책도 읽을 수 있게 되었다.

세 번째 부류는 기질적으로 평균 이상으로 민감한 아이들이다.

작은아이 예준이 덕분에 나는 우뇌형 아이들의 특징에 대해 알고 있었다. 많이 민감해서 보통 아이들이 듣지 못하는 형광등 소리를 듣는다거나, 옷을 사자마자 라벨을 떼어내야 하거나, 보통 사람들은 맡지 못하는 냄새까지 맡기 때문에 고통을 겪고, 쉽게 주의가 흐트러진다. 많은 수의 아이들이 함께 공부하는 교실 환경에서는 대부분 좌뇌형 학습 스타일이 선호되기에 우뇌형 아이들의 특성이 고려되기 어렵다. 오히려 지나친 민감성 때문에 산만하고 지체되는 아이들로 분류되기 쉽다. 주의가 쉽게 분산되기 때문에 성취도도 낮고, 교사나 부모뿐 아니라 스스로도 문제아나 지진아로 자신을 인식하게 된다.

또 좌뇌형 아이들이 덧셈을 배우고 뺄셈, 곱셈, 나눗셈 등을 단계별로 학습해 나가는 데 비해 우뇌형 아이들은 순차적 단계와 상관없이 받아들이다가 나중에는 한꺼번에 터득하는 것처럼 갑자기 발전하는 모습을 보이기도 한다. 예준이도 10살이 되도록 10 이상의 덧셈을 힘들어해서 나는 처음에 지적장애가 아닐까 의심을 했다. 10이 넘는 덧셈을 어려워하는 녀석이 두 자리 곱하기 한 자리 곱셈을 기웃거리고, 분수와 소수를 기웃거려서 야단친 적도 많았다. 그러던 어느 날 남편과 점심을 먹는데 예준이가 두 자리 곱하기 한 자리 곱셈 문제를 암산하더라는 것이다. 나는 "답을 외웠겠지, 걔 아직 10 넘어가는 덧셈도 안 되는데"라고 말했다. 그러나 남편은 "그래서 내가 문제를 냈다니까! 다 맞추더라고"하는 것이다. 그러더니 그다음 날은 분수와 소수 문제를 가져와서 맞춰 우리를 놀라게 했다.

앞서 말한 성우도 위에서 말한 우뇌형 아이의 특성이 있었다. 어느 날 성우와 이야기하다가 깜짝 놀랐다. 성우는 여동생이 먹은 컵으로는 물을 마시지 못하고 컵을 씻고 나도 여동생 냄새가 난다고 했다. 그래서 나는 성우가 굉장히 민감하고 쉽게 주의가 산만해지는 우뇌형 아이라는 것을 알게 되었다. 그리고 말로 설명하기보다는 시각적인 이미지로 볼 때 더 이해가 잘 되는 것도 알게 되었다. 그래서 문법이나 다른 공부를 할 때도 마인드맵을 사용해서 가르쳤더니 훨씬 더 잘 배웠다. 성우를 계속 잘 가르쳤다면 놀라운 발전이 있었을 것이다. 하지만 그때 내게 여러 가지 일들이 있어서 계속 가르치진 못했다. 지금도 가끔 성우를 생각하면 아쉬운 마음이 든다.

네 번째 부류는 이런 저런 이유로 인해 배우는 데 성과가 안 나고 배움의 속도가 정말 느린 아이들이다.

지난 시간을 돌아보면 위의 세 부류 아이들은 그나마 내가 가진 상담적인 마인드와 지식 덕분에 비교적 성공할 수 있었다. 그러나 느린 아이들은 내 입장에서는 가장 아쉽고 실패감을 많이 맛본 경우였다.

세희는 내가 파닉스부터 가르친 아이였다. 단모음까지의 파닉스를 익히는 데만 거의 1년이 걸렸다. 뒤에서도 언급하겠지만 나는 파닉스를 배우는 과정이 길면 안 된다고 생각한다. 경우에 따라서는 생략도 가능하다. 세희를 가르치기 위해 나는 온갖 방법을 다 동원했다. 색지 위에 알파벳을 도로처럼 만들어서 미니카로 움직이면서 배우게도 하고, 연필로 도화지 위에 알파벳을 그려놓고 물감으로 색칠해 보게도 했다. 풀을 묻혀 놓고 색모래를 뿌려보게도 하고, 델타 샌드 위에 손가락으로 써 보게도 하는 등 많은 방법을 시도했다.

정말 느렸던 우리 예준이에게 한글 쓰기를 가르칠 때 시도해 보았던 방법들이었다. 그러나 세희는 익히는 속도가 정말 느렸다. 가르치는 사람으로서 크게 좌절을 맛보면서 엄마를 상담해 보니 한글도 그렇고 모든 것이 느리다고 했다. 결과를 말하자면 나는 세희를 가르치는데 실패했다. 초등 저학년부터 중1 초반까지 거의 6년을 가르쳤지만 두세 줄짜리 책을 간신히 읽는 수준에서 더 이상 진전이 되지 않았고, 사춘기가 되자 그마저도 억지로 끌고 갈 수 없게 되었다. 결국은 공부방을 그만두고 말았다.

나는 실패한 원인이 여러 가지라고 생각한다. 먼저, 가르치는 내가 인내심이 부족했다는 점이다. 느린 아이들을 가르칠 때는 아이들이 게을러서안 하는 것이 아니라 안 되는 것임을 인정하고 시간과 결과에 대해 여유를 가져야 한다. 정말 중요한 것은 낙관적인 태도이다. 느린 아이들도 결국 배움에서 생장점이 터지는 순간이 있다. 그때가 분명히 온다는 믿음을 부모도, 교사도 가져야 한다. 그리고 그 믿음을 아이에게도 꼭 심어줘야 한다. 그러나 세희를 가르칠 때 나는 이런 믿음이 부족했다. 또 성과를 기대하는 마음이 컸기 때문에 자꾸 실망하게 되었다. 이런 실망감은 아이에게도 전해졌을 것이다. 모든 아이에게 격려가 필요하지만 느린 아이들에게는 더더욱 그렇다. 자신도 뜻대로 안 돼서 힘든데 가르치는 선생님의 실망과 좌절은 아이를 더욱 낙심시켰을 것이다. 지금도 세희를 생각하면 정말 미안하고 마음이 아프다.

또한 가정에서 아이를 꾸준히 도와줄 힘이 부족했다는 것이다. 어릴 때 몸이 약했던 세희 엄마는 학습에서 부모님의 지원을 받지 못한 것이 한이 되었다. 부모님은 건강이 가장 중요하니 나가서 놀라고만 하셔서 공부에 대한 지도나 관심을 받지 못했다는 것이다. 그래서 세희에게는 비싼 교구나 책도 많이 사주었다. 아이가 학습 습관을 들이는 데는 부모의 태도가 가장 중요하다. 아이가 공부할 시간과 분량을 정하고 그 시간만큼은 다른 방해 없이 공부에만 집중할 수 있도록 환경을 만들어 주어야 한다. 정해진 분량은 무슨 일이 있어도 꼭 하게 하고, 함께 앉아서 아이가 공부하는 습관을 갖게 해 주어야 한다. 세희 엄마에게 여러 번 이런 점을 이야기했지만 그때뿐이고 꾸준함이 부족했다. 배우는 것도 느린데 숙제도 잘해오지 않아 더 나아지지 못했다.

유진이는 세희 다음으로 만난 느린 아이였다. 초등 3학년 때 파닉스부터 시작했고, 파닉스만 1년 배운 아이였다. 그러나 유진이는 4학년을 마칠 때까지 두세 줄짜리 책을 읽을 만큼 눈에 띄게 발전했다. 세희를 가르친 경험에서 배운 것이 있어서 인내하며, 여유와 낙관적인 태도로, 아이를 격려했다. 엄마도 어린 동생 때문에 힘들지만, 숙제를 시키려고 애썼다. 세희와 유진이의 가장 큰 차이점은 학습에 대한 성취욕이었다. 유진이는 느린 학습자지만 성취욕이 있었다. 레벨 업에 욕심이 있어서 슬럼프에 빠졌다가도 레벨 업에 대한 동기만 부여되면 열심히 하려고 애썼다.

이처럼 다양한 아이들을 만나고 가르치면서 깨달은 것은 저마다 기질과 배움의 속도, 학습 스타일이 다르다는 것이다. 그리고 그것을 존중하고 배려하며 가르치면 어떤 아이도 실패하지 않는다. 하나님께서는 우리 한 사람, 한 사람을 독특하고 고유한 존재로 빚으셨다. 우리 모두는 다양한 기질과 성품을 가지고 있다. 아이들도 마찬가지다. 아이들 고유의 특성과 기질을 파악하고 기도하며 아이에게 맞는 가르침을 적용할 때, 학습 성과가 가장 크게 나타난다. 나처럼 일주일에 몇 번 만나는 사람도 아이를 관찰하고 기도할 때 아이에 대해 알려 주시는데 자신의 자녀를 직접 맡기신 부모들에게는 어떻겠는가? 나는 하나님께서 세상의 그 어떤 전문가도 가질 수 없는 자녀에 대한 특별한 통찰력을 부모에게 주신다고 믿는다. 아이를 빚으신 창조주께 겸손히 여쭈어볼 때 반드시 답해 주신다. 영어 교육에 대해서도 마찬가지이다. 다른 아이에게 성공한 방법이라고 해서 내 아이도 그 방법으로 성공하리란 법은 없다. 모두에게 잘 맞고 효과적인 방법은 없다. 이 책을 통해 나는 부모들에게 아이의 필요를 보는 기준, 그리고 내 아이에게 꼭 맞는 공부 방법을 어떻게 찾아야 하는지 나누어 보려 한다.

하나님, 우리 아이 영어 어떻게 할까요?

≫ 엄마표 영어 사이트 경험

공부방을 시작한 초기에 학부모의 권유로 '엄마표 영어'로 유명한 사이트에 가입하게 되었다. 이미 친구를 통해 알고 있었어도 가입은 하지 않았다. 당시 5학년이던 큰아이 종윤이나 예준이도 영어는 잘했고 또 영어가 문제가 아니었기 때문이었다. 그러다가 공부방 아이들을 잘 가르치기 위한 팁을 얻을 수 있을까 하여 가입하게 되었다. 활동을 해야 자료를 볼 수 있어서 활동하게 되었는데 하다 보니 욕심이 생겨나고 '불법 복제물' 같은 죄의 유혹까지 받게 되어 결국 2년 차에 그만두었다.

기독교 신앙이 있는 사람이거나 아니거나 집에서 자신의 자녀에게 영어를 가르치려고 하는 사람들에게는 필수처럼 여겨지고 있는 그 사이트 경험은 내게 '성경적'으로 가르치는 영어에 대해 고민하는 출발점이 되었다. 신앙인으로서 느낀 가장 큰 문제는 '영어가 우상이 되기 쉽다'는 점이었다. 영어를 잘하는 것이 목표이기 때문에 레벨 업을 하기 위해 뭐든지 한다는 것이다. 여기에서 여러 문제가 발생했다.

먼저, 아이들이 보고 들어야 할 교재의 내용이 과연 성경적으로 합당한지 잘 묻지 않는다는 점이다. 영어에 대한 노출 시간을 늘려야 하기에 아이가 재미있어하면 코믹이든 판타지든 공포물이든 뱀파이어가 나오는 영화든, 동성애를 미화하는 드라마든 다 보여주는 분위기였다. 한 달간 자기 아이들이 어떻게 영어 공부를 했는지 엄마들의 써서 올린 '진행기'들을 볼 때 크리스천이 그런 영화나 드라마를 아이들에게 보여 주었다는 내용이 자연스럽게 나와서 놀랐다.

　다른 사람을 볼 것도 없이 나 자신도 이런 분위기 속에 있다 보니 가입할 때 이미 심화 단계였던 우리 아이들의 레벨 업을 위해 미국 드라마를 보여 줘야 할지가 굉장한 유혹이 되었다. 그러나 가족 드라마나 청소년 추천물이라고 하는 드라마들도 기독교 가정의 기준으로 봤을 때 보여줄 만한 것이 없었다. 한번은 10대들이 즐겨본다는 애니메이션을 빌렸다. 큰아이 종윤이는 한번 보더니, 크리스천인 우리는 안 보는 게 유익하겠다고 말했다. 이런저런 시행착오 끝에 성경적인 가치와 기준으로 유익하지 않은 것은 보지 말자고 결론을 내렸다. 그 후 1년간 영어 성경 음원으로 듣기와 영어책 읽기, 리틀팍스만으로도 두 아이가 레벨 업된 것을 확인하게 되었다.

　또 내가 심각하게 생각한 문제 중 하나는 바로, 불법의 유혹에 빠질 수 있다는 점이다. 이 사이트에서는 영어를 잘하게 하려면 소리에 많이 노출되어야 하기 때문에 학원 보내는 만큼의 비용으로 영어 교구재를 사라고 권유한다. 영어를 많이 들어야 영어가 느는 것은 맞는 말이다. 문제는 많은 양의 오디오 북이나 DVD를 사려니까 불법의 유혹을 쉽게 받게 된다는 것이다.

　나의 경우도 그랬다. 이 사이트에서 활동하기 전까지 우리 집에는 불법 복제물이 없었다. 홈스쿨을 시작하면서 부모교육과 IBLP의 베이직 세미나를 통해 '책임의 원리'를 배웠던 우리 부부는 이 부분에서 늘 조심했다. 책의 일부분도 복사하지 않았고, 절판 등의 이유로 복사를 해야 하는 상황에는 출판사나 기관에 문의해서 허락을 구하기도 했다.

　그런데 이 사이트에서 먼저 활동하고 있던 친구에게 나도 사이트 활동을 시작했다고 이야기했더니 필요한 자료를 보내주겠다고 했다. 항상 남 돕기를 좋아하는 친구인지라 도우려는 마음에 보내준 자료를 받아보니 다 복사본이었다. 나는 그 자료들을 사용하지도 지우지도 않은 채 컴퓨터에 그대로 두었다. 그리고 얼마 뒤 그 친구로부터 『슈렉(Shrek)』이라는 책과 그 책의 복사본 음원 CD도 받아왔다.

그 이후 어느 저녁, 수요예배에 갔다. 그날따라 목사님께서 "성경에는 하나님께서 내가 거룩하니 너희도 거룩하라 말하고 있습니다. 우리가 거룩하다면 우리의 컴퓨터도 거룩해야 합니다."라고 하셨다. 컴퓨터에 저장해 둔 불법 복제물들이 생각이 나 눈물을 펑펑 쏟으며 회개했다. 그리고 그 즉시 친구가 준 『아서(Arthur)』비디오 파일을 다 삭제했다. 나중에 18만원을 주고 정품으로 구매했다.

그런 내가 『슈렉』CD 때문에 울었다. 나는 그때 그 CD는 국내에서 정품을 살 수 없는 줄로만 알고 있었다. 너무나 아까워서 '이것까지 지우라고 하시면 정말 싫어요' 하면서 울었던 것이다. 그러던 어느 날 우리 공부방 6학년 아이에게 그 책과 CD를 빌려 주었는데 그 아이가 새 CD를 가져왔다. 깜짝 놀라서 물어보니 CD를 잃어버려서 엄마가 인터넷을 뒤져 여기 저기 알아보고 새 것을 사왔다는 것이었다. 나는 그때 하나님의 거룩에 대한 열정과 나에 대한 인내와 사랑에 또 울고 말았다.

우리는 불법 다운로드를 하는 것이 지혜인 것 같은 세상에서 살고 있다. 제값을 주고 음원을 사거나 영상물을 다운로드하면 소위 '호구'가 된다. 그러나 하나님의 자녀가 된 우리는 세상과 다른 기준을 가져야 한다. 진리가 우리 삶의 기준이 되어야 한다. 이 세대를 본받지 말고 오직 마음을 새롭게

함으로 변화를 받아 하나님의 선하시고 기뻐하시고 온전하신 뜻이 무엇인지 분별하여야 한다. 그리하여 이 어두운 세상에서 빛과 소금의 역할을 감당해야 한다.

그 사이트에서 제시하는 방법의 또 다른 문제점은 영어를 잘하는 것에 초점이 맞춰져 있다 보니, 부모와 자녀가 영어라는 우상의 제단에 모든 것을 다 바친다는 것이다. 거기서는 영어를 잘하기 위해 하루에 세 시간씩 3년을 투자하라고 한다. 또 그렇게 하려고 엄마는 아이에게 끊임없이 무언가를 걸고 거래도 한다. 그런데 학교에 다니면서 매일 세 시간을 내려면 많은 대가를 지불해야 한다. 사람들과의 친밀한 교제, 어려운 이웃을 섬기는 일, 가족과 대화를 할 수 있는 시간, 신앙 훈련의 기회, 심지어 일상생활에서 집안일을 하는 것까지 희생해야 한다. 그러나 과연 이 모든 것을 희생시키면서까지 영어에 올인해야 하는 걸까? 모든 시기마다 아이들 각자의 발달 과업이 있지 않은가? 어느 시기에 반드시 배워야 하고 갖춰야 할 것이 있지 않은가? 또 가정마다 아이마다 영어보다 더 중요한 필요가 있을 수도 있지 않은가?

≫ '성경적' 엄마표 영어의 시작

출애굽 한 이스라엘 백성들이 광야를 거쳐 가나안 땅에 들어갔을 때 그 땅에 살던 백성들이 섬겼던 신들 중에 몰렉이 있었다. 그들은 이 신에게 제사하기 위해 자신의 자녀들을 불에 태워 바쳤다. 그러나 몰렉이라는 우상이 그 옛날 가나안 땅에만 있었을까? 이 시대의 몰렉은 혹시 '교육'이 아닐까? 우리는 교육이라는 신을 숭배하기 위해 내 자녀와 함께 놀 시간, 대화할 시간, 마땅히 가르쳐야 할 것들을 가르칠 시간을 희생시키고 있지 않은가? 부모인 우리가 교육이라는 신에게 엎드리는 동안 우리 자녀들 안에서 복음이 심어져야 할 토양이 황폐해지고 있지 않은가? 현재 우리나라의 청소년 복음화율은 3%대라고 한다. 미전도 종족 수준이다. 우리가 교육이라는 우상을 섬기는 동안 자녀들의 마음은 부모인 우리에게서, 또 하나님으로부터 떠나고 있는 것이다!

이런 고민을 하던 중 '홈스쿨지원센터'에서 홈스쿨 부모들에게 강의를 하게 되었다. 홈스쿨을 시작한 지 8년 차 정도 되는 시점이었다. 내가 뭘 잘했거나 열매가 크게 있어서라기보다는 이 정도 홈스쿨을 했으니 새로 시작하는 홈스쿨 가정들을 섬겨야 하지 않을까 하는 의무감으로 '3인 3색 홈스쿨맘의 홈스쿨이야기-엄마표 영어편'에 강의를 하게 되었다. 내가 홈스쿨을 배웠고, 또 멘토처럼 존경하는 분들과 함께 강의하게 되어 부담도 되었지만, 가장 '나답게' 하자는 마음으로 임했다. 강사들이 다들 대단한 분들이고 미국 생활을 경험하신 분들이었다. 어쩌면 그래서 미국에 가 본 적도 없고, 영성도 성품도 체력도 열성도 실력도 평범한 내 강의가 어필했었는지도 모르겠다. 내 강의 포인트가 나처럼 모든 면에서 평범한 엄마들이 '저 정도면 나도 해 볼 수 있겠다'라고 용기를 갖는 것이었기 때문이다.

또 한 가지 강의 포인트는 '성경적' 엄마표 영어라는 것이다. 앞에서 말했던 엄마표 영어 사이트 활동을 통해 겪은 나의 경험을 진솔하게 나누면서 엄마들에게 성경적인 영어 공부 방법에 대해 생각해 보고 하나님께 여쭤보자고 도전하게 되었다. 강의를 들은 크리스천 부모들의 반응은 뜨거웠다.

"영어가 우상 되는 교육으로 목표와 방향이 잘못될 수 있음을 깨닫게 해 주신 귀한 강의였습니다. 영어 학습이 하나님의 귀한 자녀가 건강하게 자랄 수 있도록 돕는 교육 중 하나로 큰 틀 안에서 이해되고 나니 무엇이 우선 순위이고 무엇을 해야 할지 제가 놓친 것이 무엇인지 깨닫고 큰 그림을 그릴 수 있게 됩니다."

"영어라는 우상 앞에 아이들을 제물로 바치지 않도록, 목적도 목표도 방법도 점검해 볼 수 있어서 감사했습니다."

김천에서 온라인으로 강의를 들은 한 엄마는 눈물을 흘리며 회개하고, '어둠의 경로로 구입한 영어 교재들'을 다 버렸노라고 연락을 해오기도 했다.

나는 위에서 말한 엄마표 영어 사이트에서의 나 자신의 경험과 그곳에서 활동하는 크리스천 엄마들, 또 우리 자녀 세대를 보면서 마음이 참 아팠다. 세상 사람들이 다 그 길로 간다고 해서 하나님을 믿는 우리가 아무 기준 없이 따라야 하는가? 적어도 우리 크리스천 부모들은 아이의 교육에 대해서, 하나님의 기준과 방식을 구하고 찾고 두드려야 하지 않겠는가? "하나님, 우리 아이 영어 어떻게 할까요?" 하나님께 묻고 듣고 가르쳐주시는 대로 순종해야 하지 않겠는가?

2. 성경적 부모표 영어란?

목표도 방법도 성경적 가치에 기반을 두자

준희 엄마는 준희가 어릴 적부터 '엄마표 영어 사이트'에서 활동해왔다. 5학년이던 준희가 심화 단계로 넘어가게 하려고 준희 엄마는 사이트에서 추천하는 대로 청소년 드라마를 다운받아 보여 주었다. 준희 엄마는 직장 생활을 하느라 바빠서, '아이들에게 추천하는 거니까 괜찮겠지' 하는 마음으로 보게 했다. 어느 날 공부방에 온 준희가 나에게 말했다. "선생님, 제가 그 드라마를 보니까요. 게이나 레즈비언들이 정말 멋있고 예쁘게 나와요. 저는 동성애가 안 좋은 거로 생각하지만 그냥 그 드라마를 보게 되면 동성애도 좋은 거야 생각하게 될 것 같아요. 그리고 너무 민망한 장면이 자주 나와요. 그냥 둘이 이야기하다가 키스하거나 침대 같은 데로 막 쓰러져요. 음악은 정말 좋은데… 좀 그래요."

준희 이야기를 듣고 나는 기겁했다. 그리고 한 가지 의문이 풀렸다. 엄마랑 대화도 많이 하고 책도 많이 읽어서 똘똘하고 믿음도 있는 준희가 최근 예배 시간에 집중도 못 하고, 대화할 때도 뭔가 혼미해졌다는 느낌을 받았기 때문이다. 미국 드라마를 계속 보면서 혼미해지고, 영적으로 침체되어 반항적인 모습을 보이게 되었다. 준희 엄마에게 당장 연락해서 못 보게 하시면 좋겠다고 하자 엄마도 깜짝 놀라서 다 지우겠다고 했다.

그 사이트에서 활동할 때 나 역시도 심화 단계이던 아이들이 더 잘했으면 하는 욕심 때문에 미국 드라마를 보여줘야 할지 심각하게 고민했다. 어릴 적에 재미있게 보았던 『맥가이버』를 다운받아 한동안 보여주었다. 이것도 불법 다운로드 아닌 곳을 찾아 겨우 보게 되었다. 그런데 매회 주인공 맥가이버의 상대역이 바뀌고, 그 여자들과 사랑에 빠지고, 늘 마지막 장면은 그 여자들과 맥가이버가 키스하는 걸로 끝나는 것을 우리 아이들이 힘들어했다. 아이들이 말하기를 "엄마, 간음이잖아요." "간음? 음, 그래 결혼한 사이도 아니니 저러면 안 되지. 음란한 거지! 정말 보여줄 드라마가 없구나. 유익하지 않기 때문에 우리는 한국 드라마도 안 보는데 그래 영어가 안 늘어도 좋다. 우린 리틀팍스랑 성경 듣기 외엔 하지 말자"고 결단을 내리게 되었다.

앞서 말한 준희는 많은 노력에 비해 결과물이 적어 고민이 되었다. '엄마가 숙제도 잘 챙기시고, 열심이신데, 아이도 책상 앞에 오래 앉아 있고 성실한데 왜 그럴까요' 하며 답답한 마음에 기도했다. 그때 '그 가정의 컴퓨터가 거룩하지 않다'는 마음을 주셨다. 기도할 때 주신 마음을 준희 엄마와 나누었다. 준희 엄마는 내가 지금까지 봐온 가장 겸손한 사람 중의 한 분이다. 그 이야기를 듣고 난 준희 엄마는 "준희가 어릴 때부터 엄마표를 해서 불법 복제물이 저희 컴퓨터에 많아요"라고 하셨다. 그리고 그 즉시로 모든 불법 복제물들을 다 지우셨다.

그런데 놀라운 것은 그 일이 있고 나서 준희의 영어 실력이 눈에 띄게 좋아졌다는 것이다. 그뿐 아니다. 5학년이던 준희는 어느 날 내게 달려와 기쁜 소식을 전해 주었다. "선생님! 저 2학년 때 이후로 수학 백 점 맞은 거 처음이에요!" 평소에 60, 70점 맞았던 수학을 백 점 맞았다는 것이다. 그 모습을 보니 나도 너무 기뻤다.

나는 준희를 보면서, 하나님께서 원하시는 거룩함에 대해 다시금 깨닫게 되었다. 그리고 준희 엄마처럼 하나님의 지혜를 받아들여 겸손히 순종하는 주의 백성에게 반드시 상을 주시는 분이심을 깨달았다. 우리 부모들이 자녀들에 대해 하나님께 여쭤볼 때 하나님은 반드시 우리의 기도에 응답하신다. 아이의 학습에 대해서도 기도해 보고, 주님이 뭐라고 말씀하시는지 듣고 순종하며 나아가려는 우리 부모들에게 주님은 지혜를 주신다. 후히 주시고 꾸짖지 않으신다.

최근에 교회에서 어떤 분과 이야기를 나누다가 나는 또 한 번 감동을 받았다. 그분이 교회에 온 지 얼마 안 된 초신자 때 엄마표를 하느라 불법 복제물이 많았다고 한다. 그런데 준희 엄마의 이야기를 듣고 자신도 불법 복제물을 다 지웠다는 것이었다. 이 책을 읽는 분들도 준희 엄마처럼 거룩에 대한 하나님의 뜻과 열정을 깨닫고 주변에 선한 영향력을 행하는 통로로 쓰임받으시길 기도한다.

크리스천 부모들인 우리의 자녀 양육의 목표와 방법은 무엇일까? 이에 대한 답은 신명기 6:4~9에서 찾을 수 있다.

> 이스라엘아 들으라 우리 하나님 여호와는 오직 유일한 여호와이시니 너는 마음을 다하고 뜻을 다하고 힘을 다하여 네 하나님 여호와를 사랑하라 오늘 내가 네게 명하는 이 말씀을 너는 마음에 새기고 네 자녀에게 부지런히 가르치며 집에 앉았을 때에든지 길을 갈 때에든지 누워 있을 때에든지 일어날 때에든지 이 말씀을 강론할 것이며 너는 또 그것을 네 손목에 매어 기호를 삼으며 네 미간에 붙여 표로 삼고 또 네 집 문설주와 바깥 문에 기록할지니라 (신 6:4~9)

부모마다 가치를 두는 부분이 다르기 때문에 자녀 양육의 목표 2번, 3번은 가정마다 다를 수 있다. 그러나 모든 크리스천 부모들에게 공통적인 목표 1번은 '하나님을 사랑하고 경외하는 자녀'일 것이다.

지금 우리 가정은 자녀 양육의 목표를 신명기 6:4~9에 두고 있는가? 혹은 처음 시작할 때의 목표를 잃고, 그 길에서 벗어나 표류하고 있지는 않은가? 또 한 가지를 질문해 보라. 지금의 양육 방법이 그 목표를 이룰 수 있는가? 이 질문에 답하면서 확신이 없다면 하나님께 마음의 소원을 말씀드리고 여쭤보아야 할 것이다. 성령님의 인도를 구하고, 말씀에 비추어 살펴보고 한 걸음씩 나아가야 할 것이다.

영어 교육도 마찬가지이다. 크리스천 부모들인 우리는 영어 교육의 목표를 어디에 두어야 할까? 영어를 잘하는 것만이 우리의 목표가 되어야 하는

가? 또 영어 때문에 우리 자녀들이 좋아하기만 한다면 장르와 내용을 불문하고 보여 주며, 많이 보여 주기 위해 불법 복제를 해도 될까? 우리의 목표가 성경적 가치에 있다면 그 목표를 이루기 위한 방법도 성경적이어야 한다. 우리는 음원을 값을 지불하고 사면 '바보'가 되고 '호구'라고 불리며, 불법 복제가 지혜로 여겨지는 세상에 살고 있다. 그러나 세상 사람들이 다 그렇게 산다 해도 살아계신 하나님을 믿는 우리들은 다른 기준을 가져야 하지 않겠는가?

다른 사람들이 만든 책이나 음원을 복제하는 것은 불법이며 타인의 재산을 도둑질하는 것이다. 하나님은 우리가 타인의 재산권을 존중하기 원하신다. 우리 자녀들에게 많은 책이나 음원이 필요하다면 우리의 아버지 되시고 목자 되신 하나님께 기도해야 한다. 주님께서는 우리의 기도에 선한 방법으로 응답해 주실 것이다.

나 역시 주님 앞에 기도하며 여쭤보았다. "하나님! 아이들이 영어를 배우는데 대체 얼마나 많은 양의 책들과 영상물이 필요할까요? 많은 양이 필요하다면 불법 다운로드가 아닌 합법적인 방법으로, 저희 형편에 맞게 저렴하게 가질 수는 없을까요?" 선하신 하나님께서는 나의 기도에 응답하여 주셔서 적은 비용으로, 또 적은 양의 책과 음원으로 실력이 느는 방법을 알려 주셨다.

첫째, 주님께서는 우리에게 다른 사람들을 통해서 거저 주실 수 있다. 공부방을 시작하고 읽기용 교재인 리더스북(Readers Book)이 필요했다. 음원이 함께 있는 책들은 헌책방엔 잘 안 나오고, 새 책은 비쌌다. 할부로 구매할까 하는 유혹이 있었지만 '사랑의 빚' 외에는 빚지지 말라는 말씀을 믿고 카드 구매를 하지 않기로 했다. 자연히 기도할 수밖에 없었다. 그런데 어느 날 교회 집사님 한 분이 전화하여 영어 오디오 북들을 가져가라고 했다. 가 보니 내가 꼭 필요로 했던 초급 단계의 리더스북이 오디오와 함께 3세트나 있었다. 한 권에 보통 만 원 이상 가는 책들이 70여 권이나 되었다. 알고 보니 그 집사님의 친척이 영어 공부방을 하시다가 그만두시면서 집사님께 드린 것이었는데 본인은 필요 없다고 내게 거저 주셨다. 세상에서는 돈이 있어야 산다고 하지만 우리 믿는 사람들은 이처럼 주님께서 공급하시는 것을 서로 주고받음으로 산다. 집사님은 그 책들을 중고로 팔 수도 있었지만, 공부방을 하는 나를 떠올리고 흘려 보냄으로 하나님이 공급하시는 통로가 되었다. 나는 하나님의 말씀에 의지하여 기도하며 기다림으로 믿음의 응답을 받았다.

둘째, 우리는 저렴하면서 유익한 방법을 알려 주시기를 기도할 수 있다. 헌책방이나 도서관, 무료 사이트, 책 대여 사이트를 활용할 수 있다. 우리 가정은 한글책을 포함하여 가진 책의 대부분을 헌책방에서 구입하거나 다른 사람들에게서 받았다. 하나님께서는 우리 기도에 신실하게 응답하신다. 음원이 함께 있는 영어책들을 저렴하게 구매하게 해 달라고 기도하던 어느 날 헌책방에 가보라는 마음을 주셨다. 가보니 내가 기도하고 있던 CD가 포함된 영어책들이 있었다. 새것을 샀다면 20만 원 이상 들었을 텐데 불과 몇만 원에 사게 해 주셨다. 실제로 우리 아이들은 오디오 북을 그렇게 많이 보지도 않았다. 현재 가진 책들도 공부방을 하면서 필요한 책들을 매달 조금씩 구매한 것들이다. 도서관이나 책 대여 사이트를 활용할 수 있다. 또한 Loyal books(http://www.loyalbooks.com)와 같은 무료 사이트도 활용할 수 있다.

　셋째, 영어 성경을 활용할 수 있다. 시간이나 재정 형편이 안 되어 기도할 때, 하나님께서는 내게 영어 성경을 빠르게 듣는 것으로 아이들의 영어 듣기를 해 보라는 마음을 주셔서 순종했다. 그 사이트에서 활동하던 내 친구에게 우리 아이들이 테스트에서 심화 2, 3이 나왔다고 했더니 놀라면서 무슨 책을 봤냐고 물었다. 이러 이러한 책들을 봤다고 하니까 고개를 갸우뚱했다. "그 정도로 해서 그 단계에 도달하기 어려운데…" 그러다가 내가 영어 성경도 암송하고 그걸로 읽기와 듣기도 했다고 얘기하니까 그제야 고개를 끄덕이며 "그러니까 그렇지" 했다. 엄마표 영어 사이트 아이들이 수백 권, 수천 권을 읽어서 도달할 지점을 우리 아이들은 성경 하나로 뛰어넘게 해 주셨다고 믿는다. 영어 성경을 활용하자. 불신자들도 고급 영어를 익히기 위해 성경으로 영어를 배운다. 이 부분에 대해서는 뒤에서 다시 자세히 다룰 예정이다.

　넷째, 리틀팍스와 같은 저렴한 온라인 영어 도서관을 활용하면 된다. 파닉스를 익히기 위해 20권씩 되는 세트를 사는 경우도 있는데, 파닉스도 리틀팍스 1단계의 'ABC Book'만으로도 충분하다. 좀 더 보충하고 싶으면 역시 1단계의 'Word Families' 정도만 하면 된다. 또 사이트 워즈(Sight Words)를 익히기 위해 사이트 워즈 동화책을 세트로 20~30만 원씩 주고 구입하기도 하는데 이것도 1단계의 '단편 동화'나 'Mrs. Kelly's Class' 같은 시리즈 동화만으로 충분하다. 산다 해도 Scholastic에서 나온 『Sight Word Readers』 같은 25권의 책을 CD 포함하여 2만 원 정도에 구매하면 된다. 파닉스 단계부터 챕터북 전까지는 약간의 리더스북들과 리틀팍스 1,

2, 3단계만으로도 충분하다고 생각한다.

영어 교육은 자녀 양육의 한 부분일 뿐이다

≫ 영어 교육을 자녀 양육과 학습의 일부로 보자

엄마표 영어 교재나 유명한 엄마표 사이트를 보면, 초등 3년간 혹은 그이상의 기간을 영어를 위해 올인해야 할 것처럼 이야기하고 있다. 나 역시그 사이트에 가입해서 활동할 때는 그랬다. 엄마표 영어에 대해 끊임없이공부하고, 자료와 교재를 찾고, 교구재를 만드는 그 사이트의 열성 엄마들앞에서, 더 많은 시간, 더 열심히 하지 못한 나는 늘 주눅 들고, 죄책감을 느꼈다. 그래서 아이들을 더욱 채근하고, 다른 모든 시간을 희생해가며 영어에 들이는 시간을 확보하려고 애썼다.

그렇게 몇 달이 지나자 정신이 번뜩 들었다. 영어가 전부인 양 살다보니아이들과의 관계도 틈이 벌어지기 시작했다. 영어를 더 잘하게 하는 데만마음을 쓰면서 아이들에게 자주 화를 내게 되었다. 영어에 스트레스가 없던 아이들이 영어 때문에 속상해하며 울기도 했다. 어느덧 성경적인 가치에 맞지 않는 것들과 타협하면서 마음이 불편해졌고 무엇보다 초등 고학년이 된 아이들이 이런 부분에 대해 문제를 제기하기 시작했다.

그제야 '영어가 전부가 아닌데'하는 생각이 들었다. 정신을 차리고 영어를 제 위치에 두려고 애썼다. 그렇다. 영어는 자녀 양육 전체로 볼 때, 또 학습에서도 한 부분일 뿐이다. 영어 때문에 하나님을 알아갈 시간, 가족이 함

께할 시간, 가치나 성품, 지성의 영역에서 함께 배울 시간, 생활 습관을 훈
련할 시간을 희생해선 안 된다. 아이들이 자라나는 모든 시기에는 꼭 그 시
기에 발달해가야 하는 성장과 성숙의 과제들이 있다. 그것들을 희생해선
안 된다. 아이의 발달단계를 고려해야 한다. 내 아이의 성장기 전체를 볼 때
지금은 어디에 비중을 두어야 하는 때인지를 반드시 점검하고 생각해야 한
다.

››› 우선순위에 맞는 적기 교육을 하자

배움에도 우선순위가 있다. 영어 교육을 자녀 양육 전체의 한 부분이라
고 보게 되었다면 '내 아이의 발달과 필요'라는 관점에서 배움의 우선순위
를 정해야 한다. 또한 그에 맞추어서 '영어 교육을 시작할 가장 적당한 시기
가 언제인지'도 정해야 한다. 그럴 때 전체 양육 기간 속에서 영어에 할애할
시간과 에너지를 적절히 배분할 수 있게 된다. 또한 가정 전체가 새롭게 성
경적 자녀 양육을 하려고 결단했을 때 먼저 훈련되어야 할 영역을 정하고
거기에 더 집중하기 위해 영어를 좀 더 미룰 수도 있다.

관계가 우선이다

성경적 부모표 영어를 시작하기 전에 아이와의 관계를 살펴보아야 한다.
아이가 부모의 말에 순종하고 부모의 권위 아래 있는가? 만약 그렇지 않다
면 왜 그런가? 그 이유를 살펴서 먼저 관계를 회복해야 한다. 나는 홈스쿨
을 시작하면서 이를 위해 한 학기건 1년이건 가족이 함께 시간을 보내면서
관계를 튼튼히 하는 가정들을 많이 보았다. 정말 훌륭한 선택이라고 생각

한다. 자녀가 진정으로 부모를 신뢰하고 따르는 관계를 바탕으로 한 홈스쿨은 실패하지 않을 것이다.

신앙교육이 기초이다

부모와 자녀의 관계를 튼튼히 한 후, 성경적으로 홈스쿨을 하려는 가정에서 가장 먼저 마음을 써야 할 영역은 신앙교육이다. 이것은 자녀 교육의 목표와 방법을 성경적 가치에 기반하게 하는 것이다. 성경적 홈스쿨을 나무에 비유하자면 신앙교육은 뿌리와 같다. 뿌리가 견고히 땅속 깊이 뻗어 있는 나무가 가뭄이나 홍수, 병충해 등 여러 어려움 속에서도 열매를 맺을 수 있다. 이처럼 기독교 신앙이라는 토양 속에 깊이 뿌리 내린 홈스쿨 가정은 어떤 문제가 있더라도 함께 극복하며, 어떤 상황 속에서도 좋은 열매를 맺게 될 것이다.

어떤 가정은 홈스쿨 초기에 성경 암송과 묵상, 가정예배가 자리 잡기까지는 영어를 포함한 학과목을 한 학기나 그 이상의 기간 동안 미루기도 한다. 순종이나 경청, 인내 같은 중요한 성품을 훈련하기 위해 그러기도 한다. 이 모두가 아주 훌륭한 선택이라고 생각한다. 가정의 필요에 따라 가장 중요한 것을 훈련하면서 가족이 함께 관계를 견고하게 하는 과정은 나중에 학과목을 배우는 데도 가장 든든한 기초가 되기 때문이다.

모국어가 먼저이다

'자녀의 발달과 필요'라는 관점에서 가장 크게 보아야 할 것은, 우리말 구사 능력이다. 6, 7세인데(혹은 그 이상이라도) 아직 한글을 유창하게 읽지 못한다면, 영어 듣기와 말하기는 할 수 있지만 읽기는 하지 말아야 한다. '유창하게'의 기준이 다양할 수 있겠지만 '받침 있는 글자들을 정확히 읽을 수 있고, 자기 연령에 맞는 한글 동화책의 뜻을 이해하며 인지 수준에 맞는 적당한 속도로 읽는 수준'이라고 할 수 있다. 아직 한글 읽기가 유창한 수준이 아닌 상태에서 읽기나 쓰기를 배운다면 한글이나 영어 둘 다 지체가 올 수 있다.

그렇기 때문에 가장 중요한 것은 '우리말 책 읽기의 능력과 양'이다. 우리말 독서량이 적고 활용하는 어휘량도 부족하다면 우리말 책 읽기가 우선이다. 우리말로 책 읽기를 튼튼히 한 후에 영어 읽기를 배우는 것이, 시간이나 효과 면에서 결과적으로 더 낫다.

어휘를 늘리는 방법은 엄마와 함께 책을 읽고 대화하는 것이다. 무조건 많이 읽기보다는 상호작용을 하면서 읽는 것이 중요하다. 그러기 위해 책을 읽기 전에도, 읽는 중에도, 읽고 난 후에도 대화를 많이 하는 것이 좋다. 사실 유아기에는 상호작용을 풍부하게 하기 위해 책을 읽는 것이라고 해도 과언이 아니다.

한글 독서가 중요하다

주위의 엄마들을 볼 때 내가 가장 안타깝게 생각하는 점은 한글을 떼고 아이가 혼자 읽을 수 있게 되면 엄마가 아이들에게 책을 읽어 주지 않는다는 것이다. 그러나 나는 적어도 초등학교 3학년 때까지는, 아니 초등 고학년 때에도 부모와 함께 책 읽는 시간이 있었으면 한다. 그 이유는 아이가 한글을 막 뗀 상태에서는 글자만 읽을 뿐이지 글 속의 의미를 이해할 만큼 읽기가 유창하지 않기 때문이다. 그러면 읽기 자체가 즐거움이기보다 고되고 힘든 경험이 될 수 있다. 가장 좋은 것은 아이를 안고, 혹은 아이 옆에서 엄마가 읽어 주는 것이다. 그러면 아이도 눈으로 따라 읽으면서 내용 이해뿐만 아니라 글맛도 음미하게 된다. 그렇게 계속 읽다 보면 엄마가 읽어 주는 속도만큼 아이의 읽기 속도도 빨라질 수 있다.

우리 부부는 잠들기 전 적어도 30분 정도는 아이들에게 꼭 책을 읽어 주었다. 이렇게 유아, 초등기를 지나고 나니 잠들기 전 책 읽기가 습관이 되었다. 중학생이 되어서도 잘 시간이 다 되어 "오늘은 너무 늦었으니까 그냥 자자"라고 하면 "아직 5분 남았잖아요"라고 하였다. 5분이라도 시간이 있으면 읽어 달라고 졸라대고, "5분 만이야"라고 말하며 시작한 책 읽기가 5분 만에 끝난 적은 없었다. 낮에도 내가 몸이 안 좋을 때나 마음이 힘들 때는 무리하게 공부를 하기보다(이전에 그런 상황에서 공부하다가 아이들에게 화낸 적이 자주 있었다) 아이들의 2층 침대에 셋이 나란히 앉아서 재미있는 책을 함께 읽었다. 『버드나무에 부는 바람』이나 『큰 숲속의 작은 집』, 『창가의 토토』같은 따스한 내용의 책을 실감 나게 읽어 주다 보면 아이들은 재미있게 듣고, 때로 눈물이 날 만큼 배꼽 빠지게 웃기도 했다. 우울하고 힘겨웠던 내 마음도 따뜻해지면서 힘이 났다. 아이들은 지금도 가끔 그때 이야기를 하곤 한다.

가족이 함께 책을 읽는 경험은 그 어떤 것과도 바꿀 수 없는 값진 것이다. 피곤으로 지쳐있지만, 부모의 작은 헌신으로 부모의 사랑을 자녀에게 전할 수 있다. 또한 가족이 함께 생각과 가치를 공유하고 나눌 수 있는 귀한 기회이다.

가정의 특별한 상황을 고려하자

또 가정마다 고려해야 할 특별한 상황이 있을 수 있다. 예를 들어 두 돌 이하의 동생이 있는 가정의 경우는 영상으로 학습하는 것을 신중히 생각해 봐야 한다. 영어를 잘하는 것보다 더 중요한 것이 있기 때문이다. 둘째 예준이가 자폐 스펙트럼 장애 진단을 받았을 때 치료기관에 가서 첫 상담 때 놀란 것이 있다. 그 기관에 오는 많은 아이의 부모가 전문직에 종사하는 사람들로 자녀들의 교육에 관심이 많아서 아이가 아직 말도 하기 전부터 영어 비디오를 보여 주며 영어를 공부시켰고, 그곳에 오기 전까지는 자신의 아이가 영어 영재로 알았다고 말하는 분들이 많다는 점이었다. 그 무렵 영유아기에 TV나 비디오를 많이 접한 아이들이 발달이 지체되거나 장애를 보이는 경우가 많아서 '비디오 증후군'으로 방송에서 크게 다루어진 적도 있었다.

예준이의 경우도 많이 본 것은 아니지만 겨우 돌이 지날 무렵에 제 형이 보는 영어 비디오를 옆에서 본 것이 영향이 있었을지도 모르겠다는 생각이 들어서 바로 텔레비전과 비디오를 친정 부모님께 드리고 집 안에 있는 모든 비디오테이프도 정리했다. 예준이 치료가 어느 정도 진행될 때까지, 그러니까 큰아이 종윤이가 5세에서 7세까지 우리 집에선 영어가 금지되었다. 이렇게 가정마다 고려해야 할 가장 중요한 상황이 있을 수 있다. 이처럼 우선순위가 되는 일에 집중해야 할 때는 영어는 미뤄둘 수 있다. 특히 어린 동생이 있는 경우는 영상으로 배우는 방법 대신 다른 방법을 찾아봐야 한다. 또 세 돌이 지났다고 해도 적어도 5세 혹은 6세까지는 영상 매체를 하루 1시간 이상 보는 것은 좋지 않다.

영어 교육, 부부가 함께하자

자녀교육에 성공하려면 '할아버지의 경제력, 아빠의 무관심, 엄마의 정보력이 필요하다'는 말이 있다. 이 말을 단순히 웃어넘길 수 없는 이유는 이 시대가 생각하는 교육과 부모의 역할에 대한 인식이 담겨있기 때문이다. 퇴근 시간도 없이 직장에 매여 지쳐 있는 요즘 아빠들이 자녀 교육까지 챙기기는 쉽지 않다. 그런 아빠들에게 자녀 교육에 대한 동기를 부여하고 함께 하기 위해서는 아내인 엄마들의 세심한 노력이 필요하기 때문에 엄마들 입장에서도 쉽지 않은 일이다. 아빠에게 부탁하고 설명하는 것이 구차하고 번거롭게 느껴지고, 접하는 정보량도 아빠들보다 훨씬 많은 엄마로서는 혼자 하기가 오히려 쉽기 때문에 집에서 하는 학습에는 대부분 '엄마표'라는 이름이 붙어 있는 것 같다. 그럼에도 부부가 함께하는 영어 교육에 대해 말하고자 한다.

성경적으로 영어 교육을 하려고 하는 엄마는 왜 아빠와 함께해야 하는가? 그 답은 바로 질문 안에 있다. 그것이 '성경적'이기 때문이다. 그것이 하나님의 창조질서이기 때문이다. 이러한 질서에 순종할 때 받는 축복을 우리는 유대인들의 교육을 통해 알 수 있다. 이스라엘 가정 안에서 부모는 하나님으로부터 가르침을 위탁받은 가정의 유일한 교사이다. 아버지라는 히브리어의 원어적 의미 중에는 '교사'라는 뜻이 있다.[3] 대부분의 시간과 에너지를 직장에 쏟아야 하는 아빠들은 자녀 교육에서는 소외되기 쉬운 것이 현실이다. 그러한 상황 속에서 아빠들이 가정에 대한 하나님의 비전을 회

---

3) 설은주, 『가정사역론』, 예영커뮤니케이션, 2004, pp.75-76

복하고, 자녀들을 향한 하나님의 뜻을 구하며 교육을 책임지고 주도할 수 있도록 아내 된 엄마들은 잘 도울 수 있어야 한다. 이를 위해서는 하나님의 지혜와 권능이 절실히 필요하다. 이것은 엄마의 열정이나 의지, 능력으로는 불가능하다.

> 그가 내게 일러 가로되 여호와께서 스룹바벨에게 하신 말씀이 이러하니라 만군의 여호와께서 말씀하시되 이는 힘으로 되지 아니하며 능으로 되지 아니하고 오직 나의 신으로 되느니라 (슥 4:6)

감사하게도 이 책을 부부가 함께 읽고 있다면 부부가 합심하여 기도하며 제시된 방법들을 함께 실천해 가길 바란다. 그러나 부부가 아직 가정에 대한 하나님의 비전을 공유하지 못했다면 부부 중 이 책을 먼저 읽고 있는 남편이나 아내들이 명심해야 할 일들이 있다.

≫ 가정의 중심은 부부이다

가장 먼저 가정 안에서 하나님이 정하신 우선순위를 회복해야 한다. 우리의 가정을 들여다보고, 부부 중심적 관계인지 살펴보자. 많은 가정이 아이가 태어나면 자녀 중심으로 재편된다. 먹는 것, 잠자리 등 모든 것을 결정하는 기준이 아이가 되고 부부의 관계나 기호 등은 뒷전이 된다. 남편 입장에서 봤을 때 아내에게 아이가 1순위가 되는 것이다. 그러나 아이가 태어나도 부부가 먼저이고, 그다음이 부모-자녀이다. 성경이 말하고 있는 영적인 질서와 우선순위가 기준이 되어야 한다.

≫≫ 방을 합치자

오랫동안 부모교육을 통해 부모들을 만나면서 놀란 것은 각방을 쓰는 부부들이 많다는 사실이다. 각방을 쓰기 시작한 시점은 대개가 첫아이 백일 무렵이라고 한다. 아이가 우는 소리가 시끄럽고 잠자는 데 방해되니 남편이라도 푹 자도록 배려하느라 아내가 아이와 함께 자면서 시작된다. 그 뒤로는 불편해서, 또 습관이 되어서 등의 이유로 아이가 크도록 방을 합치지 못한다.

한 통계에 의하면 우리나라의 섹스리스 부부는 전체의 36.1%에 해당하며, 64.9%는 각방을 쓴다고 한다.[4] 또한 섹스리스 부부 가운데는 남편들이 자위나 외도·성매매 등 성중독에 빠질 가능성이 크다고 한다.[5] 하나님께서는 혼인 관계 안에서만 성관계를 허락하셨다. 부부 사이에는 영적으로, 또 육체적으로도 온전한 연합이 있어야 한다. 아내들이 자녀들과 함께 자면서 각방을 쓸 때 남편들은 다양한 중독이라는 사탄의 덫에 걸려들게 방치되는 것이다. 강의를 통해 만난 많은 각방 쓰는 엄마들도 남편이 TV를 켜놓은 채 잠든다거나 게임이나 인터넷에 빠져있다는 말을 많이 했다. 심지어 어떤 남편은 도박에 빠지기도 했다. 처음엔 돈이 생길 때만 가다가 나중엔 월급을 가불해서 갈 정도로 심각했다. 중독 전문가 두 분에게 여쭤보았더니 중독이 그 정도까지 갔으면 못 끊는다며 이혼해야 한다고 했다. 그러나 부

---

4) 『헤이데이』(라이나생명 간행)가 강동우 성의학연구소와 공동으로 1,090명의 성인남녀를 대상으로 성생활 관련 설문조사를 한 결과 기혼자 743명 가운데 성관계가 월 1회 이하이거나 없다고 응답한 '섹스리스'는 36.1%였다. 이는 세계 섹스리스 부부 비율인 20% 수준보다 매우 높으며, 2014년 44.6%인 일본에 이어 세계 2위에 해당했다. 가장 큰 원인으로는 부부간의 각방 생활이 꼽혔는데, 각방을 사용하는 부부들의 섹스리스 비율은 64.9%로 같은 방을 쓰는 경우(23.3%)보다 2배 이상 높았다. 「한국판 킨제이보고서 "부부 36.1%는 섹스리스로 세계 2위"」『연합뉴스』 (2016. 6. 29.)

5) 강동우, 백혜경, 「섹스리슨데 성중독?」, 『중앙선데이』 (2017. 3. 12.)

인되시는 분이 가정을 지키려는 의지가 강하여 방을 합치라는 나의 조언을 받아들였다. 방을 합친 후 기적이 일어났다. 남편분이 도박을 끊은 것이다.

나는 어머니들 대상으로 부모 교육을 할 때면 가장 먼저 남편과의 관계를 다룬다. 그리고 많은 부부가 각방 생활을 하고 있다는 사실에 놀라서 '방을 합치라'는 조언을 한다. 8주간의 교육 중 실제로 방을 합친 어머니들의 상당수가 각방을 쓸 때는 남편이 자녀 양육에 정말 무관심하거나 아내의 의견을 무조건 반대하고 무시하다가 방을 합친 후부터 아내의 말에 귀를 기울인다고 했다. 그렇게 설득하려고 애써도 귓등으로만 듣던 남편들의 말투가 달라지고 안 하던 집안일까지 도와준다는 것이다. 자녀들도 "엄마, 요즘 아빠가 왜 이렇게 엄마 말을 잘 들어?" 하고 물어본다고 했다.

이렇듯 방 합치기를 통해 우선순위를 회복했을 때, 아내의 호소를 듣고 양육의 책임을 함께 하게 된 아버지들의 이야기를 많이 듣게 된다. 공부방을 하면서 실제 자신이 가진 능력에 비해 자신감이 떨어지거나 그 능력을 잘 발휘하지 못하는 것처럼 보이는 아이들의 가정환경을 들어보면 부모들의 관계가 원만하지 않은 경우가 대부분이다. 그렇기에 부모가 자녀에게 줄 수 있는 최고의 선물은 부부가 서로 사랑하는 것이라고 하겠다. 자녀가 태어난 후 남편이 뒷전이 된 것은 하나님의 창조질서가 아니다. 자녀보다 남편, 아내가 먼저이다. 만약 자녀 때문에 방을 따로 쓰고 있다면 가장 먼저 방부터 합치길 제안한다.

≫ 남편이 가정의 머리가 되게 하자

방까지 합쳤다면 남편과 아내에 대한 하나님의 창조질서를 알고 그 질서대로 남편이 가정의 머리가 되어야 한다. 이는 에베소서 5장 22절부터 33절에 나타나 있다.

22 아내들이여 자기 남편에게 복종하기를 주께 하듯 하라

23 이는 남편이 아내의 머리 됨이 그리스도께서 교회의 머리 됨과 같음이니 그가 바로 몸의 구주시니라

24 그러므로 교회가 그리스도에게 하듯 아내들도 범사에 자기 남편에게 복종할지니라

25 남편들아 아내 사랑하기를 그리스도께서 교회를 사랑하시고 그 교회를 위하여 자신을 주심 같이 하라

26 이는 곧 물로 씻어 말씀으로 깨끗하게 하사 거룩하게 하시고

27 자기 앞에 영광스러운 교회로 세우사 티나 주름 잡힌 것이나 이런 것들이 없이 거룩하고 흠이 없게 하려 하심이라

28 이와 같이 남편들도 자기 아내 사랑하기를 자기 자신과 같이 할지니 자기 아내를 사랑하는 자는 자기를 사랑하는 것이라

29 누구든지 언제나 자기 육체를 미워하지 않고 오직 양육하여 보호하기를 그리스도께서 교회에게 함과 같이 하나니

30 우리는 그 몸의 지체임이라

31 그러므로 사람이 부모를 떠나 그의 아내와 합하여 그 둘이 한 육체가 될지니

32 이 비밀이 크도다 나는 그리스도와 교회에 대하여 말하노라

33 그러나 너희도 각각 자기의 아내 사랑하기를 자신 같이 하고 아내도 자기 남편을 존경하라

결혼의 목적은 그리스도와 교회의 관계를 드러내 주는 것이다. 그리스도께서 신부인 교회의 머리 됨과 같이 남편은 아내의 머리가 되기 때문에, 그리스도께서 교회를 사랑하시고 그 교회를 위하여 자신을 주심 같이 남편은 아내를 사랑해야 한다. 아내는 교회가 그리스도에게 복종하듯 남편에게 복종해야 한다. 이것은 기능상의 역할이지 누가 높고 낮음을 의미하는 것은 아니다. 그러나 죄로 인해 인간이 타락한 후 세상 모든 것이 하나님의 창조 질서와 다르게 되었다. 가정도 마찬가지이다. 남편은 주도하거나 책임지기를 싫어하며 뒤로 물러선다. 아내는 이런 남편을 뒤로 하고 가정사를 주도하기 시작한다. 자녀 양육에서는 특히나 그러하다. 이제는 하나님의 질서대로 하나님이 설계하신 대로 우리 가정들이 회복되어야 한다. 이를 위해 아내들이 먼저 해야 할 두 가지가 있다.

기도하기

먼저 기도로 나아가자. 하나님께 남편을 잘 돕기 원하는 소원을 말씀드리고 아빠들의 마음을 위해 기도해야 한다. 혹 엄마인 내가 너무 주도적이어서 아빠의 자리를 대신해오지 않았나 돌아보고 회개할 것이 있다면 회개하면 좋겠다. 나의 경우는 홈스쿨 시작 전에 잘 돕겠다던 남편이 직장 일로 너무 바빠 도와주지 못하는 상황이 되었다. 이로 인해 실망과 분노가 쌓이고 냉담함과 쓴 마음이 자리 잡기 시작했던 경험이 있다. 남편이 직장생활을 하면서 박사 논문을 쓸 때부터 남편에 대한 기대를 접었다. 그리고 혼자 할 수밖에 없다고 생각하며 마음 밑바닥에서부터 남편을 제외하고, 모든 것을 스스로 주도하기 시작했다. 이때부터 몇 년동안 우리 가정의 홈스쿨은 망망대해에 이정표 없이 떠도는 위태로운 모습이었다.

바쁜 남편을 돕기 위해 엄마의 역할이 커지는 것과 마음에서 남편을 제외시킨채 내가 모든 것을 책임지는 것과의 차이를 그때는 잘 몰랐다. 하지만, 학년이 올라 갈수록 순종하던 아이들이 반항하기 시작하고, 권위자들을 대하는 태도에서 문제가 드러났다. 누군가에겐 순종하는데 누군가에겐 불순종하는 모습을 보면서 기도할 수밖에 없었다. 그러면서 아이들에게 있는 반항의 뿌리가 엄마인 내가 아내로서 남편의 머리 됨을 인정하지 않고, 남편에게 순복하지 않기 때문인 것을 깨닫게 되었다. 그래서 먼저 회개하고, 남편에게 용서를 구했다. 엄마는 아빠에게 순종하고, 아빠는 하나님께 순종하고… 부모가 과연 자녀들에게 가르치는 대로, 성경 말씀대로 순종하는지, 하나님의 질서대로 사는지 자녀들은 부모인 우리의 모습을 지켜보고 있다.

토설 기도

결혼과 부부에 대한 하나님의 설계를 알았다고 해도 머리와 마음이 하나 되지 않아 삶에 적용이 안 될 때가 있다. 내 경우도 그랬다. 남편을 용서하려고 하면 남편이 잘못한 것들이 떠오르고, 순복하려고 하면 상처받은 마음, 실망감, 분노 등이 올라왔다. 의지적으로 회개하고 남편을 용서하는 기도를 여러 번 했지만 차갑게 식은 마음은 좀처럼 풀어지지 않았다.

이럴 때는 '토설 기도'를 하자. 나는 이 원리를 김소진 사모님의 책, 『토설기도』에서 배웠다. 기도할 때 진정한 회개와 더불어 남편을 용서하기 위해서는 먼저, 마음 안에 있는 쓴 물을 주님 앞에 다 토해내야 한다. 나는 주님 앞에 울며 남편이 한 행동들을 조목조목 어린아이처럼 주님께 아뢌다. 그때 느꼈던 실망감, 분노, 슬픔, 상처 등을 다 토해냈다. 그렇게 남편을 용서할 수 있을 때까지 주님께 충분히 토설하고 나서야 비로소 내 죄를 볼 수 있었다.

남편의 잘못을 쌓아두며 원한을 품었던 것, 나의 죄는 보지 않고 남편의 죄만 보며 정죄한 것, 남편을 용납하고 격려하지 못했던 것도, 하나님의 말씀대로 남편의 머리 됨을 인정하지 않고, 남편이 가장의 역할을 잘 할 수 있도록 돕는 배필이 되지 못했던 것도 모두 회개하게 해 주셨다. 진심으로 하나님 앞에 자복하고 회개하고 나니 남편을 마음에서부터 진정으로 용서할 수 있었다. 그때부터 남편과 대화하고 연합하면서 적절한 도움을 받을 수 있었다.

심리학 이론 중에도 비슷한 원리를 가진 '감정의 홍수이론'이라는 것이 있다. 평상시 인간은 이성과 감성의 적절한 균형으로 사고도 할 수 있고 계산도 가능하다. 그러나 어떤 일로 분노하게 되는 상황의 경우에는 감정이 마치 홍수 상태와 같이 넘쳐나 이성을 삼켜 버린다. 이런 상황에서는 사고가 마비되고, 이성이 제 기능을 하지 못하기 때문에 주위의 노력이나 충고, 조언 등 우리가 옳다고 여기는 말들은 도움이 안 될 뿐 아니라 감정의 홍수 상태를 더욱 악화시킨다. 이때는 그저 화가 나서 쏟아내는 모든 말들을 조용히 들어준다. 거친 말들 뒤에 있는 아픈 마음을 알아주며, 그 감정과 생각을 거울로 비춰주는 것처럼 그대로 반영해 준다.

"그래, 남편이 도와준다고 해서 홈스쿨도 시작한 건데 약속도 안 지키고 바쁘다고 핑계만 대서 화가 났구나!", "혼자서 감당하지 못하게 되면 아이들 공부를 어떻게 시켜야 하나 걱정되는구나!" 이렇게 물이나 거울에 사물이 비추듯 누군가 자신의 마음을 읽어 비춰주면 감정의 물꼬가 터진다. 이때 감정의 홍수 상태를 벗어나게 되고 평상시처럼 이성과 감정이 적절히 균형을 이루게 된다. 그러면 비로소 이성적으로 생각도 할 수 있고, 바른 판단도 내릴 수 있게 된다.

토설 기도는 감정의 홍수 상태를 벗어나기 위해 하나님 앞에 내 마음의 고통과 원망, 좌절감, 복수심, 외로움, 슬픔, 실망감, 두려움, 우울 등의 모든 감정을 토해내는 것이다. 사실 다윗의 기도를 보면 이러한 표현들이 많다.

> 8 그의 연수를 짧게 하시며 그의 직분을 타인이 빼앗게 하시며
>
> 9 그의 자녀는 고아가 되고 그의 아내는 과부가 되며
>
> 10 그의 자녀들은 유리하며 구걸하고 그들의 황폐한 집을 떠나 빌어먹게
>
> 하소서
>
> 11 고리대금하는 자가 그의 소유를 다 빼앗게 하시며 그가 수고한 것을 낯선
>
> 사람이 탈취하게 하시며
>
> 12 그에게 인애를 베풀 자가 없게 하시며 그의 고아에게 은혜를 베풀 자도
>
> 없게 하시며
>
> 13 그의 자손이 끊어지게 하시며 후대에 그들의 이름이 지워지게 하소서
>
> 14 여호와는 그의 조상들의 죄악을 기억하시며 그의 어머니의 죄를 지워
>
> 버리지 마시고
>
> 15 그 죄악을 항상 여호와 앞에 있게 하사 그들의 기억을 땅에서 끊으소서
>
> (시 109:8~15)

다윗은 이렇게 하나님 앞에 온갖 감정들을 토로하며 감정의 홍수 상태를 벗어났다. 때문에 사울에게 복수할 수 있는 여러 번의 기회가 주어졌을 때도 하나님의 뜻대로 행할 수 있었다.

영어 교육, 성경적으로 하자

≫ 현대판 '고르반', 교육비

성경적 부모표 영어를 강의하면서 하나님께서 내게 주신 한 가지 소원이 있다. 부모 십일조이다. 나 자신도 아직 못하고 있는 일이기에 말하기가 더욱 조심스럽다. 부모 십일조는 십일조 내는 만큼의 액수를 부모님께도 드려 부모 공경을 실천하자는 것이다. 내가 다니는 교회에 강사로 오신 한세대학교 차준희 교수님께서 도전하셨는데 듣고 나서 계속 잊히지 않아서 생각날 때마다 기도하게 되었다.

부모 십일조를 못 하는 여러 이유가 있겠지만 우리나라 상황에서는 자녀들의 교육비가 가장 큰 이유라고 생각한다. 교육비야말로 현대판 '고르반'이라고 할 수 있다. 고르반은 하나님께 바쳐진 성물이나 돈을 의미한다. 신약 성경에서 사람들은 고르반이라는 말로 자신의 재산을 하나님께 바치는 경건을 가장하여 부모 부양의 책임과 의무를 회피하였다. 주님께서는 이에 대해 "모세는 '네 아버지와 어머니를 공경하여라. 아버지나 어머니를 욕하는 사람은 반드시 죽으리라'고 하였다. 그러나 너희는, '아버지나 어머니에게 드리려던 것이 고르반, 즉 하나님께 드리는 예물이 되었다'고 하면 그만이라고 한다. 그래서 자기 아버지나 어머니에게 아무것도 드리지 못하게 한다."(막 7:10~12, 쉬운 성경)라고 꾸짖으셨다.

부모 공경은 선택 사항이 아니라 하나님의 명령이다. 간음하지 말라, 도둑질하지 말라, 살인하지 말라와 같은 명령이다. 익히 알다시피 십계명은 1계명부터 4계명까지는 하나님과의 관계에 관한 명령이고, 5계명부터 10계명까지는 사람들과의 관계에 대한 명령이다. 사람들 사이의 관계에 해당하는 명령 중 첫 계명인 5계명, 즉 "네 부모를 공경하라"는 "그리하면 네가 땅에서 잘 되고 장수하리라"는 약속이 있는 계명이다.

우리나라는 자녀 교육비 지출이 막대하다. 때문에 부모님께 마땅히 드려야 할 것을 드리지 않는 것이 크리스천들에게도 당연시되고 있다. 하나님께서 명령하신 것에 불순종하여 약속하신 축복을 받지 못할 뿐 아니라 부모 공경의 본이 되지 못한다. 다시 자녀 세대들마저 그런 삶을 살게 되는 악순환이 반복된다. 계속된 저주 아래 놓이게 되는 것이다. 아래에 제시하게 될 여러 가지 사회적 문제들이 그 증거가 아닐까 생각된다. 세상에서는 영어 교육을 할 때도 많은 돈을 들여서 하라고 부추긴다. 그러나 우리는 그러지 말자. 우리가 부모 공경의 계명에 순종하고자 하는 소원을 갖고 기도하며 나아갈 때 하나님께서는 필요한 모든 것을 주실 것이다.

≫ 크리스천 부모의 대안적 삶

만약 크리스천 부모들이 자신의 자녀들을 사교육에 맡기지 않고, 직접 가르치고, 함께 네트워크를 형성하여, 교육의 짐(수학, 영어, 독서, 예체능)을 나눠서 진다면, 사교육비 부담이 현저히 줄어들 것이다. 이로 인해 부모님께 십일조만큼 드릴 수 있다면, 많은 사회적 문제들이 해결될 것이다.

교육비 증가로 인한 교육 불평등의 문제, 사회적 불평등의 대물림, 노인 빈곤의 문제들뿐만 아니라 자녀들의 인성 문제도 해결될 것이다. 많은 부모가 사교육에 자녀들의 교육을 맡기는 이유 중 하나는 아이들이 자랄수록 부모 말을 듣지 않아서이다. 부모가 집에서 아이들을 가르치다 보면 화가 나서 못 가르치겠다는 것이다. 그로 인해 관계가 나빠지는 것보다 돈을 들여 사교육에 맡기는 것이 낫다고 생각하는 것이다. 그러기 위해서 부모는 돈을 더 벌어야 하고, 자녀들과 함께할 시간은 더 적어진다. 함께하는 시간이 적다 보면 싸울 일은 줄어들지만, 더 가까워질 기회도 잃는 것이다. 반면 함께하는 시간이 길면 싸울 일이 많아질지 모른다. 그러나 서로 부대끼며 갈등을 해결해 나가는 가운데 서로를 더 잘 알아가고 사랑할 기회를 얻는 것이다.

사실, 자녀의 공부를 봐줄 때 나타나는 여러 가지 위기들은 여러 면에서 기회이다. 평상시에 교우들, 직장 동료들, 친구 관계에서는 드러나지 않는 부모의 성품의 문제들이 적나라하게 나타난다. 부모의 교만과 고집, 명예욕, 불신앙, 내면의 우상들이 이만큼 잘 드러나는 관계도 없다. 또한 불순종, 조급함, 산만함 등과 같은 자녀들의 성품의 문제도 금방 드러나게 된다. 많은 아이를 가르쳐 본 나의 경험으로 볼 때 부모에게 순종하지 않는 자녀들은 교사에게도 순종하지 않는다. 교사가 무섭거나 어려워서 순종하는 척할 뿐이고, 그나마도 초등 저학년 때까지이다.

그렇기에 부모와 자녀의 관계의 문제, 성품의 문제가 드러날 때 우리에게 필요한 것은 사교육으로의 회피가 아니라 하나님의 말씀 앞에 서는 것이다. 하나님의 말씀을 통해 부모인 우리가 자녀를 어떻게 대해야 하는지, 자녀들은 부모에게 어떻게 해야 하는지를 배우고 그 말씀에 순종하려고 애쓴다. 그러나 죄인인 우리들은 도저히 하나님의 기준에 도달할 수 없음을 실패를 통해 배운다. 성경적인 가치기준을 갖고 부모가 기도하며 내면의 죄성에 직면하여 회개하고 용서를 구하고, 다시 죄를 짓고, 용서를 구하는 과정에서 십자가의 능력과 구원의 은혜를 깨달아 점차로 성화가 이루어진다. 그리하여 부모도 자녀도 하나님의 자녀로 성장하게 되는 것이다.

나의 경우는 "분을 내어도 죄를 짓지 말며 해가 지도록 분을 품지 말라"(엡 4:26)는 말씀을 통해 두 가지를 깨닫게 되었다. 첫째, 분노가 불의에 대한 자연스러운 반응이지만 과도하게 분노를 표현하는 것이 죄가 될 수 있다는 것이다. 둘째, 죄를 짓지 않고도 분노를 표현할 수 있다는 것이다. 불의에 대한 자연스러운 감정인 분노를 표현할 때 상대를 비난하거나 분을 폭발하게 되면 나도 상대방에게 죄를 짓게 된다. 상대방의 죄 때문에 그런 감정을 갖게 되었어도, 나의 죄가 덮어지지는 않는다. 상대방의 죄는 상대방의 몫이고, 나의 죄는 나의 몫이다. 분노를 표현할 때 죄를 지을 것인지, 아닌지는 나의 선택이고 책임이다. 그래서 분노하면서 죄를 짓지 않으려고 무지 노력했다.

그러나 아무리 노력해도 내 힘으로는 해결되지 않는 죄로 인해 나 자신에게 절망할 수밖에 없었다. 분노의 문제로 아이들에게 "엄마가 화를 내서 미안해. 용서해 주겠니?"라고 물을 때마다 아이들은 용서해 주었지만, 하루에도 몇 번씩 그렇게 살다 보면 어떤 날은 너무나 부끄럽고 낙심이 되었다. 어느 날 새벽, 홀로 깨어서 숨죽인 채 마음으로 통곡을 하며 울던 기억이 난다. "주님, 저의 힘으로는 이 분노의 죄를 해결할 수 없습니다. 제발 살려주세요!!" 새벽기도에 가서도 사람들이 다 돌아갈 때까지 혼자서 엉엉 울며 기도했다. 한번은 내가 전도한 자매가 새벽기도에 왔다가 그런 나를 보고 안쓰러워서 같이 울면서 안아준 일도 있었다. 그럴수록 하나님께 나아갈 수밖에 없었다. 주님께 가까이 가면서 이런 나의 죄 때문에 주님이 십자가에서 죽으실 수밖에 없었구나. 나 대신 죽으실 만큼 나를 사랑하셨구나⋯ 십자가의 사랑이 깨달아지고 믿어졌다. 이전의 나는 십자가의 사랑이 가슴에서 깨달아지질 않았다. 믿어지질 않았다. 교회에서 리더로 많은 사람을 섬기고 전도하고 양육하면서도 내 신앙 수준은 '예수님이 나만 위해 죽으신 것도 아니잖아'라는 생각을 하는 정도였다.

그러나 홈스쿨을 하며 분노를 표현할 때 짓는 죄의 문제와 직면하면서 내가 죄인인 것이 비로소 깨달아졌다. 십자가가 아니고는 이 죄 문제를 해결할 수 없다는 것이 너무나 확실했다. 이 죄는 은혜로, 내가 복음을 믿고 주님이 주시는 능력을 힘입어서야 점차 정복할 수 있었다. 주님은 다른 관계나 영역에서 잘 드러나지 않던 나의 죄를, 홈스쿨이라는 도구로 드러내시고 나의 구원을 이루어 가신 것이다. 그 과정에서 나는 하나님의 사랑을 알게 되었다. 왕의 딸이라는 자신의 신분을 모른 채 거지꼴로 떠돌아다니는 처지와도 같았던 내가 이제 왕이신 하나님의 딸임을 진정으로 받아들이게 되었다.

≫ '성경적 부모표 영어 홈스쿨 카페'로 모이자
나는 여러 해 동안 강의를 통해 영어 홈스쿨을 성경적으로 하자고 호소

해 왔다. 강의를 들은 많은 엄마들이 공감을 했고 시도를 했지만, 따로 떨어져 있어 힘을 잃기 쉬웠고 그걸 보면서 안타까웠다. 서로를 도와주고 세워 줄 수 있는 공동체가 필요했다. 그래서 제안하게 된 것이 '성경적 부모표 영어 홈스쿨' 운동이다. '성경적 부모표 영어 홈스쿨'은 '성경적인 가치'로 돌아가는 회복 운동이라고 정의할 수 있다.

첫째, 가정 회복이다. 아빠가 주도하고, 부모가 함께 책임지는 영어 교육을 지향한다. 교육은 엄마들의 몫이라고 여기며, 변두리에 걸터앉은 아빠들에게 가장의 자리를 되찾아 주는 운동이다. 하나님께서 정하신 아빠의 자리, 가정의 제사장이며, 공급자이며, 보호자의 자리로 아빠들을 다시 모셔와야 한다. 그래서 이름도 '성경적 부모표 영어 홈스쿨'이라고 지었다. 세상에 '엄마표'가 있다면, 우리 크리스천들에게는 '부모표'가 있다.

둘째, 영어의 위치를 바로잡는 것이다. 영어는 자녀 양육 전체에서, 또 자녀의 학습에서 한 부분일 뿐이다. 영어를 이런 전체적인 맥락에서 바라보고, 계획하고 실행하자는 것이다. 또한 영어는 목표가 아니고, 배움과 소통의 도구일 뿐임을 기억하자는 호소이다.

셋째, 배움의 목표도 과정도 성경적인 영어 교육을 지향한다.

넷째, 가정의 재정 규모 안에서 사회적 법을 지키고, 타인의 몫을 보호해 주는 굿 다운로드(good download)를 실천하자.

다섯째, 평범한 부모도 성실함만 있으면 할 수 있는 홈스쿨이다.

이런 취지에 공감한 부모들에게 도움이 되고자 나는 2015년부터 '성경적 부모표 영어 홈스쿨'이라는 카페를 만들어서 활동하고 있다. 성경적으로 부모가 자녀에게 영어를 가르치는 것은 자녀의 교육을 전문가와 사교육에 맡기는 현 시대의 흐름을 거스르는 어려운 일이다. 또한 마음을 굳게 먹고 시작했다 해도 혼자서는 지속하기도 쉽지 않다. 그래서 성경적 부모표 영어를 하고자 하는 크리스천 부모들이 함께 모여야 한다고 생각한다. 같은 교회 성도들이, 같은 지역의 성도들이 함께 모이고, 지역마다 중심이 되는 교회들이 생겼으면 좋겠다. 그 교회들을 중심으로 네트워크가 형성되어서 성경적 부모표 영어 홈스쿨의 취지에 공감하는 크리스천 부모들이 함께 모여 기도하고, 격려하고, 다른 가정들을 보며 도전도 받고, 서로에게 본이 되어 섬겨준다면 가장 이상적인 모습일 것이다.

1. 성경적 부모표 영어를 당신의 친구에게 소개한다면 무엇이라고 하겠는가?
   4~5 문장으로 적어보자.

2. PART 1을 읽고 영어 교육에 대한 생각이 바뀐 것이 있다면 무엇인가? 그
   것을 당신의 자녀의 영어 교육에 적용한다면 어떤 모습이겠는가?

3. 부부가 함께하는 영어 교육이 되기 위해 결단할 것이 있다면 무엇인가?

아하시야 왕이 사마리아에 있는 그의 이층 방 난간에서 떨어져 크게 다쳤습니다.

그는 명령을 받고 심부름하는 사람들을 보내며 말했습니다.

"에그론의 신 바알세붑에게 가서 내 다친 몸이 나을 수 있는지 물어 보아라."

여호와의 천사가 디셉 사람 엘리야에게 말했습니다.

"일어나 가서 아하시야 왕이 보낸 사람들을 만나라. 그들에게 이렇게 말하여라.

'이스라엘에 하나님이 안 계셔서 에그론의 신 바알세붑에게 물으러 가느냐?'"

_왕하 1:2~3

PART 2
성경적 부모표 영어 준비하기

3. 성경적 부모표 영어 시작 전
알아야 할 것들

아이들이 살아갈 시대를 알자

》》 '마지막 때'에 대해 성경을 단서로 미래의 변화를 그려보자

자녀의 영어 학습의 목표와 방법을 세우기 위해서는 자녀들이 살아가야 할 시대, 그들이 처해 있는 환경에 대한 이해가 필요하다. 다음의 말씀을 깊이 읽어보자.

> 32 잇사갈 자손 중에서 시세를 알고 이스라엘이 마땅히 행할 것을 아는 우두머리가 이백 명이니 그들은 그 모든 형제를 통솔하는 자이며
>
> (대상 12:32)
>
> 32 men of Issachar, who <u>understood the times</u> and <u>knew what</u>

Israel should do-200 chiefs, with all their relatives under their command;

위의 말씀에서 보듯이 우리가 시대를 알 때 마땅히 무엇을 해야 할지도 알게 된다. 부모인 우리가 사는 시대뿐만 아니라 우리 자녀들이 살아갈 시대가 어떤 시대인지를 알아야 한다. 시대마다 그 시대의 과제들이 있고, 그에 따라 필요한 역량을 갖춘, 시대가 요구하는 인재상이 있게 마련이다. 우리의 자녀들이 자신의 소명에 따라 살 수 있도록 도우려면 부모인 우리들 또한 자녀들이 살아갈 시대를 알아야 할 것이다.

미래는 항상 미지의 영역이다. 우리 자녀들이 살아갈 시대는 특히나 그렇다. 우리나라만 해도 지금까지는 앞서간 나라들의 경험이나 역사를 보고 우리의 미래를 한정적이나마 그려낼 수 있었고 배울 곳이 있었다. 그러나 인공지능(AI)의 시대라고 일컫는 우리 자녀들이 살 시대는 인류 역사상 그 누구도 경험해 보지 못한 미래이다. 따라 하거나 배우거나 본받을 대상이 없는 시대, 오직 하나님만이 아시는, 하나님이 알려 주셔야만 알 수 있는 시간의 구획이다. 그러면 마지막 때라고 하는 이 시대에 대해 성경은 무엇이라고 말하고 있는가?

다니엘아 마지막 때까지 이 말을 간수하고 이 글을 봉함하라 많은 사람이 빨리 왕래하며 지식이 더하리라 (단 12:4)

이 말씀에서는 마지막 때에 대해 두 가지의 설명을 하고 있다. 한 가지는 전 세계가 빠르게 왕래할 수 있게 되어 지구가 한 마을같이 될 것을 짐작할 수 있다. 실제로 미래학자인 최윤식, 최현식 목사님 형제는 그들의 저서 『다시, 사명이다』에서 2030년이면 극초음속 비행기로 전 세계가 두 시간 생활권이 될 것이라고 예측하고 있다. 다니엘서에 나타난 또 다른 단서는 지식이 더한다는 것이다. 이 말씀에서 보듯이 현재 정보의 양은 폭발적으로 늘어나고 있다. 내가 대학에 다니던 80년대 후반 90년대 초반만 해도 수십 년 된 강의 노트를 가지고 강의하시던 교수님들이 계셨다. 그러나 후기 정보화 시대라고 일컬어지는 지금은 지식의 양이 폭발적으로 늘어가는 반면에 기술의 급속한 발달로 지식의 유효기간은 점점 짧아지고 있다. 현장 근로자들은 2~3년 단위로 새로운 기술지식을 배우지 않으면 안 되는 시대다. 10년 후에는 현재 지식근로자들이 가진 대부분의 지식을 인공지능 컴퓨터가 해결해 줄 것이라고 한다.[6]

››› 시대에 맞는 인재로 양육하자

위의 두 가지 사실로부터도 정말 많은 것들이 변화될 것을 짐작할 수 있다. 미래학자들마다 구체적인 전망은 조금씩 차이가 있지만 공통으로 말하는 큰 변화가 있다. 우선 많은 직업이 기계로 대체될 것이다. 또한 빠른 기술 변화로 인해 많은 직업이 사라지고 새로운 직업들이 생겨나기도 할 것이다. 우리 자녀 세대들은 사는 동안 여러 직업들을 가질 수 있다는 점을 예상할 수 있다.

기술 변화 속도가 빠르기 때문에 그에 맞는 새로운 지식을 빨리 익히고

---

6) 최윤식, 최현식 공저,『다시 사명이다: 하나님이 이끄시는 크리스천 미래준비학교』, 생명의 말씀사, 2016, p.134

적용하는 능력이 중요하다. 그렇기에 그 어느 시대보다도 '배우는 법'이 중요한 능력이 될 것이다. 또한 자신의 분야에서 지식을 모으고, 필요한 정보를 선택하고, 분석, 융합하는 창의적이고 통합적인 사고력이 필수적이고 보편적인 능력이 될 것이다.

≫ 하나님을 경외하는 자녀로 양육하자

우리는 이러한 시대에 대한 이해와 통찰을 갖고, 자녀들이 준비될 수 있도록 도와야 한다. 20세기 사람들인 부모 세대가 21세기를 살아갈 자녀들을 어떻게 양육해야 할까?

신앙을 가지지 않은 사람들도 이 시대를 '지혜의 시대'가 될 것이라고 말하고 있다. 미래에 대한 계획과 다가올 미래를 준비할 수 있는 지혜는 하나님으로부터 온다. 지혜는 하나님을 경외하는 데서 온다. 하나님을 경외한다는 것은 하나님을 지혜와 능력의 근원으로 인정하고 그분의 말씀을 듣고 순종하는 것이다. 우리는 자녀들이 기록된 말씀과 성령의 내적 음성을 통해 하나님의 뜻과 계획을 깨닫고 그 뜻대로 순종할 수 있도록 훈련시켜야 한다. 그래서 말씀 묵상과 통독, 암송, 기도 훈련이 그 무엇보다 중요하다.

≫ '배우는 법'을 가르치자

'배우는 법'에 대해 많은 것들이 제시될 수 있겠지만 내가 생각하는 것은 다음과 같다.

취학 전까지는 성품 훈련(순종, 경청, 인내 등)과 이 시기에 맞는 신앙훈련(말씀 묵상, 암송, 부모와 함께 성경 통독, 가정예배 등)을 꾸준히 하는 것, 일찍 자고 일찍 일어나기, 옷 입기, 밥 먹기 등 기본 생활 훈련을 하는 것이 필요하다. 그리고 점차 한글을 배우고 책 읽는 즐거움을 알게 하면 된다.

초등시기까지는 성경에 첫 번째 권위를 두고 하나님을 경외하는 법을 기초로 삼는 교육에 기반하여, 선정된 양서를 통해 '읽기 능력'을 길러준다. 초등 고학년이나 중등부터는 고전 읽기로 넘어간다. 이 시기부터는 부모나 교사의 멘토링이나 코칭을 통해 하나님께서 주신 사명과 비전을 발견해 가는 것이 중요하다. 또한 하나님께 기도하면서 사명과 비전을 이루어가기 위해 평생의 목표를 10년, 5년, 1년, 한 달, 매주, 매일의 목표로 쪼개어 설정하고 성취해 가려고 노력해야 한다. 또한 목표와 시간의 우선순위를 세우고 어떻게 시간을 활용했는지 정기적인 점검과 자기 성찰이 필요하다. 이를 통해 점차 부모에게서 자립하여 하나님을 의지하며 '스스로 배우는 법'을 습득하도록 돕는 것이 필요하다.

아이들의 영어 학습 환경을 알자

》》 현 사회가 요구하는 영어 수준

자녀들의 영어 학습 환경에서 부모가 반드시 알아야 하는 점은 세계화로 인한 전 지구적 변화이다. 세계화가 진행되면서 국가 간 경계가 약화되고 경제를 중심으로 통합되면서 상호 의존성이 심화되고 있다. 과학 기술과 교통·통신의 발달로 전 세계는 하나의 체계로 통합되어 가는 양상을 보인다. 언어만 된다면 전 세계가 일터가 될 수 있는 세상이다.

OECD 국제교통포럼 김영태 사무총장은 OECD 인사 총괄책임자로부터 "한국인들을 더 뽑으려고 하나 지원자가 거의 없다"며 한국인들의 OECD 진출을 위해 무엇을 도와줘야 할지 질문을 받았다고 한다. 김 사무총장은 "국제기구에서 영속적으로 근무하는 한국인의 비율이 다른 나라에 비해 매우 낮은 것은 무엇보다 언어장벽 때문인 것 같다"고 진단했다. 똑똑한 젊은 인재들이 나눠 먹을 파이가 적은 국내를 벗어나 "큼지막한 파이가 널려 있는 큰 세상으로 더 많이 나가서 다양한 국제기구에 자리를 잡으면 개인적으로도, 국가적으로도 커다란 이득이라 할 수 있을 것"이라며 외국어, 특히 기본 국제어라 할 수 있는 영어에 투자하라는 조언을 했다.[7)]

또한 현재 한국 사회가 요구하는 영어 수준이 굉장히 높아졌다는 점을 생각해야 한다. 세계화로 다국적 기업들의 역할이 한국 내에서도 강화되었고, 국내 대학들도 인구절벽으로 인한 어려움을 국제화로, 즉 외국 교수들과 유학생들을 유치하여 극복하려고 한다. 2019년 한국교육개발원 통계에 따르면 국내 고등교육기관에 소속된 외국인 유학생은 160,165명으로, 2018년(142,205명)보다 12.6%(17,960명) 늘었다. 2009년 8만여 명 수준이던 것에 비하면 10년 만에 두 배로 늘었다. 상위 10위권에 든 학교들의 외국인 교수 비율은 12.3%에서 29.9%에 달하고, 외국인 학생 비율도 성균관대의 경우 15%로 가장 앞서고, 상위 10위권 이상은 1/10이 외국인이다. 따라서 한국 대학 내 영어 강의 비중이 변화하고 있다. 외국인 학생의 다양성, 교환학생 비율 등 외국인 학생 유치를 위해서도 영어로 들을 수 있는 수업을 늘리고 있다. 대학의 영어 수업의 경우는 영어로 수업을 이해할 뿐 아

---

7) 「외국어가 양질의 일자리다」 『국민일보』 (2018.2.12)

니라 발표와 시험 등을 영어로 할 수 있어야 한다. 2017년 서울대 개설강좌 총 10,904개 중 영어 강의는 1,237개로 11% 수준이었으며, 서강대의 경우 2008학번 이후 '영어 강의 5과목 이상 이수'를 의무화하고 있다.[8]

2020년 초 해외 원전 직원으로 파견된 이들의 영어 능력이 논란이 된 경우가 있었다. 신문 기사에 따르면 상대국이 직원들의 영어 능력 강화를 요구했으나, 일부 간부들이 기본적인 회의 참석조차 기피할 정도로 어학 실력이 문제가 있었고 영업 비밀 때문에 통역사를 쓰는 것도 불편하다며, 어학 실력이 늘 전문 인력들을 괴롭히는 부분임을 토로했다고 한다. 일각에서는 원전 정비사업 수주가 기대 이하로 된 요인으로 외국어 소통 문제를 지적하기도 했다.[9]

이처럼 앞으로는 대학에서 강의를 듣거나, 취업과 승진에 있어 공인 어학 점수로는 버텨낼 수 없는 정도의 어학 실력이 요구된다. 현 사회는 우리 자녀들에게 영어로 해외 저널, 논문 등 전문 분야의 글들을 빠르게 읽고, 요약하고, 그 내용을 반영하여 새로운 문서를 작성하거나, 이메일을 쓰고, 프레젠테이션하고, 회의에서 토론할 수 있는 수준의 고급영어를 요구한다는 것이다.

》》 우리나라의 영어 환경

우리나라 영어 환경을 이야기할 때 꼭 알아야 할 용어가 있다. 바로 EFL과 ESL이다. ESL(English as a Second Language)은 영어가 제2 언어인

---

8) 「2019 중앙일보 대학평가 - '인구절벽' 시대 국제화로 살길 찾는 대학들」『월간중앙』, 2019년 12호 ; 「서울대 외국인 유학생 절반 한국어 수업 이해 못한다」『경향신문』(2018.12.3)
9) 「UAE 원전 직원 파견, 영어 능력 논란… 한수원 '뒷말' 무성」『세계일보』(2020.3.4)

환경을 말한다. 싱가포르나 홍콩, 말레이시아 등에서처럼 영어 외에 사용되는 언어가 있음에도 불구하고 정부의 공식 문서나 교육환경에서는 영어가 사용되는 환경 즉, 영어 수업 시간 외에도 영어 사용이 가능한 환경을 의미한다.

EFL(English as a Foreign Language)은 우리나라처럼 영어가 국가 공식 언어가 아닌 경우를 말한다. 영어를 실생활에서는 거의 사용하지 않는, 단지 외국어로 영어를 배우며 사용하는 환경이다.

이처럼 똑같은 비영어권 국가라도 영어를 배우는 환경이 EFL이냐, ESL이냐에 따라 교육 방법이 다를 수밖에 없다. ESL 환경에서는 일상생활에서 영어를 듣고 말할 기회가 많기 때문에 언어의 네 가지 영역, 즉 말하기, 듣기, 읽기, 쓰기를 다 함께 배워도 혹은 말하기 중심으로 영어를 배워도 바로 사용이 가능하며, 또 효과적이기도 하다.

그러나 우리나라처럼 영어 시간 외에는 거의 영어를 쓸 기회가 없는 EFL 환경에서는 듣기, 읽기에서 말하기, 쓰기로 나아가는 것이 좋다고 생각된다. 먼저 인풋(input)에 해당하는 듣기와 읽기를 충분히 다진 후에 아웃풋(output)에 해당하는 말하기와 쓰기로 나아가는 것이 효과적이다. 영어 소리에 노출시켜 주고 혼자서 영어를 읽을 수 있는 수준(Independent Reading)까지 만들어 주면 그 이후는 약간의 관리만으로도 우리말 배우듯 스스로 단계를 높여가며 즐겁게 책 읽기를 할 수 있고, 차차 어휘나 문법 등의 영역으로 확장해갈 수 있다. 또한, 읽기가 상위 레벨이 되면 말하기와 쓰기는 약간의 훈련만으로도 가능하다.

왜 '읽기'로 영어를 배워야 할까?

》 원어민 수준의 영어란?

영어를 원어민 수준으로 듣고 읽고 쓰고 말하는 것은 모든 영어 학습자들의 꿈이다. 외국인이 원어민 수준으로 영어를 한다는 것은 가능할까? 대부분의 영어 전문가들은 불가능하다고 말한다. 발음도 안 되고 억양도 안 된다는 것이다. 듣기나 읽기마저도 원어민처럼 한다는 것은 불가능하다고 한다.

영어 전문가이면서 영어 좀 하신다는 분들이 이렇게 말씀하시는 걸 듣고 이해도 가지만 의아하기도 했다. 한편으로 원어민 수준에 대한 기준이 사람마다 다르기 때문이라는 생각도 든다. 우리말을 외국인이 하는 경우를 생각해 본다면 어떨까? 요즘 TV를 보면 어떤 외국인들은 정말 우리말이 유창하다. 일상생활에서는 누구와도 대화가 가능할 것 같다. 그러나 그 사람이 대학 강의를 듣는다면 어떨까? 문학 작품을 읽거나 의학 드라마나 법정 드라마를 본다면 어떨까? 사실 우리나라 사람 중에도 사람에 따라 대학 강의를 이해하지 못할 사람도 있고, 토론이 불가능할 사람도 있고, 문학작품을 이해하지 못할 사람도 있다. 우리나라 사람이라고 다 국어를 잘하는 것은 아니기 때문이다.

따라서 원어민 수준에 대한 기준이 있어야 한다고 생각한다. 이에 대해 『스피드 리딩』의 저자들은 미국 원어민 고등학생들의 평균 읽기 속도가 분당 150단어이며, 한국인이 한국어를 구사하는 속도도 분당 150~200단어이므로 영어도 같은 속도로 구사할 때 '모국어처럼 영어를 구사한다'고 말할 수 있다고 이야기하고 있다.[10] 크게 보아서는 앞서 설명한 대로 원어민이어도 사람마다 차이가 있으니까 이 정도 수준을 원어민 수준으로 보아도 무방하다고 본다.

그러면 우리나라 같은 영어 환경에서 어떻게 이런 수준에 도달할 수 있을까? 영어를 많이 듣고 많이 읽는다면 충분히 가능하다. 앞서 말했듯, 우리나라 같은 EFL 환경에서는 바로 사용이 어려운 말하기, 쓰기보다는 입력하기에 해당하는 듣고 읽기에 집중하면서 단계를 높여가는 것이 좋다. 입력하기가 충분히 차면 출력하기에 해당하는 말하기와 쓰기는 약간의 훈련만으로 된다. 많이 듣고 많이 읽기 위해서는 일단 재미있어야 한다. 그래서 스토리 라인이 있는 미디어 매체들과 책을 사용해서 몰입하게 하자는 것이다.

≫ 독서로 영어를 배우면 좋은 이유

독서로 영어를 배울 때의 장점은 여러 가지이다. 무엇보다 EFL 환경인 우리나라에서, 위에서 말한 원어민 수준의 영어를 구사하는 수준까지 가는데 가장 적합한 방법이라 하겠다. 리딩이 부족한 채 스피킹만 집중적으로 연습한 아이들은 당장은 원어민을 만날 때 어려워하지 않고 말을 트기는 쉬울 것이다. 그러나 그 후는 어떨까? 내가 외국인들과 만났을 때 느꼈던 어려움은 영어가 안 되어서 말이 안 통하기보다 그들이 관심을 두는 주제에 대해 내가 아는 것이 없기 때문이라고 느낄 때가 많았다. 나는 아직도 외국인이 말을 걸면 떨릴 정도로 말을 잘 못한다. 그러나 내가 외국인을 만날 기회가 있을 때 외국인들은 내게 '북핵 문제', '주한 미군', '통일'과 같은

---

10) 신효상, 이수영 공저, 『스피드 리딩』, 롱테일북스, 2007, pp.36~37.

주제들을 물어봤다. 그 당시에는 내가 그 주제에 대해 아는 지식이 없고, 또 깊이 생각해 본 적이 없어서 답변을 못했다. 반면에 내가 잘 알고 관심이 있는, 배경지식을 가진 주제에 대해서는 더듬기는 했어도 말은 할 수 있었다.

아이들도 마찬가지일 것이다. 독서를 통해 영어를 배운 아이들, 즉 영어책으로 과학을 배우고, 사회나 역사를 배운 아이들은 단순히 회화책으로 스피킹만 배운 아이들과는 배경지식, 어휘력이나 문장 구사력에서 많은 차이가 난다. 자기 또래의 영어권 아이들이 읽는 영미권 필독서를 읽는다면 간접적으로 영미 문화를 경험할 수 있고, 이것이 독서나 대화에서 중요한 배경지식으로 작용한다.

우리 공부방을 다닌 S대 교수 아파트에 사는 아이들의 엄마들로부터 이런 이야기를 들었다. 그곳에는 영어권에서 나고 자란 아이들이 많았는데, 한국에 들어와 학교에 다니며 우리말로 학업을 따라가다 보니 영어를 빠르게 잊어버린다는 것이다. 또 반대로 영어를 잊어버리지 않게 하려고 집에서도 영어만 쓴 아이들은 국어 실력이 늘지 않는다고 했다. 그러나 우리나라에 와서 국어에 집중하면서도 영어책 읽기를 지속한 아이들은 달랐다. 이 아이들은 우리나라에 살 때는 영어로 말하기를 잊어버리고, 나서기도 수줍어하지만 다시 영어권이나 국제학교에 가면 잊어버린 듯 보였던 영어 말하기가 약간의 적응기만 지나면 다시 회복된다는 것이다.

독서를 통한 영어 교육은 엄마와 아이 모두에게 실제적이고 지속 가능한 장점이 있다. 혼자서 영어를 읽는 수준으로만 만들어 주면 그 후엔 약간의 관리만으로도 레벨 업이 가능해진다. 엄마가 영어를 가르치는 것이 아니기 때문이다.

아이 입장에서도 힘들게 영어를 공부하는 것이 아니다. 우리말 독서와 마찬가지로 책 안에 스토리 라인이 있어 영어에 대한 흥미를 지속시킬 수 있다. 다른 방법에 비해 즐겁게 영어를 익힐 수 있다. 또 영어를 배우면서 읽기 전략과 기술들을 익히게 되고 사고력도 확장된다. 또한 시리즈로 된 영어 동화들을 읽게 되면 공통된 단어와 문형들이 나온다. 시리즈의 첫 번째 책은 낯선 단어, 문형, 개념들이 많아 힘들겠지만 두 번째, 세 번째로 넘어가면서 앞에서 익힌 것이 반복되면 일부러 외우지 않아도 비교적 쉽게 익혀진다. 이처럼 반복을 통해 다져진 단어들은 오래도록 잊히지 않으며 장기기억이 가능하게 된다. 몰입과 반복 학습이 스토리라는 흥미로운 도구를 통해 이루어지는 것이다. 우리 부모 세대는 영어 단어를 문맥이 아닌 어휘 학습서나 짧은 토막글들로 구성된 독해 지문을 통해 익혔다. 때문에 몰입도 어렵고 반복도 안 되어 외우기도 힘들었다. 그러니 학창 시절에 연습장이 까맣도록 깜지를 쓰며 그렇게 힘들게 암기한 영어 단어들이 이제는 우리 기억 속에서 사라지게 된 것이다.

무엇보다 독서로 영어를 배워야 하는 가장 중요한 이유는 그리스도인인 우리의 정체성에 부합하는 학습 방식이기 때문이다. 토니 레인케(Tony Reinke)는 자신의 저서 『독서신학』에서 이스라엘이 가나안 땅에 들어간 후, 형상 중심의 이교 문화 속에서 하나님의 명령(말씀, 언어)을 형상(image)으로 바꾸었고, 결국 제2계명을 범하게 되었음을 지적한다. 비디오 지향적인 현대문화 속에서 책을 읽는데 헌신해야 할 이유를 그는 이렇게 정리한다. "이미지에 너무 쉽게 만족하는 세상 속에서 분별없이 텔레비전을 시청하고, 우리의 자유시간을 오락에 탕진함으로써 삶을 허비하기가 매우 쉽다. 우리는 고결한 소명을 갖고 있다. 하나님은 보는 것이 아닌 믿음으로 살도록 우리를 부르셨다. 그리고 이것은 언어, 계시, 양서를 찾는데 삶을 헌신하라는 것 외에 다른 것을 의미하는 것이 아니다."[11]

이스라엘은 우상들로 가득찬 가나안 땅에서 쉽게 이교의 형상에 마음을 빼앗겨 버렸다. 오늘날 우리는 어떠한가? 너무 쉽게 스마트폰과 인터넷에 우리의 마음과 눈을 빼앗겨 버리지 않는가? 주님께서 기뻐하시는 것 외에 나의 마음과 눈이 머무는 것이 우상숭배일 것이다. 그렇기 때문에 형상(image)들에 빼앗긴 눈을 돌이켜 말씀을 읽거나, 독서를 한다는 것은 '형상을 만들지도 말고 그것들에게 절하지도 말라'고 말씀하신 하나님의 명령에 순종하는 것이다.

'읽기'란 무엇이며 어떻게 이루어지는가?

≫ '읽기 능력'의 중요성

현재 우리 사회는 지식 정보화 시대와 인공지능 시대가 공존하고 있다. 아무리 유용한 지식도 2년만 지나면 가치가 없어지는 정보의 쓰나미 시대이다.[12] 이러한 사회의 경쟁력은 '지식과 정보'를 바탕으로 한 '창의성'에 있다. 이런 이유로 독서 능력, 즉 배우는 방법으로서의 읽기 능력은 개인의 경

---

11) 토니 레인케 저, 김귀탁 역, 『독서신학』, 부흥과개혁사, 2012, pp.63~80.
12) 빅뱅 이론의 권위자이자 노벨물리학상 수상자인 조지 스무트 캘리포니아 버클리대 물리학과 교수는 2013년 인천 송도에서 열린 한 강연에서 "내가 대학에 다닐 때만 해도 지식의 유효 수명이 7년이었는데 지금은 2년으로 줄었다"며 "지식의 유효기간이 짧아지는 만큼 누구든 배움을 멈춰서는 안 됩니다"라고 강조했다. 「지식수명 7년서 2년으로 줄어… 끊임없이 배워야」『세계일보』(2013.3.25)

쟁력일 뿐 아니라 국가의 경쟁력이 될 수밖에 없는 시대인 것이다.

정보의 홍수 속에서 필요한 정보를 찾아 분석하고 종합, 재해석하는 과정을 거쳐 자신에게 필요한 새로운 지식을 창출해 내는 능력이 바로 전문성이며 경쟁력이다. 우리 세대만 해도 이전 세대와 달리 평생 3~4개의 직업을 갖게 된다. 이 과정에서 '평생 학습'과 '자기 혁신'은 필수로 자리한다. 이를 바탕으로 새로운 직업을 만드는 사람들도 많다. 예를 들어 '어린이 식생활 지도사'는 어린이의 심리, 발달과 식품에 대한 이해를 바탕으로 자기 직업을 만든 경우이다. 앞서 말했듯 인공지능 시대에 살며 평생에 걸쳐 수많은 직업을 가지게 될 우리 자녀 세대[13]에게는 창의성과 융합적 사고력이 앞선 어떤 세대보다 중요하다. 뿌리 깊은 사고력, 그리고 융합적 사고와 창의성 등을 기르기 위해 가장 중요한 것이 '배우는 방법'으로서의 '읽기 능력'이다.

≫ 과정으로서의 '읽기'

그렇다면 읽기란 무엇일까? 1970년대 이전에는 독자의 입장은 배제하고 텍스트(text) 자체에 대한 객관적인 이해를 중시하고 그렇게 얻은 결과에 주목했다. 그러나 이러한 관점은 독자가 주어진 글을 읽어나가며 의미를 구성해가는 역동적인 과정을 놓치거나 소홀히 하는 단점이 있었다. 그래서 1970년대 이후에는 읽기를 독자가 '글에 나타난 각종 실마리를 종합하여

---

13) 21세기 글로벌 교육의 방향과 전략을 제시한 버니 트릴링과 찰스 파델은, 우리 자녀 세대들이 18세에서 42세 사이에 11개 이상의 다른 직업을 가질 것이며, 42세 이후엔 기대수명이 늘어나면서 평생 22개 이상의 직업을 갖는 것도 쉽게 예상할 수 있다고 한다. 버니 트릴링, 찰스 파델 공저, 한국교육개발원 역, 『21세기 핵심역량』, 학지사, 2012, pp.50~51.

작가의 의도를 해석해 나가면서 의미를 구성해 가는 과정'으로 보는 독자 중심, 과정 중심의 관점이 나타나 확산되고 있다. 후자의 관점으로 본다면 사실 모든 글은 아직 완성되지 않은 것이다.[14)]

　독자는 배경지식과 경험, 가치관의 스펙트럼을 통해 글(text)을 읽는 동안 요약, 분석, 추론의 과정을 거쳐 의미를 새롭게 재구성한다. 이것이 인지 과정에서의 읽기의 매력이고 능력이다.

≫ '읽기 능력(reading ablity)'의 구성

Phonemic Awareness : 소리 듣고 음소 인식하기

　글자가 갖는 소리(sound)를 듣고 이해하는 능력으로 최소 단위인 음소를 인식하는 능력이다. 단어를 들을 때 음소 단위로 소리를 나누거나 조합할 수 있는 능력이다. 예를 들어 cat이란 단어를 들으면 이를 c[ㅋ], a[애], t[ㅌ]로 나눌 수도 있고 반대로 c[ㅋ], a[애], t[ㅌ] 라는 각각의 음소들을 듣고 cat으로 조합할 수도 있는 능력이다.

Phonics : 글자와 소리의 규칙 배우기

　글자가 내는 소리에 대한 기본규칙을 이해하여 단어를 읽을 수 있는 능력이다. 파닉스(phonics)는 뒷부분에서 자세히 설명할 것이다.

Sight Words : 최빈출 단어 배우기

　돌치 워즈(the Dolch Words)라고도 하는 사이트 워즈(Sight Words)는

---

14) (사)한우리독서문화운동본부 교재집필연구회, 『독서 자료론 독서 지도 방법론』, 위즈덤북, 2005, pp.197~199.

에드워드 W. 돌치(Edward William Dolch, 1889~1961) 박사가 1930~40년대에 어린이 책들을 분석해서 빈도수가 높은 어휘 220개를 정리한 단어 목록이다. 특별히 이 단어들은 the, he, I, see와 같이 파닉스 규칙대로 발음되지 않는 대다수 단어들로 이루어져 있고, 자주 보고 익혀야 하기에 사이트 워즈라고 부른다. 음소 하나하나를 익히는 파닉스 과정과 달리, 사이트 워즈는 단어 자체를 하나의 이미지(image)로 인식해 통문자로 학습하는 것이 좋다.

Comprehension : 이해하며 읽기

앞서 말한 세 가지 능력, 즉 음소를 인식하고, 음소들을 나누거나 조합할 수 있고, 파닉스와 사이트 워즈를 익혀서 문자를 음가대로 소리 내어 읽을 줄 알게 되더라도 자신이 읽는 글이 무슨 내용인지 모른다면 소용이 없다. 그렇기 때문에 자신이 읽는 글의 내용을 이해하며 읽는 것은 읽기에서 가장 중요한 능력이다.

4. 하나님의 '큰그림' 안에서 먼저 점검할 것들

이제는 우리 가정만의 영어 학습 목적을 설정하고 목표에 도달하기 위한 대략적인 로드맵을 구성해 보자. 먼저 양육의 목표를 점검하는 것이 중요하다. 이를 위해 가장 먼저 할 것은 부부가 합심하여 기도하는 것이다.

> 기록된 바 하나님이 자기를 사랑하는 자들을 위하여 예비하신 모든 것은 눈으로 보지 못하고 귀로 듣지 못하고 사람의 마음으로 생각하지도 못하였다 함과 같으니라 오직 하나님이 성령으로 이것을 우리에게 보이셨으니 성령은 모든 것 곧 하나님의 깊은 것까지도 통달하시느니라 (고전 2:9~10)

위의 말씀을 붙들고 이렇게 기도하자.
"주님, 주께서 주를 사랑하는 자들을 위해 예비하신 '모든 것'의 은혜에 감사합니다. 저희는 그것을 보지도, 듣지도, 마음으로 헤아릴 수도 없습니다. 저희 자녀 OOO의 모든 것을 아시는 주님께서, OOO를 향한 하나님의 놀라운 계획들을 알게 해주세요."

기도하고 난 후에는 자녀 양육의 목적과 목표를 점검해 보자.

| 우리 가정의 자녀 양육의 목적과 목표는 무엇인가? | 1. 목적 : 궁극적으로 이루려고 하는 것 |
| | 2. 목표 : 목적을 이루기 위해 단계적으로 달성해야 할 것들 |

복음 중심의 교육인가?

기독교 교육은 사람을 그리스도에게 인도하여 구원을 얻게 하고, 제자가 되게 하는 것이며 궁극적 교육내용은 하나님의 약속인 복음이다.[15] 기독교 교육의 이러한 특성 때문에 가정은 가장 좋은 교육의 현장이다. 교육은 책상 앞에서만이 아니라 삶의 모든 상황에서 이루어진다. 부모는 자신이 하는 모든 일들을 통해 자녀에게 복음을 전할 수 있다. 자녀는 부모의 말과 행동을 통해, 예수 그리스도의 십자가의 사랑과 하나님을 사랑하며 이웃을 사랑하는 삶을 보고, 듣고, 배운다.

---

15) 신서균 외 공저, 『현대 기독교 교육입문』, 혜본, 2001, pp.56~57.

이를 위해 우리가 꼭 기억해야 할 것이 복음의 열매인 용서와 격려가 있는 삶이다. 부모도 죄인이며, 자녀들도 죄인임을 기억해야 한다. 그래서 주님께서 우리 죄를 대신해서 죽으실 수밖에 없었고, 그렇게 하실 만큼 우리를 사랑하시고 용서하셨다. 우리는 그 주님의 사랑과 용서를 받은 사람들로서 서로를 사랑하고 용서할 수 있다. 그래서 죄를 지었을 때 하나님께 회개하고, 상대에게 용서를 구하거나 내게 죄지은 상대를 용서해 주며 살아야 한다. 우리는 십자가가 필요한 죄인이다. 하루에도 몇 번씩 같은 죄를 짓고 용서를 구하게 되지만, 십자가에서 죽으시고 부활하신 주님께서 내 안에 계시기에 소망이 있다. 그러기에 우리 안에서 역사하시는 성령님께 주님 뜻대로 행하고자 하는 소원과 그 뜻대로 행할 수 있는 능력을 주시도록 함께 기도하며 격려할 수 있다.

부모로서 자신의 잘못을 깨닫기도 쉽지 않지만, 용서를 구하기는 더욱더 쉽지 않은 일이다. 어떤 때는 내 잘못인 줄 뻔히 알면서도 고집을 부리기도 한다. 그러나 내 경우는 성령님께서 부드럽고, 따스한 사랑 안에서 책망하실 때 그 말씀을 거절하기 어려웠다. 그래서 부모인 우리는 성령님을 인정하고 성령님께 민감하게 반응해야 한다. 주님 뜻대로 행할 수 있는 은혜를 성령님께 매시간 구해야 한다.

큰아이가 중학생이었을 때 일이다. 아이가 대체로 잘 먹지만 몇 가지 안 먹는 음식이 있었다. 특히 샐러드 드레싱을 싫어했다. 그래서 보통은 샐러드를 먹을 때 아이에게는 드레싱 없이 야채만 주곤 했는데 그날은 과일을 좋아하니까 괜찮겠지 하면서 키위와 바나나를 갈아서 야채 위에 얹어 주었다. 그런데 아이가 자기가 싫어하는데 왜 드레싱을 했냐며 짜증을 부렸다.

키위랑 바나나를 갈은 거라고 좋게 설명을 했는데도 짜증을 내는 아이에게 입맛이 까다롭다고 화를 내면서 문을 닫고 나왔다. 그때 성령께서 부드럽게 꾸짖으셨다. '얘, 그건 그 아이의 취향일 뿐이지 않니? 존중해 줄 수 있는 거잖아'라고 하시는 것 같았다. 그래서 다시 들어가서 "종윤아, 성령님께서 엄마에게 너의 취향일 뿐이니까 존중해 주라고 말씀하셨어. 엄마가 네 취향을 존중해 주지 않고 입맛이 까다롭다고 비난해서 미안해"라고 하니, 아이도 "불평해서 죄송해요"라고 했다.

작은아이 예준이와는 이런 일이 있었다. 아이가 중등 과정에 다닌 홈스쿨 모임에서는 돌아가면서 연설을 하는 시간이 있었다. 예준이 차례가 되어서 연설문을 작성하는 데 내게 도움을 요청했다. 나는 여러 가지를 고치거나 순서를 바꾸라고 했다. 그러자 "그럼, 그건 엄마의 연설문이지, 내 연설문이 아니잖아요"라고 했다. 도움을 요청해서 도와줬는데 기가 막혔다. 처음엔 좋게 타일렀다. "엄마는 강의를 많이 해봤잖아. 어떻게 말해야 사람들이 집중하고 네 의견을 효과적으로 전달할 수 있는지 아니까 알려 주는 거야" 그랬는데도 받아들이지 않는 작은아이를 보고 화가 난 나는 "너는 지도를 받으려고 하지 않는 게 가장 큰 문제야. 엄마도 시간이 없는데 기껏 도와주었더니, 그런 식으로 하려면 네 맘대로 해! 다시는 도와주나 봐라"하고 소리치며 문을 쾅 닫고 밖으로 나왔다.

성령님께서 말을 거시는 것 같았다. "얘, 너는 왜 그렇게 화가 났니?" 곰곰이 생각해 보았다. 잘 할 수 있는 길을 알고 있는데, 아이가 따르지 않으려는 게 싫었다. 아이가 실패할 게 뻔한 길로 가는 게 싫었다. "왜 너는 예준이가 실패를 통해 배울 기회를 주지 않니?"라고 온유하고 따스하게 책망하시는 성령님의 음성에 바로 내 죄를 깨달았다. 아이 방에 들어가서 부끄러움을 무릅쓰고 성령님이 말씀하신 것을 아이에게 전하고 용서를 구했다. 그 후로는 예준이가 연설문을 준비할 때면 밖에서 집안일을 하며 기도했다. 그러면 아이가 다 써 놓고 내게 도움을 청했다. 들어가서 보면 별로 고칠 것이 없었다. "이 표현을 이렇게 바꾸면 어떨까?" 물어보면 대부분 수용했다.

부모 교육이나 전도를 하다 보면 어릴 때 부모님께 도움을 구했다가 혼난 경험 때문에 권위자에게 도움을 구하지 못하는 분들을 종종 만난다. 또 권위자에 대한 나쁜 이미지 때문에 아예 하나님을 믿지 못하거나, 교회에 발을 들여놓아도 하나님의 성품에 대해 오해하는 경우도 보게 된다.

부모인 우리는 자녀에게 하나님을 보여 주는 사람으로 부르심을 받았다. 이 사명을 감당하기는 쉽지 않다. 죄인인 우리가 죄인인 자녀를 부모로서 훈계하며 책망해야 하기 때문이다. 그럴 때 우리는 복음에 기초해야 하며, 아이 안에서 착한 일을 시작하신 이가 그리스도 예수의 날까지 이루어 가실 줄을(빌 1:6) 반드시 믿고 격려하는 태도를 가져야 한다. 어쩌면 그 시간은 부모가 자녀에게 복음을 전할 최상의 타이밍일 수 있다.

그것이 가능하게 하려면 부모의 태도가 중요하다. 부모가 먼저 성령의 인도를 받아 자신 안에 있는 죄에 직면해야 한다. 또 자녀에게도 죄를 직면하게 하되 같은 죄인으로서, 뼛속까지 죄에 물든 우리의 죄성에 대해 인정하고, 자녀의 마음에 공감해 주어야 한다. 그래서 예수님이 그런 죄인인 우리를 대신해 죽으실 수밖에 없었음을, 십자가에서 보혈을 흘려 죽으심으로 속죄와 용서와 사랑을 보여주셨으며, 부활하셔서 지금도 우리와 함께하심을 아이가 마음으로 받을 수 있어야 한다. 메시지와 그것을 전하는 우리의 태도가 일치해야 한다. 우리 자신이 주님께 용서받았던 것처럼 우리도 자녀를 용서하고 사랑해야 한다. 자녀에게 내 생각을 강요하기보다 자녀들이 죄를 미워하고 거룩에 대한 열망을 주시도록 눈물로 기도하며, 부드럽고 온유한 태도로 복음을 전해야 한다.

청지기로서 자녀의 자립을 준비하는가?

자녀는 나의 소유물이 아니다. 일정 기간 나에게 맡겨두신 하나님의 자녀이다. 그러므로 내 의도가 아니라 하나님의 의도에 맞게 양육해야 한다. 자녀에게 부모는 하나님을 드러내는 사람들이다. 자녀들에게 하나님의 사랑, 선하심, 공의로우심을 알게 하도록 부름받은 존재들이다. 따라서 부모는 청지기의 삶을 살아야 한다. 하나님이 자녀를 맡긴 시간 동안 그들이 하나님을 알아가고 경험하도록 양육해야 한다. 그 기간이 끝나면 부모로부터 완전히 자립하여 철저히 하나님만 의지하고 하나님의 뜻에 순종하며 살아갈 수 있도록 준비시켜야 한다.

≫ 자립 시기와 준비
자녀 양육의 목표를 점검할 때 가장 중요한 것은 자녀의 자립 시기를 정하고, 자립에 필요한 것들이 무엇이며, 어떻게 준비시킬지에 대한 윤곽(outline)을 가지는 것이다.

우리 부부는 두 사람 다 학생 시절을 충실하게 보내지 못해 대학을 5, 6년 만에 졸업했다. 둘 다 석사과정을 마치고, 남편은 박사과정에 입학하면서 결혼했기에 결혼도 부모님의 도움으로 했다. 결혼 이후에도 오랫동안 부모님으로부터 영적으로, 정서적으로, 경제적으로 온전히 자립을 하지 못했다. 우리 부부도 고생을 많이 했지만, 양가 부모님께 정말 죄송했고, 형제들에게도 미안했다.

그런 우리의 경험은 자녀들의 자립 시기를 정하고, 준비시켜야겠다는 생각으로 이어졌다. 그래서 두 아이에게 어릴 때부터 대학생이 되면 부모에게서 점차 자립하고, 졸업 이후에는 온전히 자립해야 한다고 계속 말해주었다. 여러분은 자녀의 자립 시기를 언제로 생각하고 있는가? 어떻게 준비하고 있는가?

≫ 영적 자립

자녀들은 성장하며 모든 면에서 부모로부터 자립을 이루어가야 한다. 무엇보다 부모를 의지하던 데서 점차 하나님을 의지해가는 영적 성장이 이루어져야 한다. 부모를 떠나서도 기록된 말씀과 성령의 내적 음성으로 하나님의 음성을 들을 수 있고, 순종할 수 있도록 해야 한다. 그래서 우리 가정은 홈스쿨을 하면서 수학 과목을 빼먹은 적은 많지만, 말씀 묵상과 통독을 안 한 날은 거의 없었다. 기도를 훈련해야 한다고 생각해서 특별 새벽기도회나 부흥회, 캠프, 가정적으로 작정해서 하는 기도회를 빼놓지 않고 데리고 다녔다. 가족 기도회도 거의 매일 했고, 영적인 돌파가 필요할 때나 특별한 기도 제목이 있을 때는 기도원도 함께 갔다. 초등학교 고학년 때와 중학교 시기에는 선교 캠프와 해외 선교도 다녀왔다. 무엇을 결정해야할 때 가족이 함께 작정 기도나 금식 기도를 하거나, 기도원에 같이 다녀오는 등 기도로 인도하심을 받는 훈련을 해왔다. 가정에서도 가족 기도와 개인 기도 훈련을 했다.

가장 중요한 것은 자녀들과 함께 기도하고 어떻게 응답하셨는지를 함께 나누는 것이다. 크고 작은 가정의 필요를 놓고 함께 기도했기 때문에 아이들도 그것이 기도 응답임을 알 수 있었다. 우리 부부는 남편이 박사과정에 입학하고 바로 결혼했는데 강사 시절엔 겨울 방학이나 여름 방학 동안 돈이 없었다. 한번은 집에 돈도 없고, 먹을 것도 없었다. 기도했는데 누군가 "예준이 엄마"라고 부르는 소리가 나서 나가봤더니 감자 한 박스가 놓여 있었다. 지금도 그 사람이 누군지 모른다. 한번은 아이들이 어릴 때였는데 겨울에 보일러가 고장이 났다. 고치려면 8만 원이 든다는데 돈이 없었다. 보일러를 붙들고 필사적으로 기도했더니 '우웅'하면서 보일러가 돌아갔다. 우리가 7년이나 살았던 집에서 쥐가 나왔던 적이 있었다. 끈끈이로 몇 마리를 잡았다. 그런데 어느 날 한 마리가 있는 것은 분명히 알겠는데 잡히지 않아 변기 속에 빠져 있게 해 달라고 기도했다. 그랬더니 며칠이 안 되어 쥐가 산채로 변기에 빠져 있는 것을 발견했다.

또, 얼굴을 뵌 적도 없지만 홈스쿨지원센터를 통해 기도 요청을 받은 아픈 분들을 위해서도 기도하고, 이혼 위기에 놓인 가정을 위해 21일간 다니엘 기도를 하기도 했다. 큰아이 종윤이가 질풍노도의 사춘기를 심하게 겪고 있을 때였다. 한번은 가정예배 때 남편을 위해 하나님이 주신 마음으로 기도를 했다. 그 기도를 들은 종윤이가 자신을 위해서도 기도해달라고 해서 기도를 했더니 아이가 우는 것이었다. 나중에 물어보니 말씀을 묵상할 때 하나님이 주신 마음이 있어서 하나님이 말씀하신 것이 맞다면 다른 사람을 통해서도 듣게 해 달라고 기도했다는 것이다. 그런데 엄마가 한 기도의 내용이 똑같아서 너무 놀랍고 감사해서 울었다는 것이었다.

이런 경험들이 아이들에게 '하나님은 분명히 살아계셔서 우리 부모님에게 말씀하시는구나. 우리 부모님은 그 말씀에 순종해서 나에게 용서를 구하고, 친절하게 또 사랑으로 대해 주는구나'라고 생각하도록 해 준 것 같다. 그렇기에 하나님에 대해 '지금도 살아계셔서 말씀하시고, 나에게 좋은 것을 주시는 참 좋으신 분, 내가 순종해야 할 분'이라는 인식을 갖게 했던 것 같다.

자녀의 영적 자립을 위해 지금 하고 있는 것은 무엇인가? 영적 자립을 위해 더 필요하다고 생각되는 것은 무엇인지 돌아보자.

≫ 생활 자립

나는 큰 딸이지만 외동딸이어서 아버지께서 다소 과보호를 하셨다. 학교를 다닐 때 내 손으로 연필을 깎아 본 적이 없을 정도였다. 그러다 보니 성인이 되어서도 손으로 하는 것에 두려움이 있었다. 감사하게도 결혼 직전에 석사 논문 자료 수집차 러시아에 가서 1년 정도 혼자 밥 짓고 청소하고 빨래하는 걸 스스로 해 본 적은 있었지만, 집에서는 집안일을 해 본 적이 거의 없었다. 결혼 후 일상적인 집안일을 하면서 원래 해 본 것도 아닌데다 신혼 초에 임신까지 해서 정말 힘들었다. 남편은 도와주고 싶은 마음은 있었지만 배운 적이 없어서 어떻게 도와야 할지 몰라 어려워할 때가 많았다. 그래서 나는 두 아들이 어릴 때부터 집안일을 중요한 과목으로 삼아 훈련을 시켰다. 큰아이는 이미 여덟 살 때 어쩌다 내가 아파서 누워 있으면 떡국 정도는 끓여서 동생과 먹을 수 있었다. 집에 손님이 오면 과일도 예쁘게 깎아 내놓기도 했다. 아이들이 빨래도 널고 개고, 청소기도 돌리고, 운동화도 스스로 빨게 했다. 덕분에 미국에서 공부하는 큰아이는 밥도 잘 해 먹고, 생활을 잘 하고 있다. 작은아이는 청소년기부터 바쁜 엄마 아빠를 위해 밥도 지어 놓고, 반찬도 만들고, 설거지, 청소, 빨래, 심지어 바느질도 할 수 있다.

자녀들이 스스로 생활을 할 수 있도록 준비하고 있는 것은 무엇인가? 더 갖추어야 할 '생활 기술'은 무엇인가?

≫ 재정 자립

앞서 말했듯 우리 부부는 학부나 대학원 시절에 아르바이트를 하기도 하고, 결혼 후에도 강의, 번역 등 여러 가지 일들을 했지만 두 사람 다 자립을 위한 준비가 안 된 채로 결혼했다. 재정 자립 면에서 미숙했다. 그래서 아이들에게 재정적으로도 자립해야 할 것에 대해 일찍부터 말해두었다.

감사하게도 큰아이 종윤이는 고교 시절을 미국에서 지내면서, 미국의 십대들이 가정의 형편과 상관없이 스무 살이면 당연히 자립할 것을 생각하며 여러모로 준비되어 가는 것을 보았다. 큰아이가 다녔던 학교는 기독 사립 학교여서 학비가 비싸고 당연히 부유한 아이들이 많았다. 친구 중에는 수영장까지 딸린 저택에 살고, 자녀의 생일파티를 하느라 리무진을 보내 친구들을 태우고 한번 빌리는데 오백만 원 가량 하는 야구장 부스를 빌리는 집도 있었다. 하지만 그런 집 아이들도 대학 학비를 벌기 위해 주말이면 일을 한다는 것이다. 한 친구는 칼 가는 기술을 배워서, 주말이면 동네 미용실과 푸줏간을 돌아다니며 칼과 가위들을 모아 갈아주며 학비를 벌었다고 했다. 또 여름 방학 동안 일을 해서 자립을 위한 돈을 모은다는 것이다. 큰아이는 학교에서 재정 지원을 받아 학교를 다니는 것이어서 워크 스터디(work study)를 해야 했다. 주로 밖에서 쓰레기를 치우는 일이었다. 처음엔 날도 추운 데 친구들이 지나가는 앞에서 쓰레기를 치우는 것이 힘들었단다. 그러나 함께 일하는 미국 아이들이나 다른 나라 아이들 모두 긍정적이고 즐겁게 일을 하고, 지나가며 보는 친구들도 무시하는 것이 아니라 '저 친구들은 일하면서 학교에 다니는구나' 하며 인정해 주는 모습에 깊은 감명을 받았다고 했다.

자연스레 큰아이는 스무 살 무렵에는 자립이 당연하다고 여기게 되었다. 현재 미국에서 대학에 다니는 큰아이는 거의 전액에 가까운 장학금을 받을 수 있는 학교로 진학했다. 외국인이라서 학교 밖에서는 일할 수 없기에 학교에서 워크 스터디도 하고, 학내에서 할 수 있는 아르바이트를 하며 생활비도 벌고 있다. 현재는 집세만 내주고 있는데 장기적으로는 스스로 집세도 해결하려는 마음을 가지고 있다. 둘째 예준이 역시 대학 첫 등록금까지만 주기로 했기에 다음 학기부터는 등록금과 용돈 등을 스스로 해결해야 함을 잘 알고 있다.

자녀들이 재정적으로 언제 자립해야 한다고 생각하고 있는가? 어떤 준비를 하고 있는가? 온전한 재정 자립을 위해 고려하거나 실천해야 할 것은 무엇인가?

자녀를 향한 나의 표정과 태도, 언어는 축복인가?

자녀를 향한 하나님의 계획에 초점을 맞춘다면 우리의 말과 표정, 행동은 '축복'을 표현하게 되어 있다. 하나님은 말씀으로 세상을 창조하셨다. 또한 하나님께서 말씀하신 대로 인류 역사는 이루어져 왔고, 진행되고 있으며, 말씀하신 방향대로 가고 있다. 하나님의 자녀인 우리 그리스도인들에게 말이란 정말 중요한 것이다. 우리는 말로 자녀를 축복할 수도 있으며, 저주할 수도 있다. 하나님은 분명히 말씀하신다. "너희 말이 내 귀에 들린 대로 내가 너희에게 행하리니"(민 14:28)

우리의 원수인 사탄 역시 말의 능력을 알기에 부모나, 형제, 친구들과 같은 가까운 사람들을 통해 거짓말을 심고, 그것을 통해 우리 안에 '견고한 진'을 세운다. 대표적인 견고한 진의 예를 보자면 이런 것들이다. '저 사람은 안 돼', '얘는 틀렸어', '너무 늦었어', '우리 남편은 안 변할 거야', '우리 집안은 대대로 이랬어' 등이다.

예수님이 십자가에서 흘리신 보혈로 용서받지 못할 죄인이 없고, 치유받지 못할 상처가 없고, 해결되지 못할 저주가 없다. 그런데 우리는 너무나 쉽게 포기한다. 너무나 쉽게 타협한다. 돈이 없으니까 불법 복제하는 것이라고, 남편이 협력해 주지 않으니까 성경적인 양육을 못 하는 것이라고, 우리 가정 형편에는 어렵다고 쉽게 단정지어 버리고, 낙심하고 주저앉아 버린다. 나는 남편에게 은혜 입게 해 달라는 기도를 아직도 한다. 그것이 하나님이 내 안에 시작하신 일이라면, 남편이 반대하거나 싫어할 때 남편의 마음을 바꾸어 주시기를 나는 기도한다. 그때마다 하나님은 신실하게 응답하셨다. 남편과 마음이 하나 되게 하시고, 때로는 내 마음이 기도하다가 바뀌기도 했고, 나중엔 왜 이런 과정이 필요했는지 알게 되기도 했다.

내 눈에 보이는 것 대신에 주님 주신 약속의 말씀을 붙들고 주님이 바라보기 원하시는 것을 믿음의 눈으로 보면서 나아가기 위해, 거짓 메시지에 반대되는 진리의 길로 나아가는 '반대 정신'이 필요하다. 하나님의 뜻을 깨닫고 행하고자 하는 소원을 주시는 하나님께서는 또한 우리에게 주님의 뜻을 행할 능력도 주신다.

당신의 가정은 하나님의 통치하심 아래 있는가? 하나님이 다스리시는 땅에는 의와 평강과 희락이 자리한다. 특별히 '희락'에 대해 이야기하고 싶다. 가정에 기쁨이 있는가? 자녀를 볼 때 미소를 짓는가? 자녀를 향한 나의 표정과 태도, 언어는 축복의 메시지인가?

부모의 축복이 자녀의 삶에 미치는 중요성에 대해 국제가정사역원(Family Foundation International, FFI) 대표인 크래그 힐(Craig Hill) 목사의 메시지에 귀를 기울여 보자. 힐 목사에 따르면 사람들이 던지는 삶의 목적과 정체성의 질문에 대해, 하나님께서는 '내가 널 사랑한다. 내가 널 창조했다. 너는 아름답다. 너는 내가 계획했다. 너에겐 목적이 있다. 너를 향한 나의 계획은 다른 사람이 이룰 수 없다. 너는 나의 기쁨이다'라고 답하신다. 반면에 사탄은 '넌 아무것도 못할 거야. 너는 사랑 받을 수 없어'라고 답한다고 한다. 사람의 심령에 하나님의 답과 메시지를 심는 것은 축복인 반면에 사탄의 답과 메시지를 심는 것이 저주이다. 저주도 강력하지만 축복의 파급력은 더욱 강력하다.

'축복하다'에 해당하는 히브리어 '바락'과 헬라어 '율로게오'는 모두 '형통하도록 힘을 준다'라는 뜻을 지닌다. 부모는 하나님의 메시지(message)를 전하기 위한 통로로 부름받았다. 부모의 축복을 받은 사람은 형통한 삶을 산다. 이를 입증하는 민족이 바로 유대인이다. 유대인의 자녀들은 매주 금요일 저녁 식탁 예배를 드린다. 한 해 52주씩, 성년이 되는 18세까지 꾸준히 부모의 축복을 받는다. "너는 유대인이다. 너는 평범하지 않다. 하나님의 은혜의 손길이 항상 네 위에 있기 때문에 너는 사업, 재정, 학업, 가족관계, 결혼, 자녀들까지도 모든 영역에서 형통할 것이다." 유대인들은 부모가 축복해 주는 예언대로 그렇게 산다.[16]

의도치 않지만, 부모인 우리도 사탄의 메시지를 심을 때가 있다. 걱정과 두려움 때문이다. 한숨으로, 걱정하는 말로, 과잉보호로, 때로는 방임으로 그렇게 한다. 과잉보호가 자녀에게 주는 메시지는 '너는 할 수 없다'이다. 방임은 '너는 돌봄을 받을 가치가 없어'라는 메시지를 준다. 부모로서 내가 쏟아내는 말들은 어느 범주에 속하는가? 마음과 다르게 저주를 했을 경우에는 용서를 구하고 바로 축복하면 된다. 우리가 기뻐할 수 있는 이유는 오직 예수 그리스도이다. 우리가 자녀를 보면서 낙심하는 이유는 불신앙 때문이다. 아이를 창조하신 하나님, 죄로 인해 타락한 본성을 회복하시기 위해 독생자 예수님을 보내시고 십자가에 내어 주신 하나님, 예수 그리스도 안에서 새로운 피조물로 창조의 원형을 회복해 가시는 하나님을 믿지 않기 때문이다.

작은아이 예준이가 고2 때 일이다. 내가 토요일 아침 일찍 나갔다가 저녁

---

16) 크레이그 힐 저, 김진선 역, 『하나님의 언어로 자녀를 축복하라』, 토기장이, 2015, 「들어가는 글」과 1, 2장 및 이삭방송선교회 방송 설교 '부모 축복의 힘'(https://www.youtube.com/watch?v=r4GrJZWml8s&t=507s)을 참조했다.

에 돌아와야 하는 날이었다. 나가기 전, 아이가 주중에 해야 할 일들을 했는지 점검하는데 안 한 것이 많았다. '나는 지금 나가서 저녁에나 오는데' 하는 조급한 마음에 아이에게 화가 나 소리를 치고 나왔다. 현관문을 닫음과 동시에 후회가 밀려왔다. 시간이 없어서 마을버스를 타자마자 전화를 걸어 엄마가 화를 내서 미안하다고, 용서해 달라고 말하고 전화를 끊었다. 지하철역으로 가면서 '내가 뭘 잘못했지?' 생각해 보았다. '아, 죄로 인하여 왜곡된 예준이 형상을 주님은 본래 계획대로 회복해 가시는데, 예준이 안에 계셔서 일하시는 그 주님을 믿지 않은 것이 나의 죄구나. 불신앙이 나의 죄구나.'라고 성령께서 깨닫게 해 주셨다. 그래서 저녁에 가서 "엄마가 화를 낸 건 네게 실망해서야. 엄마가 하나님을 믿지 않았기 때문에 실망한 거야. 엄마가 믿음의 본을 보이지 않아서 미안해. 네 안에 주님이 계시기에 너에게는 소망이 있고, 너는 잘될 수밖에 없어"라고 이야기를 하며 다시 용서를 구하고 아이를 축복했다.

자녀 때문에 낙심이 될 때는 부모인 우리가 먼저 스스로를 돌아보고 내면에 있는 불신앙을 회개하자. 그리고 하나님께만 소망을 두기로 결단하자. 이 소망은 주님이 주신 말씀에 기초한 것이어야 한다. 때로 우리는 아이들 안에 있는, 당장 내 눈에 보이는 '견고한 진'에만 집중하기 쉽다. 지금도 내게 '눈에 보이는 현실'과 '주님이 가리키시는 것' 사이에서 무엇을 보고, 어디에 집중할 것인가라는 선택의 싸움은 여전히 진행형이다. 그러나 자녀에 대한 하나님의 계획을 알게 된 후에는 주님께서 아이들에 대해 말씀하신 것에 초점을 두려고 애쓴다. 그 과정에서 점점 견고한 진은 무너지고, 주님의 말씀과 계획이 선명해지는 것을 보고 있다.

자녀에 대한 하나님의 계획을 아는가?

자녀 양육에서 크리스천인 우리가 중요하게 여겨야 할 것이 자녀에 대한 하나님의 계획이다. 이는 다른 말로 '오리지널 디자인(original design)'이라고 부른다. 오리지널 디자인이라는 용어는 미국 워싱턴주 타코마에 있는 시티 센트럴 교회(City Central Church)에서 시작된 '프리덤(Freedom)' 사역에서 사용하고 있는 개념이다. 우리나라에서는 온누리교회가 '프리덤 스쿨'이란 이름으로 이 사역을 하고 있다. 나는 이 책에 나오는 오리지널 디자인과 견고한 진, 4R 기도의 내용을 그곳에서 배웠다. 또한 삶에 적용하면서 일부 내용은 발전시켰다.

》》 오리지널 디자인이란?

오리지널 디자인(original design)은 하나님의 계획, 데스티니(destiny), 소명 등으로 불리기도 한다. 성경은 우리 각자를 향한 하나님의 궁극의 계획이 있음을 말해 주고 있다.

성경의 인물들에 대해서도 하나님의 오리지널 디자인을 발견할 수 있다. 예레미야의 경우, "내가 모태에서 생기게 하기 전에 너를 알았고 네가 태어나기 전에 너를 거룩하게 구별했으며 너를 여러 민족을 위한 예언자로 세웠다"(렘 1:5, 새번역)는 말씀을 들었다. 우리가 알다시피 요셉도 총리가 될 것을 정해 놓으시고 어린 나이에 꿈으로 알려 주셨다(창 37:5~11). 세례요한도 태어나기 전에 그의 이름을 정하시고 그가 어떤 삶을 살지를 알려 주셨다(눅 1:15~17).

성경의 인물들만 놀라운 하나님의 계획을 갖고 있는 것일까? 그렇지 않다. 하나님 나라의 모든 사람과 창조물은 하나님의 특별한 목적에 의해 디자인되고 만들어졌음을 우리는 말씀을 통해, 역사를 통해 알 수 있다. 우리한 사람, 한 사람에 대한 하나님의 계획은 놀랍고, 독특하며, 구체적이다. 그렇기 때문에 하나님을 믿는 우리들은 하나님 안에서 자신의 디자인을 이해하고 그 디자인 안에서 사는 것이 중요하다. 오리지널 디자인은 바로 한사람 한 사람을 향한 하나님의 특별한 계획을 말한다.

≫ 오리지널 디자인의 3요소

기드온은 자신을 이스라엘 중 가장 작은 지파, 그 작은 지파에서도 가장작은 집안의 하찮은 자, 겁쟁이라고 믿고 있었다. 부정적이고 소극적인 자아상을 갖고 있던 기드온은 그 이미지대로 살고 있었다. 어느 날 기드온이당시 이스라엘을 압제하던 미디안 사람들에게 들켜 곡식을 빼앗길까 봐 포도주 틀에서 몰래 타작을 하고 있었다. 그런 그에게 하나님의 천사가 나타나서 "강한 용사야"라고 부른다. 기드온은 천사에게 자신이 얼마나 겁 많고 하찮은 자인가를 설명하며 그 이름을 부정했다.

하지만 기드온은 주님이 불러 주신 그 이름이 자신의 정체성임을 발견하는 과정을 거치게 된다. 과거에 자신을 '겁쟁이'라 믿었던 기드온은, 미디안과의 전쟁을 통해 강한 용사로 거듭났다. 기드온은 '강한 용사'가 자신의 이름인 것을 믿게 되고, 그것이 원래 그에 대한 하나님의 오리지널 디자인이었음을 입증했다. 오리지널 디자인 안에는 정체감, 사명, 비전이 모두 포함되어 있다. 기드온의 예를 들면 다음 표와 같다.

오리지널 디자인의 요소	의미	기드온의 예
정체감 (Identity)	존재(being)의 측면	강한 용사
사명 (Mission)	행동(doing), 임무의 측면	미디안으로부터 이스라엘을 구하는 것
비전 (Vision)	사명을 이루었을 때 나타나는 가시적인 결과의 측면	미디안에서 해방된 이스라엘

››› 오리지널 디자인을 아는 방법 - 정체감

오리지널 디자인에서 정체감은 두 측면으로 이루어져 있다. 먼저 일반적인 측면은 크리스천으로서 우리가 누구이고, 어떤 존재이며, 어떻게 살아야 하는가에 관한 것이다. 다른 한 측면은 구체적이고 특수한 것으로서 '기쁨의 사람', '빛을 비추어 주변을 밝히는 사람'처럼 개인마다 독특한 개성을 반영하는 부분이 있다. 우리는 성경을 읽고 기도하고, 성령님의 음성에 귀 기울이며 순종하는 가운데 오리지널 디자인을 자연스럽게 알아갈 수 있다. 그러므로 성경을 읽을 때, 선포되는 말씀을 들을 때, 기도할 때 우리 자신이나 자녀들에 대한 하나님의 계획에 대해 묻고 듣는 마음으로 나아가자. 우리가 물을 때 하나님께서는 알려 주실 것이다.

이것은 예수님을 믿고 수십 년이 지나야만 알 수 있는 것도 아니다. 내가 전도한 한 자매가 아직 초신자일 때였다. 어느 날 교회 프로그램에서 둘씩 짝지어서 하나님께서 상대방의 오리지널 디자인이 무엇인지 듣는 시간이 있었다. 나와 짝이 된 그 자매가 갑자기 울면서 "사모님이 사람들에게 보석을 나누어 주는 것을 보여 주셨어요." 하는 것이다. 그러더니 "저희가 하나님이 주시는 귀한 것을 잘 깨닫지 못하니까 사모님을 통해 깨닫게 해 주신다는 생각에 눈물이 났어요.”라고 했다. 당시 지역장이던 내가 목자들과 지역 식구들을 이끌기에 부족하게만 느껴지던 때라서 깊은 위로와 격려가 되었다.

이처럼 초신자도 들을 수 있다. 꼭 믿음이 대단해야 하는 것도 아니다. 나의 경우 성령 충만하거나 하나님과 굉장한 친밀감을 느꼈던 때만 들었던 것도 아니다. 어떤 때는 몸이 너무 아파 한달 가량 기도도, 말씀 묵상도 못했을 때도 있었다. 그럼 주님의 음성을 언제 들었을까? 자녀에 대해 “주님, 이 아이를 어떻게 지으셨어요? 제가 부모로서 무엇을 도와주어야 하나요?” 여쭤보았을 때였다.

하나님께서는 우리가 듣고자 하는 마음으로 여쭐 때 기록된 말씀으로도, 성령의 내적 음성으로도 말씀하신다. 때로 마음에 어떤 그림을 주시기도 하고, 어떤 단어나 문장, 성경 말씀이 떠오르게도 하신다. 그럴 때 노트에 바로 적어두자. 나는 묵상하거나 기도할 때 늘 노트를 가지고 다니며 하나님이 말씀하신 것들을 기록해 둔다. 이것들을 정기적으로 들여다보며 말씀하신 대로 이루시기를 기도한다. 우리가 잘못 들을 가능성도 있다. 그렇기 때문에 보다 잘 들을 수 있도록 훈련해야 하는 것도 사실이다. 또한 믿을 만한 교회 권위자들, 지체들, 배우자, 자녀들과 함께 기도한다면 가장 좋을 것이다. 우리 가족은 중요한 결정을 할 때 함께 기도하고, 반드시 가족 모두에게 동일한 마음을 주실 때 결정을 내렸다.

≫ 오리지널 디자인을 아는 방법 - 사명과 비전
오리지널 디자인에서 사명 부분도 시대와 민족의 사명과 개인의 사명이 있다고 생각한다. 남북전쟁 전후의 미국인들에게는 '노예해방'이라는 공통적인 시대적 사명이 있었다. 스토우 부인은 『톰 아저씨의 오두막』이라는 작품을 써서 노예해방에 대한 당위성을 일깨웠고, 링컨은 대통령이 되어 법적·제도적 해결을 감당함으로 그 사명을 감당했다. 그렇기 때문에 우리는 자녀 세대의 민족적·시대적 사명에 대한 이해가 있어야 하며, 그 안에서 내 자녀가 어떻게 개인적인 사명을 이루기를 원하시는지 분명히 알아야 한다.

사명과 비전 역시 기도와 말씀으로 인도함을 받는다. 하지만 특별히 그리스도의 몸 안에서 봉사를 통해 자신의 달란트를 발견하고 발전시켜갈 때 사명과 비전을 잘 알아갈 수 있다. 또한 사명과 비전은 정체감 영역과 떨어뜨려 생각할 수 없다는 점도 중요하다.

≫ 오리지널 디자인을 가리는 견고한 진(stronghold)

결국 한 사람의 오리지널 디자인이란 '그 사람이 누구이고, 무엇을 해서, 결국 어떤 것을 이룰 것인가'에 대한 하나님의 계획이다. 우리는 주님께 우리 자신과 자녀의 오리지널 디자인을 알게 해 주시길 기도하며 알아가려고 애써야 한다. 이는 사실 계시의 영역이기에 주님께서 알려 주셔야 알 수 있는 것이다. 주님은 우리가 주님의 계획을 알기를 원하신다. 반면 우리의 원수인 사탄은 우리가 주님의 계획을 알기를 바라지 않으며, 어떻게든 주님의 계획을 방해하려고 한다.

사탄은 우리의 생각 속에 거짓을 심어놓고 우리가 그것을 받아들이게 하려고 기회를 노리고 있다. 만약 우리가 그 거짓말을 받아들이면 우리는 주님의 계획과 상관없이, 때로는 그와는 정반대의 삶을 살게 된다. 사탄이 심는 거짓의 시초는 부모나, 형제, 친구 등 가까운 사람들이 지은 죄로 인해 받은 상처나 용서하지 못하는 마음에서 시작되는 경우가 많다. 이러한 상처나 미워하는 마음을 방치해두면 사탄이 내 안에 영향력을 행사하는 '견고한 진'을 형성할 수 있게 된다. 견고한 진이란 하나님의 말씀, 곧 진리와 반대되는 생각의 구조이다.

예전에 집 문제로 남편과 마음이 맞지 않았던 일이 있었다. 이사를 하고 싶다고 남편에게 말했지만 '지금 형편에 어떻게 가느냐, 기도하고 인내하라, 이런 집에 살게 하신 하나님의 뜻을 구하라'는 답변으로 마음이 많이 상했다. 옳은 말이지만 공감없이 반복하는 말들을 들으며 내가 믿음이 약하고, 성품이 덜 되었다는 꾸지람을 듣는 것처럼 느껴졌다.

나는 남편의 이해를 포기하고 하나님께 갔다. 기도하면서 뜻밖에도 이것이 나의 문제인 것을 알게 되었다. 시부모님께서 집 문제를 도와주시려 할 때 거절했던 생각도 났다. '세상에 믿을 사람이 없다. 내 힘으로 내가 해야지.'라는 견고한 진이 내 안에 있었음을 깨닫게 되었다.

나는 부모님이 계시지만 내 마음은 어릴 때부터 고아 같았다. 우리 아빠는 나를 무척 사랑하시지만 뭔가 약속하셨다가 못 지킬 때가 있었다. 반대로 약속한 것은 꼭 지키셨던 우리 엄마는 자신이 한 말을 꼭 지켜야 한다는 생각에 내가 필요를 얘기했을 때 선뜻 응답을 못 하실 때가 많았다. 나는 '아빠는 약속하셔도 못 지킬 것 같아'라는 생각에 신뢰를 못 했고, 엄마에겐 정말 꼭 필요한 것이 아니면 말을 하지 못할 만큼 정서적인 거리를 느꼈다.

사탄은 이런 상처를 통로로 "결국 이 세상에 나밖에 없다. 내가 해야 한다."라는 거짓말을 내 마음에 심었다. 나는 그것을 받아들이고 오랫동안 그

것을 삶의 태도로 가지고 살았다. 원가족의 상처로 인한 내 안의 뿌리 깊은 독립성 때문에 권위자를 통해 주시는 하나님의 돌보심과 공급하심, 보호하심을 경험할 수 없었다. 주님께서는 그것을 깨닫게 해 주셨다. 나의 이 독립적인 태도가 하나님과의 관계에서도, 시부모님과의 관계에서도, 남편과의 관계에서도 절대적인 영향력을 미치고 있음을 깨달았다. 남편의 잘못인 줄 알았는데 상처를 통해 만들어진 견고한 진과 그로 인해 생긴 독립적인 태도가 원인이었음을 깨닫고 펑펑 울며 기도했다. 그 태도를 회개하고, 끊어냈다. 아버지가 있어도 고아처럼 살았고 남편이 있어도 과부처럼 살았던 분리된 마음의 태도를 회개했다. "이제는 저 고아처럼 살지 않겠습니다. 아버지가 있는 딸처럼 살겠습니다. 남편이 있는 아내로 살겠습니다." 그러면서 내 마음 안에 있던 고아를 내쫓았다.

그런 작업을 마치고 다시 남편에게 말했다. "여보, 나는 이 집에서 살기가 너무나 싫은데 당신이 내 마음을 몰라주니 너무나 슬퍼요." 그전에도 여러 번 했던 이야기지만 남편은 그제야 비로소 내 말을 진심으로 들었고, 우리 부부는 마음이 하나 되어 이사에 대해 기도하기 시작했다. 기도하기 시작한 지 6개월도 안 되어 살던 집이 팔리고 시부모님의 도움을 받아 마음에 드는 집을 사서 이사할 수 있었다.

'하나님께서 내 인생에 계획하신, 권위자를 통한 보호와 공급과 인도'라는 오리지널 디자인은 내 안의 '지나친 독립성'이라는 견고한 진에 의해 가리워져 있었다. 그러나 하나님의 은혜와 성령의 조명하심으로 그 견고한 진을 깨닫고 깨뜨리자 밝히 드러난 것이다. 때로 우리는 문제의 원인이 배우자나 상대방에게 있다고 생각하지만, 영적으로 바라보면 원가족 안에서 겪은 상처로 인한 자신의 내면에 있다는 것을 발견하게 된다. 그렇기에 배우자나 자녀가 문제를 일으켜 나를 힘들게 하는 것 같아도, 그것은 나를 온전히 회복시키기 위한 그들의 수고일 수도 있다.

≫ 견고한 진을 깨뜨리는 4R 기도

자신의 견고한 진을 깨닫게 해 주시도록 겸손히 성령님께 구하고 "어떤 견고한 진도 무너뜨릴 수 있는 하나님의 능력"(고후 10:4)을 구해야 한다. 이와 같은 하나님의 능력을 구하는 기도가 4R 기도이다. 이 기도 역시 프리덤 스쿨에서 배운 것이다.

Repent : 회개하라

자신의 죄를 인정하고 돌이키는 기도이다.

"주님, 제가 아내(남편 또는 자녀)에게 또 화를 폭발하여 상처를 주었습니다. 이것이 죄임을 제가 인정합니다. 마음을 풀지 않고, 용서하지 않는 것이 죄임을 인정합니다. 제가 아내(남편 또는 자녀)를 용서하기로 결정합니다."

Receive : 받아들이라

진리를 마음으로 받는 기도이다. 4R에서 가장 핵심적인 부분이며, 가장 능력 있는 기도이다. 내 죄를 대신해 죽으실 만큼 나를 사랑하신, 주님의 그 크신 사랑과 용서를 마음으로 충분히 받아야 한다. 그래야 배우자와 자녀를 용서할 수 있다.

"십자가의 예수님을 바라봅니다. 저의 이런 분노와 용서하지 않는 죄악 때문에 주님이 십자가에서 죽으실 수밖에 없었습니다. 십자가에서 죽으셔서 저의 모든 죄를 용서하신 주님의 사랑과 용서를 마음으로 받습니다."

Rebuke : 꾸짖으라

죄악의 습관을 끊는 결단의 기도이며, 악한 영을 대적하는 기도이다.

"주님, 용서하지 않고 분노하는 마음으로 비판적으로 말해 아내(남편)와 자녀의 마음을 상하게 한 저의 죄악된 습관을 끊습니다. 분노하고 용서치 못하게 하는 악한 영아, 우리 부부 사이에서 역사하여 서로 미워하고 판단하여 하나 됨을 방해하는 더러운 영아, 예수 그리스도의 이름으로 명하노니 내게서 떠나가라. 내가 너를 심히 미워한다."

Replace : 대체하라

사탄의 거짓말을 진리로 대체하며, 진리를 선포하는 기도이다. 죄인된 존재였지만 주님의 공로로 구원받고 용서받았음을 기억하며 복음을 입술로 시인하고 선포한다.

"용서치 않고 원한을 품었던 나의 옛사람은 예수 그리스도와 함께 십자가에서 죽었습니다. 이제는 주님이 제 안에 사십니다. 저는 용서받고 의롭게 된 사람입니다. 거룩하고 성령 충만한 사람입니다. 용서하고 축복하며 사랑하는 사람입니다."

》》 오리지널 디자인 사례 - 종윤

큰아이 종윤이는 정말 여러 방면에서 나를 겸손하게 만들어준 아이다.

내가 오리지널 디자인에 대해 알고 난 후 중학생이던 큰아이에 대해 하나님께 여쭤봤을 때 "꿈을 찾아주고 꿈꾸게 하는 자"라고 말씀하셨다.

재작년 초에 갱년기 증상과 더불어 나는 여기저기가 아팠다. 불면증, 혈압 문제, 관절통, 근육통에 기억력도 떨어지면서 나이 들고 아픈 자신을 보며 자신감이 떨어지고 우울하던 어느 날이었다. 큰아이와 통화하던 중에 우울한 마음을 이야기 했더니 "엄마는 왜 나이가 들면 늙고 병들 생각만 하세요?"라며 이런 얘기를 해 주었다.

홈스테이하는 가정의 아저씨가 필리핀 선교사님의 아들인데, 90세이신 어머니는 아직도 현역 선교사라고 했다. 그분은 홈스쿨로 자녀들을 키우셨는데, 『홈스쿨에서 살아남기』라는 책도 쓰셨다는 것이다. 종윤이는 영상통화 중 그 책을 보여 주면서 말했다. "엄마! 나이가 들면서 늙고 병들 생각은 하지 말고, 90세에도 현역으로 살 생각을 하세요, 이 선교사님처럼요. 얼마나 바쁘게 사시는지 자녀들과 통화할 시간도 없으시대요." 아이 얘기를 듣다 보니 갑자기 프레임(frame)이 바뀌면서 90세 현역의 꿈을 꾸게 되었다. 여전히 몸은 아팠지만, 주님께서 나를 새롭게 세팅하셔서 90세에도 현역의 삶을 살게 하시려나 보다로 생각의 틀이 바뀌었다.

이렇게 '꿈을 꾸게 해 주는 사람'이 되어가고 있는 큰아이에 대한 하나님의 계획을 처음 알았을 때에는 아이 자체가 꿈이 없었을 때였다. 그런데 주님은 아이가 직업적으로 이런 일을 할 것이라고 하셨다. 당시의 나로서는 주님의 음성이 참으로 황당했다. 이것이 어떻게 가능한가? 당시 아이의 꿈은 해양학자였다. 그런데 사실 물고기를 좋아한다는 것 빼고는 해양학자가 되어야 할 뚜렷한 목적이 없었기 때문에 꿈이 없는 거나 마찬가지였다.

그 후 계속해서 아이에 대해 기도하던 가운데 "나는 이 아이를 이과로 계획하지 않았다. 종윤이도 이것을 알고 있다."라는 음성을 듣게 되었다. "아니, 이과가 아니면 문과에서 얘가 뭘 해야 하나요?"라고 여쭙자 "우선은 역사와 심리학이다."라고 하셨다. 나는 기도하면서 내적인 음성을 듣고 기도노트에 적었다. 그러나 항상 잘못 들을 가능성이 있기에 "정말 제가 하나님의 음성을 들었다면 아이 입에서 먼저 이 말이 나오게 해 주세요"라고 기도했다.

당시 대안학교에 다니고 있던 중3인 큰아이에게 며칠 후 전화가 왔다. 풀죽은 목소리로 "학교에서 진로 검사를 했는데 난 이과 체질이 아닌 것 같아요"라고 했다. "아, 그러잖아도 엄마가 기도할 때 네가 이과가 아니라는 마음을 주시는 것 같았다"라고 했더니 짜증 섞인 목소리로 "그럼 내가 문과에서 뭘 해야 하는데?"라고 하는 것이다. "문과에서 네가 관심 있는 게 있다면 어떤 걸까?"라고 물었더니 심드렁하게 "역사랑 심리학이겠지"라고 말했다. "응. 꼭 그렇게 말씀하셨어."라고 말했더니 아이가 깜짝 놀랐다. 사실 내가 더 놀랐다.

이후 미국 유학을 가게 되면서 입학 지원서를 쓰기 위해 아이와 코칭 대화를 할 때였다. 그때까지도 아직 꿈이 없던 아이에게 "꿈을 이루었을 때 네가 어디에서 무엇을 하고 있을 것 같아?"하고 질문했을 때 베트남이나 라오스 같은 곳에서 청소년들 앞에 서서 이야기 하고 있는 자신의 모습을 마음의 눈으로 그리게 되었다. 그러면서 자신과 같이 중독에 빠진 청소년들을 돕는 상담자의 꿈을 갖게 되었다. 이후 심리검사를 하게 되었는데 한 유형이 나왔고, 그 유형의 대표적인 직업이 하나 적혀 있었는데 '상담자'였다.

그러고 보니 상담자다운 면모가 보였다. 양가 할머니들이 몸과 마음이 힘들어서 가족들이 모두 대화를 어려워했을 때 두 분 다 "종윤이하고 얘기하면 내가 힘이 나는데…" 하셨던 것이 생각났다. 어릴 때부터 공감을 잘 해 주어서 남편과 다투고 속상할 때 위로가 되었던 모습 등을 돌아보니 상담자가 잘 어울렸다. 고3 여름에 한국에 나왔을 때 "너 진짜 상담자가 되고 싶니?"라고 물었더니 "응 되고 싶어, 상담이 너무 재밌어"라고 했다. "네가 무슨 상담을 해봤어?" 물었더니 "상담이 별건가? 말로 사람들을 도와주는 거잖아" 한다. 그러면서 홈스테이하던 가정의 아주머니가 시부모님에 대해 서운해하실 때 들어준 이야기, 카페에서 우연히 만난 낯선 할머니가 손주 때문에 고민하시는 얘기를 듣고 도와드린 이야기, 진로 때문에 고민하는 대학생 누나를 도운 이야기 등을 하면서 보람이 있었다고 했다.

사실 아이가 어떤 상담자가 될지는 아직도 잘 모른다. 목회자가 되어 상담을 할 수도 있고, 교사가 되어 상담을 할 수도 있고, 전혀 상상하지 못 한 길로 인도하실 수도 있을 것이다. 부모로서 우리는 지금까지 열어 주신 길을 함께 걸어가면서 상담자로 부르신 이 아이를 어떻게 준비되도록 도와야 할지 마음을 쓰며 기도하고 있다.

≫ 오리지널 디자인 사례 - 예준

작은아이 예준이에 대해서는 내가 '오리지널 디자인'이란 개념을 모를 때부터 '강한 용사(mighty warrior)'라고 하셨다. 그 당시 예준이는 깡마르고, 눈도 간헐성 외사시가 있어서 시선도 분명하지 않았다. 늘 징징거리고 짜증스러운 아이여서 '강한 용사'라는 이름이 너무나 안 어울렸다. 그런데

4학년 때부터 살이 오르고 덩치가 좋아지기 시작해서 그 이후엔 비만을 걱정할 정도로 덩치가 커졌다. 이제는 강한 용사라는 게 믿어진다. 기도하는 모습을 보면 용사가 맞다. 새벽기도회 때나 부흥회 때 가장 늦게까지 기도하기도 하고, 큰 목소리로 선포하기도 하고, 가정에서 기도 인도를 할 때면 힘차게 기도를 인도한다. 한번은 담임 목사님께서 중국 선교를 가시는데 하나님께서 자신에게 금식하라고 하셨다면서 한여름에 열흘간 금식을 한다고 했다. 한 끼 정도는 금식해 봤지만 무더위에 열흘이나 금식한다기에 걱정이 되었다. 겨우 말려 아침, 저녁으로 금식을 했다. 평소에 한 끼도 못 굶는 아이라 나는 점심 한 끼를 정말 많이 먹을 줄 알았다. 정말 새 모이만큼만 먹고 열흘을 기도했다. 용사가 맞구나 싶었다.

예준이의 발달 장애를 알고 난 이후로 '이것은 정상일까? 비정상일까?'하는 사고의 틀이 생겼다. 그러나 오리지널 디자인을 알고 나서는 '정상 대 비정상'이라는 프레임이 깨뜨려졌다. 대신 '주님이 계획하신 예준이의 모습'이라는 새로운 시각으로 아이를 보게 되면서 기대와 설렘, 호기심이 생겼다. 주님이 빚으신 예준이의 모습은 어떤 것인지 궁금하고, 그것을 알아가는 즐거움이 커졌다. 내가 보는 모습과 주님이 말씀하시는 모습 사이에서 고민하면서도 미래가 기대되었다.

하나님은 또한 예준이가 '기쁨의 사람'이라고 하셨다. 지금도 그러한 마음이 있지만 그 이름을 들었을 때는 정말 어울리지 않는다고 생각했다. 늘 얼굴을 찡그리고, 짜증이 많고, 화를 잘 내는 아이였기 때문이다. 홈스쿨 아이들은 대부분 성품도 좋고, 예의 바르고, 얌전한 편이지만 예준이는 목소리도 크고, 눈치가 없고, 주위를 볼 줄 몰랐다. 아이를 데리고 모임에 가면

항상 "예준아, 좀 작게 말해. 예준아, 조용히!" 라는 말을 반복해야 했었다. 그런데 그런 예준이를 있는 모습 그대로 인정해 주는 사랑의 공동체를 만나면서 기쁨의 사람인 예준이가 점차로 발견되어 갔다. 그 공동체에 속한 사람들은 어른이나 아이나 할 것 없이 예준이를 이상한 아이라고 생각하기보다 목소리가 커서 모임에 활기를 주고 분위기를 띄우는 아이로 수용해 주었다. 교회에서도 중고등부 담당 목사님께서 예준이가 선교를 가는 일로 중고등부 예배 시간에 없으면 목사님의 말씀에 큰소리로 "아멘"하며 화답해 주는 예준이가 그리워진다고 하신다. 예준이는 음악회에 가도 큰 소리로 브라보를 외치며 환호해준다. 예준이는 '기쁨의 사람'이다.

여기까지가 정체성의 영역이라면 이제부터 사명과 비전은 어떤 과정을 거쳐 알아가고 있는지 나누겠다. 예준이는 고1 때 몽골에 단기 선교를 갔다. 예준이가 선교 가던 해 주님은 내게 '선교 기간에 예준이의 사명을 말해 주겠다'는 음성을 들려주셨기에 예준이는 큰 기대를 하고 몽골에 갔다. 선교 기간 중 예준이는 '아이들에게 인문고전을 가르치는 교사가 돼라'고 하시는 주님의 음성을 들었다고 한다.

몽골 선교를 다녀와서 그 얘기를 했을 때 정말 의아했다. 관계가 서툰 예준이가 교사가 될 수 있다는 생각은, 부모인 우리나 예준이 자신도 한번도 해 본 적이 없었기 때문이다. 그러나 예준이는 하나님의 음성을 잘 듣는 아이라 다음 걸음을 놓고 기도해 보라고 했다. 중고등부 수련회에 간 예준이는 거기서 기도하다가 ○○대 기독교교육학과에 가라는 내적 음성을 들었다. 그래서 그럼 ○○대에 기독교교육학과가 있는지 알아보라고 했더니 정말 그 학과가 있었다.

그런데 정작 그 후에 예준이나 부모인 우리들이 좀 갈팡질팡했다. 인문고전 수업을 같이하는 친구들과 홈스쿨 모임에서 수능 공부를 같이했는데 여러 이유로 그 모임이 없어진 데다, 큰아이가 미국에서 대학 진학을 하게 되면서 새로운 고민이 생겼다. 큰아이가 다니는 뉴 세인트 앤드류스 컬리지(New Saint Andrews College)는 흔히 말하는 이름이 있는 대학은 아니지만, 연방정부의 재정 지원을 거절하면서까지 성경적인 가치를 분명히 하고 기독교적인 커리큘럼으로 학생들을 가르치는 곳이다. 처음엔 재정을 이유로 어쩔 수 없이 갔지만 1년이 넘은 지금은 학교를 정말 좋아한다. 신학과 음악, 히브리어, 헬라어, 라틴어 외엔 주된 커리큘럼이 기독교 세계관으로 고전을 읽고 토론하는 것이다. 매주 전교생 앞에서 연설 수업도 한다. 매일 200쪽 이상의 책을 읽어야 하고 페이퍼(paper)나 논문 등 글로 써내는 양도 많다. 그러나 종윤이 스스로 말하길 "힘들지만 이렇게 4년을 보내고 난 후 내가 어떤 사람이 되어 있을지 너무 궁금하고 기대돼요"라며 정말 즐겁게 다니고 있다. 그러다 보니 예준이도 그렇고 부모인 우리도 자꾸 욕심이 났다. 그런 연유로 성경과 한자, 독서-고전 읽고 쓰기를 제외하고는 우리나라 수능과 미국 입시 사이에서 갈피를 잡지 못한 채 고등 2, 3학년을 보냈다.

예준이가 고3 때 수시 지원을 앞두고 "네가 가장 성령 충만할 때 하나님께 들은 거니까 ○○대에 한번 지원해 보자"고 해서 그 대학만 수시로 지원했고 붙었다. 그때까지도 가족 모두가 확신이 없는 상태였다. 그래서 등록을 고민하는 예준이에게 금식하며 기도하기를 권했다. 예준이는 기도원에 가서 금식기도를 한 뒤 주님의 뜻을 분명히 깨닫고 ○○대 지원을 결정하게 되었다. 현재 예준이는 기독교 교육을 전공하면서 자신이 홈스쿨을 통해 받은 교육이 얼마나 좋은 교육이었는지 깨닫고 있다고 고백한다. 우리 부부는 이러한 경험을 바탕으로 예준이를 오리지널 디자인으로 회복하고 이끄시는 하나님께 감사하고 있다.

》 부모가 꿈을 꾸어야 자녀도 꿈을 꾼다

자녀의 오리지널 디자인을 알기 위해 부모들은 자녀를 위해 함께 기도하고, 말씀과 봉사의 영역을 가르치지만 가장 중요한 점은 부모가 꿈을 꿔야 자녀도 꿈을 꾼다는 점이다. 부모가 자신의 오리지널 디자인을 알고자 노력해야 하고, 주님이 정하신 길을 기쁘게 가야 한다. 이에 대해 나이가 들어서, 형편이 어려워서 등의 핑계를 대지 말아야 한다.

부모가 먼저 꿈을 꾸고 자녀의 소명에 대해 하나님께 듣고 어떻게 도왔는지를 잘 알려 주는 인물이 다윗이다. 다윗은 성전 건축의 꿈을 품는다. 하나님은 다윗의 꿈을 기뻐하셨다. 그러나 그 꿈을 이루는 사람은 자녀인 솔로몬이라고 알려 주신다. 다윗은 솔로몬에게 자신이 하나님께 들은 아들의 소명을 말해 주고 격려하며 축복해 준다. 다윗은 아들 솔로몬이 성전 건축의 꿈을 이룰 수 있도록 죽기 전까지, 심지어 환난 중에도 성전 건축의 재료를 힘을 다해 마련한다. 또한 솔로몬을 도울 동역자들도 준비시킨다.

> 14. 내가 환난 중에 여호와의 성전을 위하여 금 십만 달란트와 은 백만 달란트와 놋과 철을 그 무게를 달 수 없을 만큼 심히 많이 준비하였고 또 재목과 돌을 준비하였으나 너는 더할 것이며

15. 또 장인이 네게 많이 있나니 곧 석수와 목수와 온갖 일에 익숙한 모든
    사람이니라

16. 금과 은과 놋과 철이 무수하니 너는 일어나 일하라 여호와께서 너와 함
    께 계실지로다 하니라

17. 다윗이 또 이스라엘 모든 방백에게 명령하여 그의 아들 솔로몬을 도우
    라 하여 이르되

18. 너희 하나님 여호와께서 너희와 함께 계시지 아니하시느냐 사면으로
    너희에게 평온함을 주지 아니하셨느냐 이 땅 주민을 내 손에 넘기사 이
    땅으로 여호와와 그의 백성 앞에 복종하게 하셨나니

19. 이제 너희는 마음과 뜻을 바쳐서 너희 하나님 여호와를 구하라 그리고
    일어나서 여호와 하나님의 성전을 건축하고 여호와의 언약궤와 하나님
    성전의 기물을 가져다가 여호와의 이름을 위하여 건축한 성전에 들이게
    하라 하였더라 (대상 22:14~19)

››› 오리지널 디자인은 계시의 영역이다

오리지널 디자인은 하나님이 보여 주셔야만 알 수 있는 계시의 영역이
다. 앞서도 말했지만 부모인 우리는 예준이가 교사가 되리란 생각을 해본
적이 없다. 중학 시절 음악을 좋아해서 음악과 관련한 진로를 생각해봤지
만 그러기엔 재능이 부족해 보였다. 또 요리를 좋아하고 재능도 있어 보여
서 요리사가 어떠냐고 했는데 본인이 단호히 거절했다.

나는 절대적 진리를 부정하고, 다양성과 혼합주의, 상대성을 추구하는
포스트모더니즘 시대를 살아가는 예준이의 세대에는 윤리적인 문제가 크

게 대두되고 예준이 세대가 어쩌면 주님의 재림을 볼 수도 있겠다는 생각이 들었다. 그래서 예준이가 절대적 진리인 말씀 안에서 성경적 세계관을 갖고 진리를 변호하는 변증가라는 시대적 소명을 갖고 있다고 여겼다.

한글을 익힌 일곱 살 때부터 5학년까지는, 다른 공부들은 하고 싶어 하지도 않았던 아이가 성경만은 서너 시간씩 읽었다. 내버려 두면 종일도 읽었을 것이다. 아직 말도 서툴던 예준이를 눈앞에서 보면서도 마음으로는 기독교적 변증으로, 무슬림에게도 사랑의 예수님을 전해서 무릎 꿇게 하는 꿈을 계속 꾸었다. 그리고 그 꿈을 예준이에게도 계속 심어 주었다. 그래서 말씀 통독과 묵상, 암송, 또 고전을 읽고 쓰는 교육을 해왔던 것이다. 지금 예준이는 교사가 되어 변증에 능한 다음 세대를 키워갈 꿈을 꾸고 있다.

하나님께서 예준이 고1 때, 부모인 우리나 예준이도 전혀 생각해 보지도 않았던 교사의 꿈을 말씀해 주시고 이끄심을 경험하면서 느낀 점이 있다. 우리가 보는 게 아이의 전부가 아니라는 것이다. 제한적인 육신의 눈으로는 가려진 영역을 볼 수 없다. 그래서 우리가 누구 한 사람에 대해 안다는 것은 온전하지 않다. 그를 지으신 주님께 그의 이름을, 그를 통해 이루시기를 원하는 것이 무엇인지를 여쭤보지 않으면 알 수가 없다. 어쩌면 우리가 처음 들어본 그 이름, 그의 현재의 모습에선 상상할 수 없는 이름, 주님이 불러 주시는 이름이 그의 진짜 모습이다.

예준이가 대학에 합격한 후, 아르바이트를 할 준비를 하기 위해 엄마를 학생이라 생각하고 중학 수준의 영문법을 강의해 보라고 했다. 아이의 가르치는 모습을 보며 깜짝 놀랐다. 열정적으로 설명하는 모습을 보며 "얘가 교사 맞구나. 타고난 교사네." 싶었다. 관계가 부족해서 걱정이라고 여겼는데 가르칠 때는 정말 친절하고 밝고 열정과 기쁨이 넘친다. 교사로 예준이를 계획하셨기에 교사의 자리에 있을 때 가장 예준이다움을 느끼며 감사하다.

하나님께서는 자신의 자녀를 맡기신 우리 부모들에게 어떤 전문가도 알 수 없는 아이에 대한 특별한 통찰력을 주신다. 우리가 여쭤보면 말씀하여 주신다. 말씀과 기도를 통해 자녀의 오리지널 디자인이 무엇인지, 무엇을 어떻게 배워야 할지도 여쭤보자.

다음은 2018년도의 내 묵상 일기의 한 부분이다.

2018. 5. 25. 묵상 / 본문 렘 51:45~53

렘 51:46a 용기를 잃지 말고 이 땅에 소문이 퍼지더라도 두려워하지 마라. 올해에는 이런 소문이 떠돌고 내년에는 저런 소문이 떠돌 것이다(너희 마음을 겁약하게 말며 이 땅에서 들리는 풍설을 인하여 두려워말라 풍설은 이 해에도 있겠고 저 해에도 있으리라. 개역한글).

예준이의 치료에 대해 고민하던 7세 때 상담 공부하는 사람들과 모임을 하고 돌아오는 길이었다. 그날따라 상담자들이 치료 사례 얘기하는 게 다 예준이 이야기만 같았다. 남편에게 전화를 걸어 예준이가 지적장애일 수도 있고 ADHD일 수도 있다고 하면서 검사나 치료를 해야 하지 않겠느냐고 말했다. 걱정하는 내게 왜 그렇게 믿음이 없느냐는 식으로 차갑게 대꾸하는 남편 때문에 강남대로를 눈물을 흘리며 걸어가다가 어릴 때부터 예준이를 보아 온 한 집사님께 전화를 걸었다. 내 말을 들은 집사님은 "제 생각엔 ADHD도 지적장애도 아닐 것 같은데 정 걱정이 되면 감기 걸렸을 때 중이염 걸렸나 확인하러 병원 가듯이 검사해 보셔도 좋겠어요"라고 차분하고 밝은 어조로 말씀하신다.

다음날 새벽에 남편과 새벽기도 시간에 가서 들은 말씀이 오늘 본문 말씀이었다. 말씀을 읽자마자 의사나 상담사나 어떤 전문가의 말이라 해도 실은 풍설에 불과하다는 말씀으로 들렸다. 예준이에 대한 하나님의 작정이 중요한 것이다. 그때 다시 주신 말씀이 렘 29:11이다. "너희를 향한 나의 생각은 내가 아나니 재앙이 아니라 곧 평안이요 너희 장래에 소망을 주려하는 생각이라 너희는 내게 부르짖으며 와서 내게 기도하면 내가 너희를 들을 것이요 너희가 전심으로 나를 찾고 찾으면 나를 만나리라"

그날 새벽예배 후 남편에게 하나님이 뭐라고 말씀하시더냐고 묻자 "당신에게 말씀하셨다고 당신에게 들으라고 하시던데"라고 말하는 것이었다. 둘이 같이 웃으며 검사나 치료를 하지 않기로 했다. 예준이가 18살이 된 이제 당시 나를 벌벌 떨게 했던 전문가들의 말들은 온데간데없고, 하나님께서 이것이 예준이의 미래라고 하셨던 그 말씀은 놀랍게 성취되었고, 지금도 성취되어 가고 있다. 지금 시점에서 나는 어떤 영역에서 어떤 풍설을 버리고 하나님의 약속을 취해야 할까?

⟫⟫ 자녀에 대해 누구에게 묻는가?

중3이 되던 겨울에 예준이를 위해 기도할 때였다.

"주님, 예준이가 무엇을 준비해야 하나요?"

"한자와 한문, 읽기와 쓰기이다"

"주님, 수학은요?"

"수학도 그의 달란트이다"

"어떻게 공부해야 하나요?"

"역사를 배우듯 하면 된다."

"어떻게 도와주어야 하나요?"

"역시 한자이다."

"왜 그렇게 한자가 중요한가요?"

"표의문자이기 때문이다. 예준이의 오리지널 디자인과 가장 잘 맞기 때문이다."

한자가 표의문자인지도 난 몰랐다. 위의 대화는 평소처럼 예준이의 오리지널 디자인을 놓고 기도하다가 기도 노트에 주님께서 떠오르게 하신 것들을 적은 것이다. 나중에 한참 지나서 깜짝 놀랄 일이 생겼다. 병무용 진단서가 필요해 한 대학병원에서 여러 가지 검사를 진행했다. 주의력 검사 결과를 보시고 담당 선생님께서 검사 결과가 특이하다고 하셨다. 깊이 사고해야 하고, 고도로 주의를 집중해야 하는 문제들은 다 맞았는데 단순한 문제들을 틀렸다고 하셨다. 보다 세부적인 검사를 진행해 보니 언어 능력은 최상위이고, 모든 부분이 좋은데 작업기억에 문제가 있다고 나왔다.

이후 강의를 준비하는 중에 니콜라스 카(Nicholas G. Carr)의 『생각하지 않는 사람들』을 읽게 되었다. "한자처럼 표의문자를 사용하는 이들의 읽기를 위한 뇌 회로는 표음문자를 사용하는 이들과 다른 방식으로 형성됨"이 밝혀졌고, "모든 독서는 계획하고 단어의 소리와 의미를 분석하기 위해 전두엽과 측두엽을 사용하지만, 표의문자 체계의 경우는 매우 특이한 부분, 특히 기억력 강화를 위해 사용하는 부분을 활성화 시킨다"[17]는 대목

---

17) 발달심리학자인 터프츠대학 매리언 울프(Maryanne Wolf) 교수의 연구결과이다. 니콜라스 카 저, 최지향 역, 『생각하지 않는 사람들』, 청림출판, 2011, p.83.

을 접했을 때 나는 전율을 느꼈다. 아! 그래서 주님은 예준이에게 한자와 한문을 가르치라고 하셨구나!!

우리가 묻지 않아서 그렇지 하나님은 자녀 된 우리에게 "무엇이 필요하니? 무엇을 도와줄까?"라고 묻고 계신다. 우리가 내 안에 계신 성령 하나님을 인정하지 않고 외면한 채 엉뚱한 곳에서 답을 구하는 것이 문제이다.

열왕기하 1장을 보면 아하시야 왕이 사마리아에 있는 그의 다락방 난간에서 떨어져 크게 다친 사건이 나온다. 아하시야는 사절단을 에그론의 신 바알세붑에게 보내어 자기의 병이 나을 수 있을지를 물어보게 하였다. 그때 주님의 천사가 디셉 사람 엘리야에게 나타나 왕의 사절단을 만나서 이렇게 전하라고 명령한다.

"이스라엘에 하나님이 없어서 너희가 에그론의 신 바알세붑에게 물으러 가느냐?" (열왕기하 1:3b)

엘리야는 하나님 말씀에 순종하여 사절단을 만나서 하나님의 말씀을 전한다.

"말하되 여호와의 말씀이 네가 사자를 보내 에그론의 신 바알세붑에게 물으려 하니 이스라엘에 그의 말을 물을 만한 하나님이 안 계심이냐 그러므로 네가 그 올라간 침상에서 내려오지 못할지라 네가 반드시 죽으리라 하셨다 하니라" (열왕기하 1:16)

결국 아하시야는 하나님께서 말씀하신 대로 침상에서 내려오지 못하고 죽고 말았다. 우리는 기도할 시간이, 묵상할 시간이 없다고 말한다. 하지만 수많은 자녀 양육서와 유튜브, 인터넷 검색에 시간을 할애하며 자녀양육에 대한 정보를 얻고자 한다. 그런 우리에게 하나님은 아하시야에게 물으셨던 동일한 질문으로 엄중하게 물으신다. "너희에게 하나님이 없어서 너희가 에그론의 신 바알세붑에게 물으러 가느냐?"

우리가 세상의 바알세붑들에게 물으러 다니는 시간의 절반만이라도 주님께 기도하며 묻고 주님의 음성을 들을 수 있다면 얼마나 많은 것들이 달라지겠는가? 이 시대의 부모와 자녀들이 주님께서 말씀하여 주신 대로 순종하며 나아갈 때 고통과 의문의 짐이 아닌, 확신의 기쁨과 즐거움의 은혜를 함께 누리게 될 것이다. 또한 하나님 대신 바알세붑을 찾아갔던 우상숭배의 죄악에 대해 회개하고 돌이키자. 순종에 축복이 따르듯 죄에는 반드시 죄의 값과 열매가 따른다. 지금 당장 우상숭배의 죄에 대해 회개하자. 잘못된 행동과 태도를 끊고 돌이키는 결단을 주님께 드리자. 이런 나의 결단을 아래에 글로 표현해 보자.

5. 내 아이에게 꼭 맞는 영어 로드맵 짜기

영어가 우상화되는 것은 자녀를 우상화하기 때문이다. 우리 사회에는 부모가 누리지 못한 성취감을 자녀를 통해 이루고 싶어 하는 욕구가 만연하다. 크리스천조차 그런 생각에 젖어있는 경우를 많이 본다. 내게 맡겨 주신 자녀에 대한 하나님의 계획과 꿈에 대해서는 무관심하다. 또 영어를 왜 배워야 하고, 어느 정도 배워야 하는지도 모르기 때문에 목적과 목표를 설정하는데 혼란을 겪는다. 그러니 아이의 오리지널 디자인을 고민하기보다는 내 욕심과 상황에 따라서 남들이 하는 대로 계획을 세우기 쉽다.

로드맵을 짜더라도 기도하고 작성하자. 먼저 모든 계획과 경험, 지식을 내려놓자. 또 수정이 가능하다고 생각하며 항상 아이가 어떤 아이인지, 무엇을 위해서 이 땅에 보내졌는지를 알려 주시기를 간구하며 성령의 인도함을 받자. 기도할 때 하나님께서는 부모인 우리에게 아이의 특성을 알아볼 수 있는 안목과 아이에게 맞는 학습 스타일, 아이의 장단점에 따라 학습 전략을 짤 수 있는 지혜를 주신다는 사실을 전적으로 신뢰해야 한다. 아이를 향한 하나님의 계획하심을 깨닫는 지혜와 계시의 영, 이끄심에 순종할 수 있는 능력을 반드시 주심을 믿자.

목적에 맞는 학습 목표 잡기

영어 로드맵을 작성하기 전에 다음 질문에 대답해 보자. 지혜의 영이신 성령 하나님께 다음 항목들에 대해 여쭙고 떠오르게 하시는 것들을 적어보자.

영어 로드맵 작성을 위한 기본 질문
(1) 우리 가정의 자녀 양육의 목적은 무엇인가?   **(홈스쿨을 하는 경우) 홈스쿨을 통해 무엇을 얻기를 원하는가?**

(2) 위 목적에 맞게 자녀의 영어 교육 목표를 잡는다면 무엇이라고 하겠는가?
    ① 영어 학습을 통해 얻고자 하는 것은 무엇인가?
 	
    ② 자녀가 영어를 유창하게 한다는 것은 구체적으로 어떤 모습인가?

(3) 다음과 같은 질문을 척도로 다시 그 목표들을 점검하자*
    ① 위의 목표는 하나님을 영화롭게 하는가?
 	
    ② 다른 사람들을 섬길 수 있는 것들인가?
 	
    ③ 현실성이 있는가?
 	
    ④ 이 목표들을 통해 그리스도의 주재권에 순종할 수 있는가?

* 로날드 클럭 저, 오연희 역, 『영혼의 일기』, 두란노, 1991, pp.85~86.

로드맵을 작성할 때 고려해야 할 것들

아래의 요인을 고려하여 전체 학습에서 영어의 비중 즉 시간과 중요도를 정한다.

≫ 가정의 상황과 자녀 발달 특성

우리 가정은 아이들이 6세, 7세 때 홈스쿨을 시작했다. 당시 자폐 스펙트럼 장애가 있는 작은아이로 인해 가족이 함께 하는 시간이 절실했다. 당시 불신자셨던 친할아버지, 친할머니와 함께 시간을 보내는 것도 필요했다. 이런 사항이 고려되어 모든 학습은 오전에만 했다. 이 당시 영어 학습은 큰아이 중심으로 했고 시간도 제한했다. 저학년까지는 한글책 읽기와 독후활동, 자연 속에서 놀기, 가족과 함께 보내기, 집안일 배우기 등이 중요했기에 이런 것들을 고려해서 학습을 계획했다.

≫ 아이의 발달과 우선순위

아이가 발달 단계에 맞는 우리말 실력을 갖추고 있는지, 자고 일어나기, 정리 정돈, 집안일 하기 등 나이에 맞는 일상생활의 훈련이 되고 있는지, 순종이나 경청, 인내, 기쁨, 감사와 같이 꼭 길러야 하는 성품훈련이 잘 되고 있는지, 가족관계는 어떤지, 성경 읽기나 말씀 묵상, 기도 등 신앙 훈련은 잘되고 있는지 살펴보아야 한다.

자녀의 발달 단계의 필요와 능력, 학습 상황과 특성을 고려하여 우선순위를 정해야 한다.

》》모국어 구사 능력

모든 것 중 가장 우선으로 고려해야 할 것이 모국어 구사 능력이다. 국어 영역에서 말하기, 듣기, 읽기, 쓰기의 상태가 어떤가? 평균적인 또래 수준과 비교할 때 어떤가? 이 능력은 모든 학습의 기초가 되는 능력이기 때문에 굉장히 중요하다. 6, 7세 혹은 그 이상인데 아직 한글을 유창하게 읽지 못한다면 영어 듣기와 말하기는 가능하지만 읽기는 하지 말아야 한다. 한글이 먼저이다. 이 상태에서 읽기나 쓰기를 배운다면 양쪽 언어 모두가 지체된다. 모국어 구사 능력은 계속해서 강조해도 지나치지 않다.

》》책 읽기 능력과 양

우리말 독서량이 적고 활용하는 어휘량도 부족하다면 우리말 읽기가 먼저이다. 우리말로 책 읽기를 다져놓은 후에, 영어 읽기를 배우는 것이 느린 듯 보여도 결과적으로는 빠른 길이다. 어휘를 늘리는 방법은 책을 읽고 부모님과 대화하는 것이 가장 좋다. 유아나 초등 저학년 경우엔 독서도 상호작용을 위한 수단이다. 혼자 읽게 내버려 두기보다 읽어 주거나 함께 읽고 대화하는 것이 너무나 중요하다.

》》우리 가정의 진정한 필요

화려하고 거추장스러운 옷보다 단순해도 편한 옷이 좋은 것처럼, 다른 가정에서 아무리 좋았던 프로그램이나 교재, 학습방법이라해도 우리 가정에 맞지 않는 경우가 종종 있다. 우리 가정의 경우에는 당시 아토피가 있었던 아이들의 건강 회복과 휴식, 함께하는 시간을 통한 가족 관계 회복이 절실했다.

홈스쿨 초기에는 큰 홈스쿨 모임에 들어갔으나 우리에겐 너무 학습에 열정적인 곳으로 여겨졌다. 우리 가정은 함께 놀 시간이 많이 필요했기에 그곳에서 나와, 또래 친구들과 작은 모임을 만들었다. 매달 두 번 정도씩 만나 생태공원이나 산, 계곡, 동물원, 박물관, 음악회 등에 함께 가고 아이들이 커서는 가족들과 함께 역사 탐방이나 여행도 가며, 지금까지 관계들을 이어가고 있다. 우리 가정만의 필요를 살펴보고 그에 맞는 것을 선택하자.

》 꾸준함의 열매

매일 일정하고 꾸준하게 한 것이 결국은 열매가 된다. 누군가의 말에 혹해 시작했다가 그만둔 것보다 조금씩 꾸준하게 매일 했던 것들이 결국 열매로 남는다.

홈스쿨 초기에 오케스트라가 선망의 대상이었다. 모여서 하는 활동이 부족한 홈스쿨러들에게 집단 활동을 경험하고 악기를 연주하는 아이들도 멋져 보였다. 그래서 중고 바이올린을 사서 오케스트라 입단을 준비한 적이 있었다. 그러나 주변을 살펴보니 저학년 때 바이올린과 피아노를 함께 시작했다가 둘다 놓치는 경우가 많았다. 또한 재정 면에서나, 차가 없는 우리 형편을 고려할 때 꾸준히 레슨을 받거나 오케스트라 활동에 참여하는 것이 어려울 것 같았다. 모든 여건을 고려할 때 우리에게는 피아노가 적합하다고 생각되어 피아노만 배우게 했다. 교회에서 반주할 수 있는 수준이 목표였고 피아노에만 집중한 덕분에 두 아이 모두 새벽예배나 부서 특송 등 반주가 필요할 때 쓰임 받는 능력을 갖게 되었다.

모든 일에는 시간과 에너지의 한계가 있다. 학습에서도 부모와 자녀들에게 선택과 집중은 필수적이다. 좋은 것 중 좀더 좋은 것(better)을 가리는 것이 아니라 가장 좋은 것(best)을 선택해야 한다. 때문에 'Best'의 적은 항상 'Good'이나 'Better'인 경우가 많다.

초등학교 3학년 때 영어를 제법 했던 큰아이에게 '밥 존스' 온라인 교육을 해 보라는 권유가 있었다. 그러나 거의 종일 컴퓨터 앞에 앉아 있어야 하는 공부량에 생각을 접고, 리틀팍스와 오디오 북, 성경으로 여유시간을 가지며 공부하기로 결정했다. 지금도 그 선택에는 후회가 없다. 큰아이는 수영도 1년 만에 네 개의 영법을 다 마스터하고, 구 대회에 출전하여 3위로 입상도 하였다. 일종의 예비 선수반인 마스터즈반이 갈등이 되었지만, 선수가 될 목적이 아니기에 그저 즐겁게 배우고 많이 놀기로 하여 마스터즈반은 하지 않기로 결정했다.

아이들의 교육에는 늘 선택의 순간들이 온다. 유혹도 많고 욕심도 일어난다. 그럴 때마다 하나님께 묻고 구하며 바른 선택을 해야 한다. 그렇지 않으면 가정이라는 배가 욕망으로 흔들리고 그 배에 탄 아이들도 어지럽게 흔들린다. 그 배는 목적지에 다다를 수 없다.

»> 휴식 시간의 중요성

부모인 우리는 자녀를 위해 '계획된 훈련을 통해 성장할 영역'과 '쉼과 놀이를 통해 발견되어야 할 영역'을 잘 구분해야 한다. 그러므로 스케줄을 너무 빡빡하게 짜지 않는 것이 좋다. 독서, 영어, 수학을 중심으로 한 최소한의 학습량과 커리큘럼(curriculum) 중심으로 '싫어도 해야 하는 것'과 '배워야 하는 것'을 하되 아이 입장에서 '하고 싶은 것'을 하고 '배우고 싶은 것'을 배울 수 있는 시간도 있어야 한다.

작은아이 예준이가 서양 고전 읽기에 꽂히게 된 이유도 쉬는 시간이 충분했기 때문이었다. 어느 날 교회 책장에서 빌려온 『은혜의 강물 칼빈 이야기』라는 칼빈 전기를 읽은 예준이는 종교개혁자들에게 관심이 생겨 『마틴 루터의 생애』라는 루터의 전기까지 읽었다. 그러더니 종교 개혁에 관심이 생겨 종교개혁사를 공부했다. 종교개혁 뒤에는 르네상스가 있다는 사실을 알고, 고전에 대한 관심을 갖기 시작했다. 그래서 칼빈에게 큰 영향을 준 에라스무스의 『우신예찬』을 가장 먼저 읽었다. 그리고 헤로도투스의 『역사』를 재미있게 읽었다. 그다음에 읽었던 『펠로폰네소스 전쟁사』는 웬만한 영화보다 재밌었다고 한다.

이처럼 휴식 시간을 충분히 갖게 되면 아이들은 자연스럽게 자기들이 가장 좋아하고 가장 잘하는 것을 하며 시간을 보낸다. 이런 시간은 하나님께서 아이의 사명을 계획하실 때 아이 안에 심어놓은 재능과 달란트가 발견되고 훈련될 수 있는 최적의 시간이다.

》 기본적인 생활 훈련

일찍 자고 일찍 일어나는 습관을 가지도록 해야 한다. 이를 위해서 일찍 잠자리에 들게 하자. 아침 6시나, 늦어도 7시쯤에는 일어나 온 가족이 말씀을 묵상하거나 예배를 드리는 가정 문화를 만든다면 정말 좋겠다. 휴일에도 평소 기상 시간에서 한 시간 이상 벗어나지 않도록 하는 것이 좋다. 깨어

나서 3시간 정도 지난 후에 가장 집중이 잘 되기 때문에 공부를 시작하는 9시 정도에 뇌가 최상의 상태가 되도록 일찍 일어나게 한다. 가능하면 집중을 필요로 하는 공부들은 오전에 마친다. 영어를 공부하더라도 독해 같은 것은 오전에 하고, 점심 식사 후에는 단어 암기 같은 것을 하는 것이 좋다. 홈스쿨러들은 중간고사나 기말고사가 없지만 자체적으로, 혹은 홈스쿨 모임에서 준비하여 함께 보는 것도 좋을 것이다. 또한 검정고시나 수능, 어학능력 시험 등은 대부분 오전 9시에 시작된다. 평소에 아침 6시경에 일어나는 습관을 가진다면 일상생활뿐만 아니라 고도의 집중력을 요구하는 시험에서도 큰 도움이 될 것이다.

로드맵 작성의 예 (하나 홈스쿨)

아래에서 필자 가정의 '하나 홈스쿨'에서 세웠던 목표들과 실천 로드맵을 예로 소개한다.

영어 교육의 목표	시기	실천사항
1. 영어로 성경 읽기 2. 영어를 도구 삼아 하나님께 쓰임 받는 삶 3. 과정도 방법도 주님을 알고 닮아가기 4. '읽기'를 중심으로 스스로 배우기	영유아기 (0~4세)	어린이용 한글 성경, 영어 동요와 영어 동화책 이용
	취학 전 (5~7세)	어린이용 한글 성경, 영어 성경 암송, 영어 동화책 이용
	저학년 (8~10세)	『쉬운 성경』, 영어 성경 '암송' 및 '듣기', '들으며 읽기'에서 '읽기'까지, 영어 동화책 및 온라인 영어 도서관 (리틀팍스) 이용
	고학년 이후 (11세~중등)	영어 성경(NIV, KJV) 통독 중심으로 확장, 온라인 영어 도서관 이용, 문학작품 읽기, 영어 강연 청취로 확장

››› 영어 학습의 목표

영어로 성경 읽기

모든 언어는 소통을 위한 것이다. 우리의 가장 우선적이고 중요한 소통의 대상은 바로 하나님이시다. 특별히 하나님께서는 사람들이 당신과 소통할 수 있도록 사람의 언어로 성경을 적게 하셨고, 나아가 수많은 민족이 성경을 자기 민족의 언어로 번역하여 하나님과 소통할 수 있게 되었다.

그러므로 영어를 비롯한 언어 학습의 기본 목적은 사람만이 아니라 하나님과 잘 소통하기 위한 것이어야 한다. 성경을 바로 읽고 이해할 수 있는 것이 기본 목적이 되어야 한다. 영어로 성경을 읽을 수 있게 되면 하나님의 말씀을 더 잘 알 수 있는 유용한 도구를 하나 더 갖게 되는 것이다. 말씀으로 영어를 배우기 시작해 나중엔 영어로 말씀을 배우게 되니 얼마나 큰 복인가!

영어 성경을 이용할 수 있으면 하나님의 말씀을 쉽고 명확하게 파악하는 데 많은 도움을 받을 수 있다. 영어 성경을 조금만 읽어봐도 개역개정 성경보다 쉽게 번역되어 있고 의미가 더 잘 이해되는 것을 알 수가 있다. 예를 들어 회막(會幕)이라는 단어는 개역개정 성경 기준으로 출애굽기와 민수기를 중심으로 145회 나온다. 모세오경에서 회막은 하나님과 사람의 '만남'과 동거, 동행이라는 핵심적인 주제를 담고 있는 단어이다. 한자어에 익숙하지 않은 요즘 세대로서는 '회(會)'가 '모임'이나 '만남'으로 바로 다가오기 어렵다. 그런데 영어 성경을 보면 'tent of meeting'으로 나와 그 뜻이 훨씬 더 쉽게 다가온다.

아래 출애굽기 12:23에 나오는 문 인방(引枋)과 좌우 문설주(問楔柱)는 우리말로 읽을 때는 무슨 말인지 모를 사람이 많을 것이다. 역시 요즘에는 일상적으로 쓰이지 않는 한자어들이다. 개역개정 기준으로 성경에 인방은 3회, 문설주는 15회 등장한다. 영어로는 각각 문틀의 위를 가로지르는 나무와 양옆을 세로로 지지하는 기둥들을 의미하는 것을 바로 알 수 있다.

> 여호와께서 애굽 사람들에게 재앙을 내리려고 지나가실 때에 <u>문 인방과 좌우 문설주</u>의 피를 보시면 여호와께서 그 문을 넘으시고 멸하는 자에게 너희 집에 들어가서 너희를 치지 못하게 하실 것임이니라 (출 12:23)
>
> When the LORD goes through the land to strike down the Egyptians, he will see the blood <u>on the top and sides of the doorframe</u> and will pass over that doorway, and he will not permit the destroyer to enter your houses and strike you down

영어를 도구 삼아 하나님께 쓰임 받는 삶

이 말은 영어에 도구 이상의 의미를 부여하지 않는다는 것이다. 하나님께서 계획하신 삶을 살기 위해 입시 과목으로, 또 대학이나 학위 과정을 공부하기 위해, 취업이나 선교 등에 쓰임 받기 위해 영어를 배운다. 큰아이는 초등학교 5학년 때 레바논과 시리아로 선교 여행을 갔다. 영어로 어느 정도 소통이 가능했기에 의사소통이 필요할 때 팀을 섬길 수 있었다. 필요한 때에 필요한 곳에서 섬김의 기회로서, 또 어떤 과정으로 나아가기 위한 도구 중 하나로 영어를 인식한다면, 영어 자체가 목표가 되는 일은 절대로 없을 것이다.

과정도 방법도 주님을 알고 닮아가기

공부하는 과정이나 방법마저도 하나님을 알고, 하나님을 닮아가는 데 목표를 두어야 한다. 저렴하게 사려고 불법으로 음원을 구매하지 않고, 우리 가정에 필요한 것은 이미 하나님께서 아신다는 믿음을 갖고 기대하며 기도하자. 그럴 때 하나님께서 가정에 채워주시는 것들을 아이들과 나누고 감사기도를 드린다면 공부하는 하루하루가 하나님과 만나는 간증들로 채워질 것이다. 또한 아무리 영어 실력을 올리는 데 도움이 된다고 해도 성경적 가치에 맞지 않는다면 그런 교재나 방법은 거부해야 함을 다시 한번 당부하고 싶다.

부모들이 자녀 교육의 크고 작은 문제에 대해 조목조목 기도하고 분별하며 나아간다면, 과정 자체가 자녀들에겐 삶으로 가르치는 커리큘럼이 될 것이다.

'읽기'를 중심으로 스스로 배우기

나와 남편은 어려서부터 '책벌레'라는 별명이 있을 정도로 책 읽기를 좋아했다. 우리가 자랄 때는 특별한 형편이 아닌 한 사교육의 혜택을 누릴 수도 없었다. 덕분에 우리 부부는 둘 다 독서를 통해 간접 경험과 배경지식을 쌓았다. 또한, 초등학교와 중고등학교 시절의 독서 경험이 이후에 우리 인생에서 중요한 역할을 해 왔기에 독서의 중요성을 몸소 체득한 사람들이라고 할 수 있다. 그 때문에 우리 가정에서는 아이들이 초등학교 때에는 '읽기'를 배운다는 학습 목표가 있었다.

여기서 '읽기'란 literacy, 즉 읽는 내용을 이해하면서 읽을 수 있고, 사고

과정을 거쳐 자신에게 필요한 형태로 만들어 활용 할 수 있는 능력'을 말한다. 자신이 읽는 것이 소설과 같은 꾸며낸 이야기든 신문의 사설 같은 주장하는 글이든 역사나 과학에 관해 설명하는 책이든 간에 이해하면서 읽어갈수 있고 추론, 분석, 평가, 종합 등의 과정을 통해 자신이 필요로 하는 형태로 가공하여 문제해결에 활용할 수 있는 '읽기' 능력을 길러 주면 이후에는 독서를 통해 스스로 무엇이든지 배워갈 수 있다고 여겼기 때문이었다.

어렸을 때는 독서와 글쓰기를 중심으로 한 최소한의 학습 시간 외에는 조부모님과 많은 시간을 보내고, 자연 속에서 많이 놀게 했다. 초등 4학년 정도부터는 학습 시간을 점차로 늘려나갔다. 6학년이 될 때까지 수준을 높여가며 여전히 모든 과목을 읽기와 쓰기 중심으로 배웠다. 문학 작품은 반드시 완역본으로 읽었다.

초등 때는 읽기 중심으로 독서를 통해 다양한 영역을 배웠다면, 중고생 시기에는 기독교 세계관을 바탕으로 이전의 정보들을 체계화하고 정리해 가면서 깊이 있는 사고능력을 기르는데 목표를 두었다. 이때부터 기독교 세계관에 대해 홈스쿨 친구들과 함께 읽고 생각해 보았다. 동서양의 고전들을 읽고, 매주 한 편씩은 꼭 글쓰기를 하게 했다.

애초 우리 가정의 영어 목표는 아이 혼자서 영어로 읽는 법을 가르쳐서 그 이후는 스스로 배워가는 것이었다. 예준이는 초등학교 5학년까지는 거의 무엇을 가르칠 수 없는 상태였다. 때문에 홈스쿨 모임에서 함께 책을 읽고 독후활동을 하는 것을 빼고는 성경만 많이 읽었다. 예준이는 성경으로 읽기를 배운 케이스다.

큰아이 종윤이의 영어 '읽기' 목표는 4학년 2학기 때부터 영어 성경으로 통독을 시작하고, 자신이 우리말로 읽고 있는 책들을 영어로 읽고, 그 이후는 같은 학년의 미국 아이들이 읽는 수준으로 수준을 높여가는 것이었다. '듣기' 목표는 초등학교 졸업할 때쯤이면 자신이 관심 있는 주제에 대해 영어 방송이나 강연을 들을 수 있고, 자막 없이 영화를 보는 수준이 되는 것이었다. '쓰기'는 매일은 아니어도 가끔은 영어로 일기나 독서록을 쓰는 것을 목표로 했다. 그 이후에는 읽기 중심으로 어휘, 문법, 영작 등으로 확장을 하고, 약간의 훈련을 거쳐 수능이나 대학 공부, 기타 시험을 준비할 수 있는 수준을 목표로 잡았다.

≫ 하나 홈스쿨 실천 로드맵

우리 가정이 스스로 읽으면서 배워가는 수준까지 어떻게 영어 학습을 해왔는지 큰아이를 중심으로 설명하겠다.

영유아기(0~4세) - 영어 동요와 영어 동화책으로

종윤이는 유아 때 Wee Sing CD로(『Wee Sing for Baby』, 『Wee Sing Fingerplays & Songs』, 『Wee Sing Nursery Rhyme & Lullabies』, 『Wee Sing Bible Songs』 등) 영어 노래를 듣고 에릭 칼(Eric Carl)의 『The Very Hungry Caterpillar』 같은 동화책을 보며 영어를 접하였다. 우리 집엔 거의 없지만 JY북스의 노부영 시리즈가 영어를 처음 접하는 유아들에게 좋은 것 같다. 우리는 문진미디어의 오디오 동화 시리즈를 샀다. 에릭 칼의 『Brown Bear Brown Bear, What Do You See』, 『I Can Do It』 등의 책들을 보고 잠자기 전 CD를 들었다.

취학 전(5~7세) - 영어 동화와 영어 사이트나 비디오로

원래는 영어 동화도 읽고 영어 사이트나 비디오, 영어 방송 등을 활용할 나이인 5, 6세 때 동생인 예준이가 자폐 치료를 받고 있어서 우리 집에서는 영어에 관련된 모든 것이 중지되었다. 예준이의 자폐 치료가 어느 정도 진전을 보인 7세 때에야 홈스쿨을 시작하면서 영어도 다시 시작했다. 파닉스도 이때 배웠다. 단모음과 자음, 장모음, 이중 자음의 순으로 글자와 소리를 익혀 나갔다. 영어동화 읽고 그림 그리기, 간단한 쓰기, 책 만들기 등의 독후활동을 했다.

초등 저학년(8~10세) - 영어 동화 사이트, 영어 성경 암송 중심으로 '혼자 읽기'까지

1학년 2학기 때 리틀팍스라는 영어 동화 사이트를 알게 되어 하루 30분부터 1시간씩 거의 매일 보기 시작했다. 2학년 1학기 5월부터 마가복음을 영어로 외우게 했다. 밤에는 NIV CD로 마가복음을 들으며 잤다. 이 시기에 읽기에 큰 진전이 있었다. 마가복음 암송을 12장까지 하고, 리틀팍스에서 자막을 보며 동화를 듣기 시작하면서 읽는 속도가 빨라졌고 단어량이 급격히 늘었다. 2학년 2학기 때는 영어 그림책과 리더스북(『An I Can Read』 시리즈 등)을 읽으며 '추론하기'를 연습했다. '추론하기'는 모르는 단어가 있어도 앞뒤 문맥을 따라 뜻을 유추해 보며 읽는 것이다. 이 훈련은 후에 그림이 적어지고 글밥이 많은 챕터북이나 소설을 읽을 때 모르는 단어가 나와도 개의치 않고 읽기를 계속할 수 있는 담력을 키워주었다. 3학년 1학기 때에는 제 수준에서 조금 버거운 '신기한 스쿨버스(Magic School

Bus)' 시리즈 18권인 『Fish Field Trip』을 혼자서 어렵게 읽었다. 이후 미국 초등 3~5학년 도서들인 『찰리와 초콜릿 공장』, 『샬롯의 거미줄』, 『삐삐 롱스타킹』, 『사자, 마녀 그리고 옷장』, 『어린 왕자』, 『큰 숲속의 작은 집』 등의 소설들을 영어로 읽었다. 그러고는 3학년 2학기 10월부터 영어 성경을 읽기 시작했다.

초등 고학년 이후(11세~중등) - 영어 동화 사이트, 영어 성경 통독 중심으로 확장

종윤이는 초3 한 해 동안 놀라운 진보가 있었다. 그래서, '읽기' 목표를 일 년 앞당겨 달성했다. 덕분에 NIV로 통독을 시작할 수 있었고, 그 뒤로는 뉴베리 수상작들도 원서로 보기 시작했다. 듣기는 초등 고학년 때 이미 내셔널 지오그래픽의 자연 다큐멘터리와 테드(TED) 강연을 영어로 들을 수 있었고, 물고기를 좋아해서 해양학자가 되기로 결심했던 중학 시절엔 유튜브로 해양학 관련 세미나를 들을 정도였다. 쓰기도 중학교 1학년 무렵엔 가끔 영어 일기도 쓰고 묵상도 영어로 할 수 있었다. 고1 때 미국으로 유학 가기 전에 공립학교 11학년 수준이라는 평가를 받았다.

작은아이 예준이도 초등 때 이미 영어로 성경을 읽었고, 고어가 많은 KJV를 많이 읽어서 중학 시절에 셰익스피어 같은 문학작품을 원서로 읽는 데 어려움이 없었다. 말하기나 듣기는 큰아이보다 나아서 초등 3학년 무렵에는 자기가 하고 싶은 말을 영어로 말하는데 막힘이 없었다. 우리말이 부족하다고 여겨 초등 저학년 때까지 영어를 많이 제한했는데도 영어를 참 좋아했다. 예준이는 우리말 읽기도, 영어 읽기도 성경으로 배웠다. 초등 고학년 때는 일기나 독서록을 '가끔' 영어로 쓸 수 있었다. 가끔만 썼던 것은 중고등 시절에도 여전히 우리말이 더 중요하다고 여겼기 때문이다.

로드맵 작성의 실제

≫ 로드맵 작성하기

이제 로드맵을 작성해 보자. 이 책의 2부를 읽은 후 각 단계에 대해 이해하고, 언제 그 단계에 도달할지 시기를 정해 보자. 로드맵은 언제나 수정될 수 있음을 전제로 하는 것이다. 부담 없이 간단히 로드맵을 구성해 보자. 학습 목표에 대한 질문과 로드맵을 짤 때 고려해야 할 사항을 부부가 함께 기도하며 목표를 설정했다면 그 목표를 적는다. 그 다음에는 장기적인 계획들을 쪼개어 보자. 초등 저학년 시기, 고학년 시기, 중등 시기, 고등 시기로 나누어 계획해 보고, 그것을 연간 계획으로 나누고 다시 월간 계획, 주간 계획, 매일 계획으로 나눈다. 그러면 학습을 위해 매일 해야 할 양과 투자해야 할 시간이 나온다.

영어 교육의 목표	시기	실천사항
1.	영유아기 (0~4세)	
2.	취학 전 (5~7세)	
3.	저학년 (8~10세)	
4.	고학년 (11~13세)	
5.	중등 (14~16세)	
	고등 (17~19세)	

≫ 계획과 성찰하기

각 시기별 성취 목표, 고려 사항, 실천 사항을 정해서 실천해 가다 보면 계획을 세울 때는 미처 예상하지 못했던 요소들이 드러날 수 있다. 완벽한 계획을 세우려다가 실천을 미루는 것도 지혜롭지 않고, 그렇다고 계획 없이 시작하는 것도 답은 아니다. 목표나 계획은 언제든지 수정이 가능하다. 기도하며 계획을 세우고, 정기적으로 돌아보며 피드백(feed back)한 내용을 바탕으로 수정해 나가면 된다.

초등 저학년까지는 부모 중심으로 돌아보기를 하되, 적절한 질문을 통해 아이들에게도 성찰의 기회를 갖게 하면 좋다. 초등 고학년부터는 함께 돌아보기를 하자. 부모는 부모대로 자신의 삶에 대해, 자녀는 자녀대로 자신의 삶을 돌아보며 성찰하는 시간을 정기적으로 갖는 것이다.

자녀의 삶에서 기도 후 목표를 잡고, 계획하고 실행한 후 평가하는 틀이 자리 잡게 하자. 언젠가 우리는 주님 앞에 이 땅의 삶을 평가받는 시간을 가질 것이다. 성찰의 시간이야말로 영원을 준비하는 귀중한 훈련이 될 것이다.

다음 장의 서식은 우리 가정에서 사용했던 일일 체크표이다. 아이들 스스로 해야 할 일을 적게 했다. 덕분에 부모인 우리는 두 마디의 말이 필요하지 않을만큼 편해졌다. '잘한 것'이라는 항목에는 한 주를 돌아보며 잘 되었다고 생각하는 내용을 적고, '다르게 한다면' 항목에는 이번 주에는 잘 못했지만 다음 주엔 어떻게 할 것인지 반성하는 내용을 적는 것이다. '부모 한마디'에는 주로 집안의 제사장인 아버지가 한 주에 한 번 보면서 격려의 말을 써주었다.

2009 6월	작은 것에 충성되어 왕 앞에 서는 자 **이종윤 생활 체크표**															
		1	2	3	4	5	6	7	8	9	10	11	12	13	14	15	계

영성	암송					○			○	○	○	○	○				
	기도 묵상	○								○							
	기도 공부																
	기도 취침		○			○				○							
	묵상				○	○					○	○					
	일기	○	○	○		✕			○								
생활 & 성품	기상 (시간)	6:30	:	6:15	:	6:30	:	:	7:20	:	:30	:	8:	:	:	:	
	취침 (시간)	10:	:	11:	11:30	:	:	:	10:	9:30	:30	:	:	:			
	성품 (평가)		30	○	8점				5○	50점		50점	7점	7점			
	김치 (횟수)				1개				2개	1개	2개	1개					
	설거지 -아침-	✕	◎						○								
	청소 -거실방-		✕	○													
	요리 도전!	계획: 부추 국수							계획:								
		실천:							실천:								
지성	BR	○			✕				○		○	○					
	Little Fox		○	○					○	○							
	MS																
	단어	B															
	영어 일기	○	○		○		○		○	○							
	수학 기적계산		○	○	○				○								
	독서																
	과학																
돌아 보기	부모 한마디	10시병의 눈꺼 잡으려고 아침에 익어나 분주하게 애쓰는 모습이 안쓰럽고 대견하구나! 오오오라 받음을 사랑해 ... 기르려는 친구와 ... 채나! 비의 ... 표현하기가 ... 있어. ... 안하여 두는 '안심에 성품을 칭찬하다 ... 칭찬 한마다. 당연한 받아야할 비의 잘 ... 하나 ... 비 ... 가르치고 결단하면 ... 함께 해나갈 수 받는다							지난 주에 점심 한 대화 가능성은 엄청히 친가했구나! 비의 성실함과 신실함을 칭찬하다. 그러나 이만하면 외간에서 ... 5화앞에 ... 함께하는 ... 화제기초를 하고 ... 매시고 ... 것을 ... 비서 ... 침 칭찬한다. 그러나 요즘 지방때에서 ... ... 임기라 ... 너의 ... 진실한 눈물이 아빠에게 세상에서 가장 이름답게 보여 ... 보약진과 사랑한다 아빠가~							
	잘한 것	I'm really proud because I memorize 180 english words.															
	다르게 한다면	요즘에는 기발히							... ㅠㅠ (네) ...								

6. 성경적 부모표 영어, 이렇게 시작하자

'성경적 부모표 영어 홈스쿨 서약'으로 마음을 다지자

성경적 부모표 영어 홈스쿨에 대한 구체적인 방법으로 들어가 보자. 먼저 홈스쿨 서약을 살펴보자. 힘들게 마음을 먹고 성경적 부모표 영어 홈스쿨을 시작했더라도, 중간중간 낙심이 되거나 초심을 잃어버리기 쉽다. 그래서 주기적으로 홈스쿨 서약을 통해 마음을 다잡고 주님 뜻에 순종하며 나아가자.[18]

》 먼저 기도하자
기도로 가정에 대한 하나님의 디자인을 인정하고 그렇지 못한 부분에 대

---

18) 이 서약서는 온누리 교회 회복 사역의 스태프 서약을 참조하여 작성했음을 밝혀 둔다.

성경적 부모표 영어 홈스쿨 서약

홈스쿨 가족의 서약 : 주말에 아버지께 점검받을 때 가족이 함께 읽자

1. 우리 가정은 영어가 우상이 되는 것을 거부하고, 하나님을 사랑하고 섬기는 도구로
   영어를 사용하겠습니다.
2. 영어 교육의 목표와 방법, 과정이 거룩할 것을 약속합니다.
3. 우리 가정의 영어 교육은 아버지의 권위와 지도 아래 이루어집니다.

부모의 서약 : 교무 회의 전에 부부가 함께 읽자

1. 나는 홈스쿨 교사로서 시간과 질서와 맡은 역할에 충실하겠습니다.
2. 교사로서 먼저 나의 삶의 회복을 위해 하나님 앞에 나아가겠습니다. (말씀과 기도, 예배)
3. 하나님의 지혜가 나의 경험과 지식보다 크심을 인정하고 주님의 주인 되심을 인정합니다.
4. 우리 가정 안에서 일하시는 성령의 법을 따라 하나 됨을 힘써 지키겠습니다.
   다른 가정, 다른 자녀와 비교하지 않으며, 갈등이 있을 때 겸손함으로 연약함을 고백하고,
   정직하게 '나 전달법(I-message*)'으로 나누며, 중보기도를 부탁하고 관계를 배워가겠습니다.

부모의 역할

0. 개인 경건 : 예배와 기도, 묵상
1. 영어 교육의 목표와 지도 및 재정 지출의 계획은 아버지와 어머니가 함께 세웁니다.
2. 교무 회의 : 매주 (   )요일 오전/오후 (   )시 모임을 하고 교육 전반에 대해 함께 기도하며
   계획하고 평가합니다.
3. 아버지 : 영어 교육의 전반적인 책임을 갖고 어머니와 함께 자녀를 지도합니다.
4. 어머니 : 매일의 구체적인 지도의 책임을 맡지만, 정기적으로 아버지에게 지도 방법과
   성과, 재정 지출에 대해 점검을 받습니다.

자녀의 서약 : 매일 공부하기 전 자녀들이 읽게 하자

1. 아버지와 어머니 말씀에 순종하겠습니다.
2. 열심을 품고 게으르지 않고 주를 섬기는 마음으로 매일 성실히 영어를 배우겠습니다.
3. 어려움이 있을 때 기도하며 주님께 지혜를 구하며 이겨 나가겠습니다.
4. 매일 학습한 내용을 학습 기록표에 적고 어머니께 말씀드리겠습니다.
5. 주말에는 주중에 학습한 내용을 아버지께 말씀드리겠습니다.

---

* '나'를 주어로 하는 메시지다. 상대를 비난, 판단하는 말인 'You-message'와는 반대되는 개념이다. 나의 입장에서 감정, 생각을 나눈다. 예컨대. "네가 물을 엎질러서 이렇게 됐잖아" 대신 "이렇게 엄마 옷이 젖어버려서 엄마는 정말 축축하고 찜찜해" "넌 왜 이렇게 산만하고 정신없게 구니" 대신 "네가 그렇게 돌아다니면 아빠가 집중이 안 되고 너도 다칠까 봐 걱정이 되는구나"라고 말하는 것이다.

해 하나님께 회개한다. 하나님의 계획이 가정 가운데 온전히 이루어지기 원하는 마음을 하나님께 말씀드린다. 이러한 소원을 남편과 아내의 마음 안에도 심어 주시고 이 과정에 부부가 온전히 연합하도록 기도한다.

부모가 함께 하는 '꿀팁'이 있다

》》 배우자의 마음을 얻고 함께 시작하자

남편과 아내 중 이 책을 먼저 읽고 있는 사람이 배우자에게 부모표 영어의 취지를 설명하자. 남편들은 가정의 제사장(priest)이며 공급자(provider), 보호자(protector)로 부름을 받았다. 아내들은 이러한 부르심을 돕는 배필(helper)로서 부름을 받았다. 각자 부르심에 합당한 삶을 살고 있는 지를 돌아보자. 그리고 그러한 삶을 살지 못했다면 서로에게 용서를 구하자.

> 사람의 행위가 여호와를 기쁘시게 하면 그 사람의 원수라도 그와 더불어 화
>
> 목하게 하시느니라 (잠 16:7)

이 말씀을 보면 우리가 하나님을 기쁘시게 할 때 하나님께서는 원수라도 우리와 화목하게 해 주심을 알 수 있다. 더욱이 가정이 하나님의 뜻대로 순종하고자 할 때, 하나님께서는 부부간에 하나 됨과 연합의 은혜를 부어 주시고 가정을 온전히 회복시켜 주실 것이다.

남편은 자녀 교육에서 뒷짐 진 채 가장으로 해야 할 역할을 감당하지 않고 아내에게 자신의 책임과 의무를 전가한 것을 회개하고, 아내에게 고백하며 용서를 구하자. 아내도 자녀 양육에서 남편을 배제하고 주도적으로 이끌었던 태도를 회개하고 남편에게도 고백하자. 그리고 세상의 교육과는 달리 아빠가 주도하고 부모가 함께 책임지는 영어 교육을 하고 싶다고 말하자.

››› 책임을 나눠 맡자

학습 관리는 주로 자녀들과 함께 있는 엄마가 하더라도(가정의 상황에 따라서 아빠가 그 역할을 할 수도 있다) 주 1회 정도 부부가 함께 자녀들의 학습 상황 체크와 교재 구매 등의 재정적 결정, 학습 방법 등의 중요한 결정을 위한 일종의 '교무회의'를 하면 좋겠다. 이때 엄마가 정보를 주고 의견을 제시할 수 있지만, 결정은 아빠가 하도록 한다.

주중 학습은 학습 목표에 따라 엄마가 체크하고 주말에 이 체크 표를 가지고 아빠에게 점검을 받는다. 그에 맞춰서 아빠가 용돈을 주는 것도 좋은 방법이다. 이때 아빠의 역할은 감사와 칭찬, 격려를 해 주는 것이다. 아빠의 이 같은 지지는 엄마와 자녀들에게 주중 몰입도를 높이는 동기부여로 작용한다.

성경과 오디오 북을 주 교재로 사용한다면 암송한 것과 책을 읽는 것을 녹음하여 아빠에게 보낸다. 리틀팍스를 주 교재로 사용한다면, 리틀팍스에서 먼저 레벨을 정한 후(레벨 정하기에 관한 내용은 뒤에 설명하겠다) 한 에피소드를 들을 때마다 따라 말하기 상태로 총 3번을 듣고 따라 해 본다.

충분히 익힌 다음 스스로 원문을 보고 읽는 것을 핸드폰으로 녹음해서 아빠에게 보낸다. 아빠에게 공부한 걸 보내는 것이 바로 숙제인 셈이다. 아빠는 녹음한 걸 그때그때 들어보지 못해도, 주말에 시간을 내어 확인해야 한다. 아빠의 확인과 칭찬, 보상에 상응하는 용돈 지급 등은 큰 격려가 된다. 엄마표 영어가 실패하는 주된 요인은 꾸준함과 격려의 부족, 실력에 대한 객관적인 평가를 받지 못하는 데 있다. 그렇기에 아빠가 이 역할을 해 준다면 최상의 결과를 볼 수 있다고 생각한다.

≫ 배우자에게 감사를 표현하자

배우자가 꾸준히 하지 못하거나 나의 기준에 못 미친다 해도 그것 때문에 속상해하거나 배우자를 밀어붙여서는 안 된다. 잘되지 않는 점보다는 잘하거나 애쓰는 부분에 주목해서 칭찬과 감사를 표현하자. 예를 들어 아빠가 숙제를 점검하며 해 주는 격려와 칭찬 덕분에 엄마와 자녀들이 어떤 혜택을 누리는지 아빠에게 감사를 표현하면 좋겠다. "여보, 당신이 아이들 숙제를 점검해 줘서 제가 혼자 해야 한다는 부담이 줄어서 감사해요." "아빠에게 숙제를 보내니 아이들이 더 성실하게 열심히 해요. 정말 힘이 나고 기뻐요." 또 남편도 아내에게 "집안 살림도 바쁜데 이렇게 꾸준히 해 주어서 고마워요." "숙제를 점검하는 시간을 가지니 아이들과 당신이 얼마나 수고하는지 잘 알게 되었어요." 등 고마움을 표현하고 격려하는 시간을 갖자.

성경적 부모표 영어의 세 가지 교재

≫ 영어 성경

영어 성경 읽기의 목표를 정하자

자녀가 어리더라도 영어 공부를 하는 것에 목표가 있음을 설명하고 목표 달성 기간도 함께 정하자. 결국은 하나님의 말씀을 영어로도 잘 읽기 위해, 하나님을 더 잘 알기 위해 영어 공부를 하는 것이라고 말하고, 정기적으로 상기시켜 준다. 몇 살 때 어느 정도 수준의 영어 성경을 읽겠다는 구체적인 목표가 있어야 한다. 목표에 집중할 수 있도록 잘 보이는 곳에 적은 목표를 붙여 놓아도 된다. 우리 집의 경우는 4학년 2학기 때는 영어 성경을 읽겠다는 목표가 있었고, 큰아이 종윤이의 경우는 1년이나 목표를 앞당겨 3학년 2학기 때부터 NIV 성경으로 통독을 했다.

우리말 성경으로 기본을 다지자

우리 집에서는 아이들이 한글을 배울 때도 성경을 읽기 위해 한글을 배우는 거라고 가르쳤다. 한글을 뗀 7살부터 하루에 한 장씩 『쉬운 성경』으로 말씀을 읽게 했다. 아이들이 유아기 때부터 연령별로 읽었던 성경들은 하드커버가 닳고 찢길 때까지 읽었다. 서너 살이었던 때 『리틀 구약』과 『리틀 신약』이라는 유아용 성경책이 집에 있었다. 이것으로 신·구약을 매일 읽었다. 가정에서 아이들이 자라면서 읽는 성경은 그림보다 글이 점점 많아져서 6세 때에는 아가페에서 나온 『쉬운 성경』을 읽어 주다가 7세부터는 매일 한 장씩 스스로 읽었다. 초등학교 때는 개역개정 성경이나 『쉬운 성경』

으로 성경 통독을 1년에 한 번씩은 하게 했다.

사실 발달 장애가 있는 작은아이 예준이의 경우는 과학책과 백과사전을 빼고는 다른 책들엔 전혀 관심이 없었다. 그러나 성경은 초등학교 저학년 때부터 5학년까지 하루 종일도 읽었다. 큰아이 종윤이가 역사나 문학, 과학 등 다양한 영역의 책들을 즐겨 읽었던 데 비해 예준이는 과학책과 백과사전 빼고는 거의 성경만 읽었다. 고집이 너무 세 어쩔 수 없어서 내버려 두었는데 초등 5학년 정도 되자 아이 머릿속에서 이스라엘 역사가 그려지기 시작하는 것 같았다. "엄마, 이사야가 어느 왕들 때 선지자인줄 아세요?" 이 글을 쓰고 있는 지금도 난 잘 모른다. 그러나 예준이는 다 꿰고 있었다. 남편과 내가 어쩌다 혼잣말로 "이 말씀이 어디 있는 말씀이더라…"하면 "마태복음 7장에 있어요." "잠언 16장일 거예요" 해서 찾아보면 그 말씀이 거기 있었다. 누군가를 축하해 주거나 축복해야 할 때 정말 상황과 형편에 꼭 맞는 말씀을 잘 찾아내 카드나 편지에 썼다. 이때에도 사회적인 기술이나 감정 조절이 미숙해서 많은 어려움이 있었지만, 말씀을 통해서 아이가 변화되어 갔다.

영어로 성경을 듣고 암송하고 통독하자

한글 통독을 계속해 나가면서 큰아이 종윤이는 8세부터 마가복음을 영어로 암송하기 시작했다. 낮엔 일정 시간 암송을 하고 매일 밤 마가복음 NIV 드라마 바이블 CD를 들으며 잠들었다. 드라마 바이블 CD를 들을 때 아이들은 이미 한글 성경을 많이 읽었기 때문에 모르는 단어들이 나와도 영어로 들으면서 내용을 짐작할 수 있었다.

사실 작은아이는 6장 정도까지 힘들게 암송을 했다. 큰아이는 12장까지 암송을 했다. 그런데 그 무렵 나는 한글 암송이 더 중요하게 생각되어 갑자기 그만두었다. 그렇지 않았으면 16장까지 다 암송을 했을 것이다. 가끔 큰아이가 "엄마가 아니었으면 끝까지 다 했을 텐데"라며 아쉬움을 표현했다. 마가복음 영어 암송 이후로 큰아이는 리딩(reading)이 많이 늘었다. 덕분에 영어 성경 통독으로 가는 것이 수월해졌다.

앞의 과정을 거치고 나면 영어로 통독을 하자. 요즘엔 음원도 구하기 쉽기에 처음엔 소리를 들으면서 눈으로 따라 읽어도 좋고, 스터디 바이블의 경우는 대개 단어와 숙어 등이 성경 하단에 나오기 때문에 참고해서 읽으면 된다. 실제로 성경을 읽어보면 개역개정보다 NIV나 NLT로 읽을 때 더 이해가 잘 되는 경우가 많다. 개역개정에서 문맥상으로 정말 이해가 안 돼서 영어 성경을 보면 '이런 뜻이었구나!' 하며 놀라고 감탄하게 될 때가 많다.

하나님의 은혜로 큰아이 종윤이는 고1 시기에 미국의 한 크리스천 사립고등학교에서 거액의 장학금을 지원받아 유학을 가게 되었다. 학교에 지원서를 내려면 사립 중고등학교 입학을 위한 시험을 봐야 하는데 교재도 없고 모의 테스트도 없었다. 시험 일정도 촉박했고 수험료도 비싸서 한 번에 붙어야 했다. 공인 시험 경험을 위해 한 어학원에서 토플 테스트와 비슷한 레벨 테스트를 보니 미국 공립학교 11학년 수준이라는 결과가 나왔다.

종윤이는 미국에 가서 10학년으로 입학을 했다. 당시 국제 학생은 10학년에 입학했어도 영어 과목만은 9학년 과목인 'English 1'을 들어야 하는 학교 측의 방침이 있었다. 'English 2'를 수강하고 싶단 아이의 말에 학교 측에서 테스트를 받게 해 주었다. 영국 작가인 찰스 디킨스(Charles John

Huffam Dickens)의 『위대한 유산(Great Expectations)』의 일부를 읽고 바로 그 자리에서 에세이를 쓰는 테스트였는데 아이가 읽기도 쓰기도 잘해서 이례적으로 'English 2'를 들을 수 있도록 학교에서 허락해 주었다. 12학년 때 대학입학 면접을 위해 일주일간 한 학교의 기숙사에서 지내면서 교수들과 면접을 했을 때도 교수들이 큰아이가 미국에서 나고 자란 교포인 줄 알았다가 미국 온 지 2년 반 되었다는 말에 깜짝 놀랐다고 한다.

원어민들도 놀란 큰아이의 영어 실력에는 영어 성경이 절대적인 역할을 했다. 종윤이는 영어로 마가복음을 암송하면서 읽기 실력이 갑자기 늘었고, 3학년 2학기 때부터 영어 성경을 통독해 왔다. 오디오 북도 듣고 읽긴 했지만, 초등학교 1학년부터 중학교 3학년까지 주로 성경을 듣고 읽었다.

성경, 고급 영어로 가는 지름길

미국에서는 대통령이나 유력한 정치인들이 연설문에 성경을 인용하는 경우가 많다. 유명 인사들의 연설이나 영화 혹은 문학작품에서 성경이 직접 인용되거나 성경이 작품을 이해하는 중요한 열쇠가 되기도 한다. 심지어 성경을 모르면 내용이 이해되지 않는 경우도 많다. 그 때문에 불신자들도 고급 영어를 익히기 위해 성경을 읽고 암송까지 한다. 하물며 하나님을 믿는 우리가 영어를 익힐 때 다른 어떤 책보다도 말씀을 읽고 암송해야 하지 않겠는가? 또한 영어를 배우는 중요한 이유는 하나님의 말씀을 더 잘 알기 위해서이다.

큰아이가 미국에서 11학년을 다닐 때였다. 'Advanced English Class'에서 종윤이는 유일한 국제 학생이었다. 그때 가장 어려운 시험이 나다니엘 호손(Nathanial Hawthorn)의 『주홍 글씨(Scarlet Letter)』를 읽고 보는 시험이었다. 책 전체가 시험 범위로 어휘와 문장, 작품 내용에 관한 광범위한 시험이었다고 한다. 원어민 아이들 대부분이 80, 90점을 맞았는데 학년 전체에서 종윤이 혼자 만점인 125점을 맞았다. 영어 선생님께서 안타까운 어조로 "시험이 어렵긴 했지만, 아이들의 점수가 아쉬운 가운데 국제 학생 한 명이 만점을 받았다."고 말씀하셔서 학교 전체에 소문이 났다고 한다.

종윤이에게 만점 비결을 물어보았을 때 아이는 3가지를 말했다. 첫째는 추론능력이었다. 『몬테크리스토 백작』이나 『주홍 글씨』 같은 고전을 읽을 때 500~700쪽 되는 책 안에는 미국 아이들도 모르는 단어가 많아 그걸 다 외울 수도 없다고 한다. 당연히 문맥을 통해 추론하는 능력이 있어야 한다는 것이다. 두 번째는 중학 2, 3학년 때 『크리스마스 캐롤』, 『죄와 벌』 등의 문학작품을 읽고 글쓰기 했던 것이 큰 도움이 되었다고 말했다. 셋째로 가장 중요한 이유인 성경 배경지식을 꼽았다. 문학 작품을 읽을 때 내용 전개나 비유 등의 경우 성경을 모르면 이해가 안 되는 것들이 많다고 한다. 『주홍글씨』 문제 중에는 11학년 전체에서 종윤이만 맞춘 문제도 있었다. 그 문제는 "우리에게 다니엘이 필요해"라는 문장에 대한 의미를 쓰는 문제였다. 종윤이는 다니엘이 느부갓네살 왕의 꿈을 해석한 내용을 근거로 추론하여 답을 적었다고 한다.

또 작은아이 예준이 역시 영어 성경을 듣고 암송하고 읽었다. 예준이는 좀 특이하게도 KJV 성경만을 고집했다. 그래서 그 성경만 읽었다. 그런데 킹제임스 버전을 하도 읽어서 고어체에 익숙해져 나중에 셰익스피어 작품을 읽는 것이 어렵지 않았다고 말한다. 사실 나는 셰익스피어를 영어로 읽기가 어렵다. 그런데 『리어왕』이나 『햄릿』 같은 16세기 작품을 예준이는 영어로도 재미있게 읽는다.

예준이가 수시로 대학에 합격하고 입학을 앞둔 2020년 겨울이었다. 초등 시절 내가 가르쳤던 아이 중에 국제학교에 다니는 중1 남학생이 있는데 그 아이와 여름 방학 때 뉴베리 수상작을 함께 강독하는 수업을 했었다. 아이 어머니가 겨울에도 수업을 부탁했는데 그때 내가 시간과 건강이 허락지 않아 대신 예준이를 추천했다. "저희 예준이가 어릴 때부터 킹 제임스 버전을 많이 읽어서 고어체에도 익숙하고 인문고전 수업도 몇 해 받았어요. 둘이 같이 햄릿이나 강독하라고 하면 어떨까요?" 했더니 좋아하셨다. 둘이 같이 수업하는 걸 밖에서 들으니 간간이 웃음소리도 나는 것 같았다. 아이 어머니는 우리 가족의 선생님이기도 한 지혜롭고 겸손한 분이시다. 예준이에 대해서도 어떤 편견 없이 봐줄 뿐 아니라 선생님으로 신뢰하고 대우해 주신다. 수업을 마치고 통화할 기회가 있었는데 "저희 아이가 뭘 재미있다고 하는 아이가 아닌데 수업이 재미있대요. 예준이 형 대단하다고 그러던데요. 다음 방학 수업을 예약해야겠어요" 하며 극찬을 하셨다. 피드백이 좋아서 예준이도 신났다. 어찌 보면 인문고전을 가르치는 교사의 꿈으로 한걸음 내디딘 셈이었다.

》》 영어책

앞서 나는 독서로 영어를 배워야 하는 이유에 대해 말했다. 그것이 세계화 시대에 우리나라가 처한 영어 환경에 가장 적합한 방식이며, 부모가 자녀에게 영어를 지도할 때 혼자서 영어책을 읽는 수준까지만 관리해 주면 부모와 자녀 모두에게 지속 가능한 방법임을 이야기했다.

또 읽기인 독서로 영어를 배울 때의 유익한 점들에 대해서도 말했다. 읽는 법을 배우는 것이 후기 정보화 시대와 인공지능 시대에 요구되는 사고력과 창의력을 키우는 중요한 수단이라고 했다. 또한 '읽기(reading)'는 다른 어떤 방법보다 스토리 라인이 있어 즐겁게 몰입하여 배울 수 있다.

우리말 레벨이 영어 레벨이다

다시 한번 강조하지만, 영어를 배우는 데에는 반드시 우리말 독서와 글쓰기가 기반이 되어야 한다. 독서량에서도 우리말 책의 비중이 훨씬 높아야 한다. 온라인 영어 도서관 중의 하나인 리틀팍스도 3단계까지는 우리말 독서가 안 된 아이들도 도달할 수 있다. 그러나 우리말 독서의 기본이 없는 아이들은 3단계 후반이 되면 힘들어한다. 그리고 4단계를 갔다고 해도 딱 거기까지이다. 4단계 이후부터는 영어보다는 우리말 실력이 부족해서 더 진도를 나갈 수 없게 된다.

단계에 맞는 책으로 '듣고 따라 말하기'를 시작하자

입문기나 기본 과정 1단계까지는 부록에 단계별로 소개한 오디오 북을 보고 '듣고 따라 말하기'를 한다. 매일 5분에서 20분까지 일정 시간 음원을 듣고 따라 해서 스스로 읽을 수 있을 때까지 반복한다. 시간은 점차 늘려가고 아이가 읽을 수 있다고 스스로 말할 때까지 확인하지 않는다. 사이트 워즈(sight words)나 파닉스(phonics)를 배우면서 이것을 익히고 활용하는 데 도움이 되는 책부터 하면 된다. 활용할 수 있는 오디오 북과 리틀팍스 동화를 뒤에 소개하겠다.

한 단계 높은 책으로 '들으며 읽기'를 하자

자신의 '듣고 따라 말하기' 단계보다 한 단계 높은 책으로 음원을 들으면서 눈으로 따라 읽는 것이다. '들으며 읽기'를 하다 보면 듣기와 읽기가 음원의 속도에 맞춰져 간다. 이를 통해 다음 단계를 준비하게 된다. 우리 가정의 경우도 두 아이 모두가 뉴베리 수상작에서 『야성의 절규(Call of the wild)』등을 비롯한 클래식을 읽을 수 있는 단계로 넘어가게 해준 것이 '들으며 읽기'였다. 자칫 처음에는 난해하고 지루한 작품도 '들으며 읽기'를 통해 자연스럽고 쉽게 따라갈 수 있게 된다.

읽을 수 있는 책으로 '읽기'도 시작하자

'듣고 따라 말하기'나 '들으며 읽기'를 통해 스스로 읽을 수 있는 책으로 '읽기'도 시작해 본다. 입문기에는 못 읽는 단어가 없는 책을 중심으로 '읽기'를 한다. 이때는 소리 내어 읽는 것이 좋다. 적어도 기본 과정 1단계까지는 그렇게 한다. 그다음 단계부터는 모르는 단어가 있어도 문맥으로 추론이 가능하거나 대강의 내용을 파악할 수 있으면 된다. 글밥이 많아질수록 눈으로만 읽어도 된다.

독후 활동으로 '쓰기'도 해 보자

'쓰기'에서도 우리말 쓰기가 중요하다. 영어 쓰기가 어려운 것은 영어가 안 돼서만은 아니다. 글감을 찾고 생각을 정리해서 글을 쓴다는 것은 상당한 수준의 사고력과 표현력을 필요로 하는 일이다. 이런 것들은 지금 당장 미국에 가거나 미국에서 교육을 받아야 하는 특별한 경우가 아니라면 영어보다는 우리말로 훈련해야 한다고 생각한다. 우리말로 독서 수준을 높여가고 글쓰기를 연습하면서 동시에 영어 독서를 꾸준히 해 나간다면 영어 쓰기는 약간만 훈련을 해도 가능하다.

쓰기는 학습의 마무리 단계이다. 인풋(input)인 듣기와 읽기의 양이 차면 아웃풋(output)인 말하기와 쓰기는 자연스럽게 가능해진다. 그러므로 쓰기를 할 때 꼭 영어로 해야 한다는 강박은 버리자. 무엇보다 우리말이든 영어든 독후 활동을 통해 사고력과 표현력을 훈련하는 데 집중하자.

≫ 온라인 영어 도서관

성경적 부모표 영어 홈스쿨에서 온라인 영어 도서관을 활용하자고 말하는 데는 여러 가지 이유가 있다. 가장 큰 이유는 부모나 자녀 모두에게 지속 가능한 접근 방법이기 때문이다. 우선 부모 입장에서 여러모로 유익하다. 영어 실력이 탁월하지 않아도, 교구재를 만들 필요도, 많은 비용과 시간을 투자하지 않아도 된다. 이미 만들어진 탁월한 교재를 저렴한 비용으로 이용할 수 있기에 시간과 에너지를 아낄 수 있다.

이러한 점에서 온라인 영어 도서관은 매우 유용하며 그중에서도 다음과 같은 이유로 '리틀팍스'를 추천한다.

리틀팍스의 장점
1) 엄마에게 쉽다

엄마가 영어를 가르칠 필요가 없다. 엄마는 자녀가 영어를 스스로 익혀 갈 수 있는 습관을 기를 수 있게 관리만 해 주면 된다. 리틀팍스를 활용하게 되면 엄마가 모든 단계를 직접 가르칠 만큼 영어 실력이 뛰어나지 않아도 된다. 또 많은 엄마가 걱정하는 것처럼 당장 엄마 자신의 영어 발음이 좋지 않아도 상관없다. 자녀를 지도하기 위해 많은 시간을 투자해 공부하지 않아도 된다. 만약 엄마 스스로가 영어를 배우기 원한다면 자녀와 함께 낮은 단계부터 차근차근 배워가는 기회로 삼을 수도 있다.

2) 저렴하다

2021년 3월 현재 전체 영어 동요는 370여편, 영어 동화는 4,400여편에 달하며 월요일에서 금요일까지는 매일 새로운 동화가 업데이트되고 있다. 1개월 사용료는 25,000원, 3개월엔 60,000원, 6개월엔 115,000원, 12개월엔 180,000원으로 각 가정당 4명까지 자신의 아이디로 사용할 수 있다. 어학원 비용이 교재비를 제외하고도 월 20만 원이 넘고, 동네 학원도 15만 원 이상인 현실에서 가성비 최고인 상품이다. 꿀팁으로는 1년에 몇 차례씩 홈쇼핑 등에서 1년 이용권을 20% 할인할 때 결제하는 방법이 있다. 이용 중에 결제하는 경우에는 1년이 연장된다.

3) 활용이 무궁무진하다

영어 교구재를 사거나 만드는 데 많은 재정과 시간을 사용하지 않아도 된다. 예를 들면 1단계의 'ABC Book' 시리즈만 가지고도 자음과 단모음의 음가를 익힘으로 파닉스를 어느 정도 마칠 수 있다. 출력하면 파닉스 교재로 사용할 수 있도록 자료가 다 만들어져 있다. 1단계부터 7단계까지 애니메이션 형식의 동영상을 자막 없이, 혹은 자막이 아래에 나오는 상태에서도 볼 수 있고, 각 문장마다 번호가 있어서 무한반복 할 수 있다. 녹음해서 자신의 소리를 들어볼 수도 있어서 어학기가 필요 없다. 또 시리즈마다 e-book이 있어서 소리를 켜고 오디오 북처럼 활용할 수도 있고, 오디오 소리를 끄고 아이가 스스로 책을 읽을 수도 있다. 덕분에 많은 교재를 구매하지 않아도 된다.

4) 자녀에게도 쉽고 재미있다

우리 공부방에 오는 아이들 중에는 어릴 적에 엄마표를 했던 아이들이 꽤 있다. 엄마들은 아이가 싫어하는 걸 강제로 하려다 보니 학년이 올라갈수록 아이와 싸우기 싫어서 데려왔다고 설명한다. 아이가 싫어하면 지속할 수 없다. 영어 소리에 많이 노출되어야 영어가 늘 텐데 자의든 타의든 억지로 하는 것은 한계가 있다. 아이가 재미있다고 느껴야 스스로, 꾸준히, 계속해 나갈 수 있다.

리틀팍스는 1~7단계까지는 애니메이션으로 되어 있다. 8, 9단계는 그림이 있는 e-book 형식으로 되어 있다. 대부분의 동화가 애니메이션으로 되어 있기 때문에 아이들이 재미있게 볼 수 있다. 1~9단계까지 단계마다 단편 동화들도 있지만, 대부분은 시리즈물이다. 시리즈는 짧게는 몇 편에서 백 수십 편까지의 에피소드들로 이루어져 있다. 각각의 에피소드들은 재미있는 장면에서 끝이 난다. 다음 장면의 이야기가 궁금해서 또 보게 된다. 애니메이션이기 때문에 낮은 단계에서는 영어를 처음 시작하는 아이도 그림만 봐도 내용이 이해된다. 계속 듣기에 노출이 되다 보면 처음엔 덩어리져 들리던 소리가 분화되어 들리기 시작한다. 같은 시리즈의 경우는 반복되는 단어나 문형이 많기 때문에 단어를 외우지 않아도 그림을 단서로 줄거리 속에서 단어들을 추론해 내고, 그렇게 익혀진 단어나 문형들은 장기 기억화 되어 기억에 고스란히 남는다.

리틀팍스 활용 수기

리틀팍스 홈페이지에 가 보면 많은 활용 수기들이 있다. 읽어 보고 각 가정 형편에 맞게 참고하여 적용하면 좋을 것이다. 다음 글은 큰아이 종윤이가 중학교 1학년 때 쓴 리틀팍스 활용 수기이다. 우수 활용 수기로 뽑혀서 3개월 무료 이용권을 받았었다.

안녕하세요? ㅎㅎ 리팍 7년 차 중학교 1학년에 접어든 조슈아 21입니다^^

활용 수기는 안 올렸었는데, 저는 어떻게 활용하는지만 살짝 정리해봤어요,

전 학원에서 특별히 배우지도 않고 배워 본 적도 없기에, 제가 가지고 있는 영어책들과 리팍을 최대한 사용합니다. 리팍만 열심히 해도 8~9단계 마스터하고 영어책 읽기를 병행하면 수능과 고등 내신까지도 커버할 수 있을 것 같아요. 저는 많은 분들이 하시는 방법인 많이 듣기, 막 읽기, 스피킹, 쓰기로 나눠서 공부합니다.

1) 듣기는 제가 어릴 때부터 했는데, 뭐든지 정말 많이 들었던 기억이 나고요. 알파벳 뗀 담부턴 파닉스하고, 발음 배우고 해서 8살(좀 늦지만요. ㅋ)부터 자그마한 동화책 읽기가 가능해졌어요. 제 생각은 정말 몰라도 듣는 게 좋다고 생각해

요. 그냥 소리만 듣는 것도 좋지만 리팍처럼 영상이 나와서 많이 듣다 보면 전체적으로 내용 파악이 되고 계속 재밌게 들을 수 있어서 좋은 것 같아요. 전 요즘은 전처럼 많이 안 들어도 첨 시작할 땐 하루 기본 4시간[19] 정도 들으면서 많이 익혔거든요. 그때 저희 집에 TV도 없었고 게임도 허용이 안 됐기 때문에 사실 리틀팍스가 재미있어서 그냥 본 거예요. 현재 저는 영화 DVD 보면 자막 없이 이해되고요. 내셔널 지오그래픽이나 강연 사이트인 TED를 즐겨 봅니다.^^

2) 읽기... 이건 어느 정도 알아듣고 보는 게 가능해진 8살 중반부터 시작했어요. 그때 제 단계는 리팍 2~3단계 수준이었고요. 그때부터 조~금씩 리틀 베어(아시나요?) 동화책부터 시작해서 읽었고 단계 수준에 맞추거나 좀 더 어려운 책들을 골고루 읽어 주곤 했습니다. 책이 없을 때는 리팍 원문을 읽고 공부를 했죠. 많이 읽어서 영어 스피킹도 커버되고 단어 실력도 상승해 영어 학습에 성공한 사람들이 참 많더라고요. 현재 저는 퍼시 잭슨 시리즈나 뉴베리 수상작들을 원서로 읽는 수준이고, NIV 영어 성경 5장 정도를 15분이면 다 읽습니다.

그 담으로 제게 중요했던 게 페이지 바이 페이지(일명 P by P)[20] 입니다. 이건 그냥 8살 중반에 읽기랑 같이 시작해서 지금도 계속하고 있습니다. P by P하면 그냥 movie로 보는 것보다 더 심화된 학습을 할 수 있죠. 제가 공부하는 방법은 먼저 말을 들으면서 내용 글을 같은 속도로 눈으로 따라갑니다. 이건 엄마가 어디서 배워 와서 제게 알려 주셨던 방법인데 첨엔 이게 무슨 효과가 있나 그냥 눈으로 읽는 거지 하면서 그냥 해봤는데 1년을 계속하고 책을 읽으니까 헉!!! 책에

---

19) 1시간이 맞다. 이 부분은 아이가 잘못 기억하는 것이다.
20) 지금 리틀팍스에 Page by page는 없다. 현재 e-book이라고 생각하면 된다.

서 첨보는 어려운 단어까지 술술 빨리 읽히는 겁니다. 그다음부터 이 방법 참 좋다 하고 계속하고 있습니다. 근데 이건 자기 단계보다 한 단계 정도 올려서 하라고 엄마가 말씀하시더군요.

3) 스피킹... 그리고 페이지 바이 페이지 하실 때 따라 하기도 잊지 마시고 꼭 하세요. 스피킹의 기초는 문장을 습관적으로 알고 따라 하다 보면 그 표현이 머릿속에 저장되고 필요할 때 딱딱 알맞게 튀어나옵니당.~ Wacky Ricky랑 Hana's album에 나오는 문장들만 잘 따라 하고 연습해도 미국 저학년 정도 회화는 됩니다. 왜냐면 제 주변에 영어권에서 몇 년씩 살다 온 가정들이 있는데 그 가정들에 놀러 가거나 그럴 때 어린애들 서로 얘기하는 거 보니까 그런 회화를 쓰더라구요.^^~ 작년에 저희랑 친했던 한 가족이 일 년간 미국서 살다가 왔어요. 저랑 같은 학년인 친구와 3학년짜리 동생이 있는 집인데... 다녀와서 차를 타고 함께 놀러 가는데 저랑 같은 학년인 친구가 미국서 5학년 마치고 왔는데 저랑 리딩수준이 비슷하고, 제 동생이랑 그 집 동생이 영어로 계속 말을 하니까, 제 동생도 저랑 같은 방법으로 공부한 애거든요. 그 집 엄마께서 "미국을 안 가도 저렇게 영어를 잘하니... 저희는 1년 있으면서 거의 일억을 썼어요. 쩝" 하셨어요.^^

4) 쓰기... 저는 특별히 쓰기 연습을 많이 하진 않았는데 리팍으로 많이 듣고 읽고 하다 보니 영어로 쓰기가 어렵지 않아졌어요. 재작년 어느 날 엄마가 영어로 일기를 써 보라고 하셔서 처음엔 좀 내키지 않았는데 저하고 한 살 어린 제 동생이 막힘없이 한 페이지를 쓰게 되었어요. 엄마가 읽어 보시고 재미있다고 하셨어요. 요즘은 성경 읽고 요약을 해 보라고 하셔서.. 제가 앗! 시리즈 쓴 테리 디어

리를 좋아하는데 그 사람처럼 만화도 그리고 재밌게 쓰고 있어요.^^ 쓰기와 스피킹은 제가 말한 이 방법들을 쓰시면서 하시고 voca 외우시면서 크로스워드, 퀴즈도 많이 풀어보세요~ 사람에 따라 다르겠지만 꾸준히 하시다 보면 토익이나 토플 같은 시험 준비에도 반드시 효과가 있을 것으로 기대합니다.

5) 어휘와 시험 준비... 저는 지금까지 리팍을 하면서 단어를 따로 외워보지 않았는데 엄마가 올해부터는 8, 9단계의 단어들을 외우고 크로스워드를 풀어 보라고 하셔서 해 보았어요. 얼마 전에 해커스 토익에 들어가서 재미 삼아 토익을 풀어 보았는데 LC와 RC를 다 맞았어요.

아... 쓰고 또 수정하다 보니 생각보다 좀 길어졌네요.. 그래도 꼭 도움이 되셨으면 좋겠네요 &^^ 처음부터 끝까지 긴 글 읽어 주신 분들께 화이팅!!! 너무 감사합니다!! 리팍도 항상 파이팅!! ^.^☆★

»» 영어 성경, 영어책, 온라인 영어 도서관을 적절히 활용하자

영어 성경이 중심 교재

아이가 영어를 배우는 중요한 이유 중 하나가 영어로 성경을 읽는 것임을 꼭 기억하자. 아이의 영어 단계별로 어떻게 성경 읽는 단계까지 갈 수 있는지는 PART 3의 「영어 성경」 부분을 참고한다.

영어 성경과 영어책을 사용하는 경우

가정 환경이 온라인 영어 도서관(리틀팍스 등)을 사용하면 안 되는 상황에 해당한다면 영어 성경과 영어책들(오디오 북)만 사용해도 된다. 영어 성경을 주 교재로 사용하면서 영어책은 '들으며 읽기'와 '읽기' 용도로 활용하면 된다. 영어책에 대해서는 PART 3의 「영어책」 부분을 참고한다.

영어 성경과 온라인 영어 도서관을 사용하는 경우

영어 성경을 중심으로 온라인 영어 도서관을 활용할 수도 있다. 역시 영어 성경을 주 교재로 사용하면서 온라인 영어 도서관은 '소리 듣기'와 '듣고 따라 읽기', '말하기/쓰기' 등의 용도로 활용하면 된다. 온라인 영어 도서관 관련은 PART 3의 「온라인 영어 도서관」 부분을 참고한다.(264쪽)

영어 성경과 기타 교재, 온라인 영어 도서관을 병행하는 경우

영어 성경을 중심으로 다른 교재와 온라인 영어 도서관을 병행할 수도 있다. 영어 성경으로 '읽기'를 하고 다른 교재를 '말하기/쓰기' 등의 용도로 사용한다. 온라인 영어 도서관은 '듣기' 용도로만 활용할 수 있다. 듣기 용도로만 사용할 경우 꼭 리틀팍스가 아니어도 된다. e-book 형태로 된 온라인 영어 도서관이나 영상 형태로 된 애니메이션을 활용해도 된다.

이렇게 시작하자

≫ 카페 가입하기

성경적 부모표 영어 홈스쿨 카페에 가입한다.(https://cafe.naver.com/momenglishschool) 필독 공지를 읽으면, '이렇게 시작하세요'라는 설명

성경적 부모표 영어 홈스쿨 카페 첫머리

이 자세히 나온다. 카페에 가입하지 않고도 시작할 수 있지만 가입해서 함께 가면 여러모로 유익하다.

》》 리틀팍스 레벨 정하기

리틀팍스를 시작할 때 그냥 듣기만 하기보다는 레벨을 정해서 레벨 업의 목표를 가지는 것이 중요하다. 모든 학습이 그렇지만, 특히나 언어 학습은 성취동기가 분명해야 열심히 할 수 있다. 레벨을 정해서 레벨 업을 언제까지 하겠다는 것이 나와야 늘어지지 않고 즐겁게 진행할 수 있다. 그래서 레벨을 아는 것이 중요하다. 성경적 부모표 영어의 레벨은 '듣고 따라 말하기'를 하는 레벨이라고 보면 된다. 리틀팍스의 '동화 나라'에 들어가 각 단계의 원문보기를 눌러서 소리 내어 읽어보게 한다. 한 단계에도 난이도 편차가 크기 때문에 각 단계마다 가장 처음 나오는 '단편 동화'를 읽혀보면 무난하다.

한 에피소드에서 아이가 모르는 단어가 1단계는 1~2개, 2단계 이상은 3~5개 정도라면 괜찮다. 모르는 단어도 있지만 80% 정도의 내용을 이해하며 읽는다 싶으면 퀴즈를 풀어보게 한다. 거의 안 틀리고 푼다면 그것이 그 아이의 레벨이라고 보면 된다. 리틀팍스 사이트의 레벨 테스트도 이용할 수 있다.

≫ 프로그레스 차트

출력하기

레벨이 정해졌다면 카페의 자료실에서 그 레벨에 해당하는 프로그레스 차트를 출력한다. 책의 예시 사진을 보고 직접 만들어도 무방하다. 자녀의 단계에 맞는 프로그레스 차트를 출력하여 보이는 곳에 붙여두고 사용하면 아이들도, 부모님들도 각 단계의 진행 여부를 알 수 있어서 편리하다. 프로그레스 차트의 단계 설정은 편의상 무지개 색깔로 정했다. Red는 리틀팍스의 1단계, Orange는 2단계, Yellow는 3단계, Green은 4단계, Blue는 5단계, Indigo 1은 6단계, Indigo 2는 7단계, Purple 1은 8단계, Purple 2는 9단계이다.

프로그레스 차트를 보면 단계별로 설정한 몇 편의 동화들이 있다. 리틀팍스에는 사실 한 단계당 동화 편수가 많고, 계속 새로운 동화가 첨가되기 때문에 한 단계를 마치는 데 오래 걸리고 의욕이 떨어질 수 있다. 그래서 최소한의 동화들을 정해본 것이다. 설정된 동화가 마음에 들지 않으면 차트가 파일 형태로 만들어져 있으니 바꾸면 된다.

활용하기

프로그레스 차트는 각 시리즈의 에피소드별로 녹음, 퀴즈, 단어로 이루

Progress Chart Red *ver.3.0*

이름:

Challenging Project

시작일	년 월 일	**목표일**	년 월 일
하루 분량			

원문 녹음

		1	2	3	4	5	6	7	8	9	10	11	12	13	14	15	16	17	18	19	20
ABC Book (26)	녹음	1	2	3	4	5	6	7	8	9	10	11	12	13	14	15	16	17	18	19	20
	퀴즈																				
	단어																				
	녹음	21	22	23	24	25	26														
	퀴즈																				
	단어																				
Mrs. Kelly's Class (36)	녹음	1	2	3	4	5	6	7	8	9	10	11	12	13	14	15	16	17	18	19	20
	퀴즈																				
	단어																				
	녹음	21	22	23	24	25	26	27	28	29	30	31	32	33	34	35	36				
	퀴즈																				
	단어																				
1 단편동화 (57)	녹음	1	2	3	4	5	6	7	8	9	10	11	12	13	14	15	16	17	18	19	20
	퀴즈																				
	단어																				
	녹음	21	22	23	24	25	26	27	28	29	30	31	32	33	34	35	36	37	38	39	40
	퀴즈																				
	단어																				
	녹음	41	42	43	44	45	46	47	48	49	50	51	52	53	54	55	56	57	58	59	60
	퀴즈																				
	단어																				

단어 Test

제목	date	score	제목	date	score
ABC Book (26)		한 영	Mrs. Kelly's Class (36)		한 영
단편 동화 1 (60)		한 영			

문형

ABC Book (26)				A	B	C	D	E	T	F	G	H	I	J	T	T	K	L	M	N	O	T	P
Q	R	S	T	**T**	**T**	U	V	W	X	Y	Z	**T**											

프로그레스 차트 예시

어져 있다. 리틀팍스 하단의 번호를 눌러 동화를 듣고 따라 한 후 녹음해서 카톡으로 아빠에게 보내면 '녹음'에 표시한다. '퀴즈'는 동화를 보고 풀고 난 후 표시한다. '단어'는 각 동화의 Vocabulary를 공부하고 Star Words 나 Crossword puzzle을 하고 난 후에 표시하면 된다.

이렇게 한 시리즈를 마치면 단어 테스트를 보고 날짜와 점수를 기록한다. 문형은 '듣고 따라 말하기'의 현재 단계보다 한 단계 아래의 것을 하면 된다. 예를 들어 2단계 아이들은 1단계의 'Mrs. Kelly's Class'를 매일 조금씩 외워서 말하고 쓰는 것이다. 그렇게 해서 한 에피소드를 마치면 해당하는 번호에 표시한다. 5개 에피소드를 마칠 때마다 복습한다. 5개의 복습을 마치면 T라고 된 부분에 표시한다. 10개를 마치고 나서도 T에 표시한다.

레벨 업

프로그레스 차트 위쪽의 날짜 항목에 시작 날짜와 레벨 업 목표 달성의 날짜를 정해 기록한다. 위의 설명처럼 해서 각 시리즈의 단어 테스트와 문형 테스트까지 모든 테스트를 마치고 나면 그 단계를 마치고 레벨 업하게 되는 것이다.

》》 교무 회의

주중엔 매일 프로그레스 차트에 진행 상황을 표시한다. 매주 말과 매월 말에 부부가 함께 돌아보며 상의하고 기도한다. 잘되고 있는 점과 개선할 점, 어려움 등을 진솔하게 나누고, 기도하며 서로를, 그리고 자녀를 격려한다.

》》 진행기 쓰기

매월 말 그 달의 진행 상황과 다음 달 목표가 담긴 진행기를 올린다. 진행기를 쓰는 것은 두 가지 점에서 유익하다.

개인적인 유익

진행기를 쓰면 한 달의 삶을 돌아보게 된다. 이 시간을 가지면, 각 가정의 부모들은 지난 한 달 동안 무엇을 했고, 무엇을 안 했으며, 어디에 우선순위를 두고 시간과 재정과 에너지를 썼는지를 돌아보게 된다. 또한 카페에서는 3회 이상의 진행기를 쓰면, 그 홈스쿨 이름으로 따로 게시판을 만들어준다. 진행기를 쓰면 한 가정의 홈스쿨 역사가 기록된다.

다른 가정 섬기기

또한 내가 쓰는 진행기를 통해 커뮤니티에 있는 다른 가정들을 섬기게 된다. 먼저 우리 가정의 진행기를 올리므로 다른 가정들이 진행기를 쓸 수 있도록 격려하게 된다. 또한 우리 가정의 진행기 내용을 통해 다른 가정들은 위안을 얻고, 때로는 권면과 도전도 받고, 때로는 반성도 하게 되고 방향도 잡게 된다.

진행기의 내용과 방향

① 방향성과 목표를 기억하며 쓰기

우리가 달려가는 방향과 목표를 점검해 보자. 기도로 시작하고 기도로 맺었는지, 홈스쿨 가족의 서약을 잘 기억하고 실천했는지, 어려움이 있을 때 화내고 짜증 내기보다 기도함으로 하나님을 의지하고 인정했는지, 성취했을 때 하나님께 감사함으로 영광을 돌렸는지를 살펴보자. 배움의 목표도 방법도 성경적 가치에 입각한 교육이었는지, 영어가 제 위치에 있었는지, 영어가 아이의 발달과 학습의 한 부분임을 기억하고 시간과 재정, 에너지를 잘 사용했는지를 점검하는 시간으로 삼자.

② 성취와 태도를 함께 돌아보며 쓰기

한 달의 목표를 달성했는지 어떻게 얼마만큼 성취하였는지도 구체적으로 써야 하지만 태도를 함께 돌아보자. 부모도 자녀도 작은 일에 충성되고자 하는 마음으로 일상을 충실하게 살았는지를 돌아보는 것이다. 욕심 때문에 분노하지는 않았는지, 분노했을 때 회개하고 용서를 구했는지, 자녀들의 작은 진보에도 함께 기뻐하며 축하해 주었는지, 연약한 모습일 때 격려함으로 잘 일으켜 주었는지를 생각해 보자. 자녀들은 영어 학습을 통해 하나님의 성품들인 순종과 경청, 열정, 인내, 끈기, 충성, 온유, 시간 엄수 등을 잘 배우는 기회가 되었는지를 돌아보면 좋겠다.

③ 은혜의 관점에서 감사함으로 맺기

부모인 나의 어떠함에도 불구하고 은혜를 주신 주님께 감사함으로 한 달을 돌아본다. 한 달간 주신 은혜들을 나누고, 남편과 자녀들에게 고마웠던 점, 또 수고한 나 자신에게도 감사와 격려함으로 맺어보자. 길게 써야 하는 것도 아니다. 부부간에, 또 부모 자녀 간에 서로 한 달을 돌아보고 다음 달을 기대하고 기도함으로 함께 이야기를 나누고 쓴다면 정말 좋을 것이다.

다음은 한 일본 선교사님 가정에서 올려주신 진행기를 예시로 소개한다.

KM홈스쿨 9월 진행기(18)

1) 10월 목표

* 영성

  - 어? 성경이 읽어지네! 신약 사도행전 부분 공부하기

  - 중보기도, 성경 읽기, 따라 쓰기, 큐티, 가정예배 지속

* 지성

  - 글쓰기, 개념 정리, 기존 커리큘럼 지속

  - 영어

  즐겁게 보고 듣기(20~30분)

  Magic Marker 자연스레 P by P(복습)

  Sam & Lucky의 Sam 대사 외워 말하기

  Sam & Lucky 단어와 예문 확인

* 생활과 성품 - 서로에게 인내하며 상냥하고 부드럽게 대화하기

2) 9월의 성취와 태도(돌아보기)

* 영성

  - 중보기도 : 요일별 구체적인 제목을 가지고 기도하기

    (나라와 민족, 일본, 이웃, 가족, 선교, 하나님 나라) (매일 꾸준히 하고 있습니다.)

* 지성

  - 글쓰기(요일별 다른 주제로 매일 쓰기 훈련) (하루 20문장 정도의 일기,

    독후감, 설교 요약, 감상문 자유 주제, 일본어, 키워드로 시작했습니다.

    때로는 매일 쓰는 것에 투정 부리기도 하지만 하루하루 써갑니다. ^^)

  - EBS 초등 개념 정리 시청하기 (국어, 수학, 사회, 과학 하루 2과씩 시청하면

    서 개념이 정립되고 있습니다. 수강 뒤 식사하며 동음이의어와 다의어 찾기

놀이를 하면서 셋이서 두런두런하는 모습을 보게 되었습니다. ^^)

- 영어 즐겁게 보고 듣기 (20~30분)

Wacky Ricky 자연스레 P by P

Magic Marker 외워 말하기(5문장)

vocabulary 예문 읽고 해석하기

(즐겁게~ 보며 3단계 배지도 취득하였습니다. Wacky Ricky의 페이지 바이

페이지가 끝나고 vocabulary의 증진을 위해 고민하다가 공부 방법을 조금

변화시켜 주었습니다.)

- 새롭게 1번부터 복습 Magic Marker 자연스레 P by P (복습)

Sam & Lucky의 Sam 대사 외워 말하기

Sam & Lucky 단어와 예문 확인

* 생활과 성품

- 식탁에 모여서 함께 오전 공부하기(효율성도 좋았고 친밀감이 높아졌습니다.

3명의 공부를 동시에 봐주어야 해서 분주하긴 했지만 같은 공간 속에

즐거웠습니다.)

- 운동(주 5일 30분 이상 운동하기)(계획한 5일은 못했습니다.

주 3일은 꼭 하려고 했습니다. 비 오는 날은 실내 맨손체조로 했답니다.)

3) 감사

- 가을학기 멋지게 시작하고 수행해서 감사합니다.

자녀들의 의견을 반영한 계획표로 건강한 홈스쿨이 되었습니다.

기본 틀의 중요성을 다시 알게 되었습니다.

- 운동을 통한 체력 증진에 감사합니다. 가족 모두가 주 3회 30~50분씩

  운동을 할 수 있었습니다. 저도 의식적으로 운동하면서 활력이 생겼습니다.

  주님께서 주신 몸도 건강하게 가꾸기 위해 꾸준히 운동할 수 있기 바랍니다.

- EBS 초등 개념 정리 강의를 통해 숲의 전경을 둘러보게 되었습니다.

  자녀들 스스로 알고 있던 지식이 정립되어 가서 감사합니다.

  더불어 초등 검정고시에 대해서도 관심이 생겼습니다.

  알아보기가 까마득하지만 스스로 하고 싶다고 이야기해주어 감사했습니다.

- 새로운 지역으로 이사 와서 홈스쿨 가정과 교제가 있었습니다.

  일본-캐나다 선교사님 가정과 일본인 넌크리스천 가정을 만나게 되어

  감사했습니다. 한국의 코업[21]을 그리워하던 아이들에게 또래의 만남이

  활력이 되었습니다. 넌크리스천 가정의 구원과 앞으로 지속적인 만남을

  위해 기도합니다.

4) 질문

- 영어 진행에 조언 부탁드립니다~ ^^ 추 사모님 조언으로 vocabulary

  학습을 시작하였는데 페이지 바이 페이지를 1. 복습과 2. 새로운 동화로

  어느 쪽을 학습하는 것이 좋을지요?

이곳의 9월은 태풍과 피해가 유난히 컸습니다. 10월 시원해지는 때에

선생님들 가정 가정에 영적인 알곡이 무럭무럭 익어 가시기를 기도합니다.

---

21) 코업 co-operation 상호 협력한다는 뜻으로 홈스쿨 가정들끼리의 매주 모이는 연대 모임을 '코업'이라고 말한다.

≫ 명예의 전당

매달 목표를 정하고, 자녀가 목표를 성실하게 달성하도록 격려한다. 목표를 달성했다면 매월 명예의 전당에 이름을 올리고 카페에서 주는 상장을 출력하여 격려한다.

≫ 공동체와 함께하기

지역 모임 게시판에서 함께 할 공동체를 찾거나, 섬기는 교회나 지역에서 공동체를 만들어 함께 한다면 더욱 좋을 것이다.

1. PART 2에서는 자녀 세대가 살아갈 시대, 영어 학습 환경, 독서로 영어를
   배워야 하는 이유에 대해 말하고 있다. 4~5문장으로 요약해 보라.

   _____

   _____

   _____

   _____

2. 당신의 가정에서 복음 중심의 양육이 이루어지기 위해 무엇을 더하고 무
   엇을 빼야 하겠는가?

   _____

   _____

   _____

   _____

3. 자녀가 자신의 오리지널 디자인을 알고 그 디자인에 맞게 살도록 돕기 위
   해 부모로서 무엇을 해야 한다고 생각하는가?

   _____

   _____

   _____

   _____

흔들림 없이 꾸준하고 성실하게, 이 세대와 구별되는 영어교육을 하기 위해서
는 같은 스피릿을 가지고 격려하며 상호 점검할 수 있는 공동체가 절실합니다.
성경적 부모표 영어 카페를 통해 그런 필요가 채워지면 좋겠습니다.

카페주소 https://cafe.naver.com/momenglishschool

그러나 여호와를 믿고 여호와만을 의지하는 사람은 복을 받을 것이다.

그는 물가에 심은 나무 같아서 든든한 뿌리가 물가로 뻗어 있으니

날이 뜨거워도 두려울 것이 없고 그 잎사귀가 늘 푸르다.

비가 오지 않아도 걱정할 것이 없으며 언제나 열매를 맺는다.

_렘 17:7~8

PART 3
성경적 부모표 영어 진행하기

7. 단계별 학습 목표와 핵심

입문 과정

입문 과정 영어는 영어책을 전혀 못 읽는 수준부터 미국의 유치원 (kindergarten) 수준으로 한 페이지에 한 단어에서 한 줄 정도의 쉬운 문장이 나오는 책을 읽는 수준이라고 할 수 있다.

≫ 학습 목표 : 질적 목표

입문 과정 영어의 질적 목표는 리틀팍스나 영어로 된 매체 즐겁게 보기, 영어 소리에 익숙해지기, 영어로 암송 시작하기, 한글 성경으로 통독과 묵상 매일 훈련하기, 파닉스(phonics)와 사이트 워즈(sight words) 익히기이다. 이 단계는 시작한 연령대에 따라서도, 날마다 영어에 노출되는 시간이나 아이들의 재능에 따라서도 개인차가 있지만 대략 3개월에서 1년 정도 소요되는 것으로 본다.

≫ 학습 목표 : 양적 목표

개인마다 차이가 있을 수 있겠지만 교재에 따라 내가 생각하는 목표는 다음과 같다.

A. 성경 : 영어 성경 암송을 시작하고, 매일 암송하는 성경 듣기, 한글로 통독과 묵상 매일 하기

B. 영어책 : 이 단계에 해당하는 오디오 북인 『Sight Words Readers』 등 가정마다 정한 권수의 오디오 북을 들으며 눈으로 따라 읽되 스스로 읽을 수 있을 때까지 듣고 따라 읽는다.

C. 온라인 영어 도서관 : 리틀팍스 1단계 동화 중 'Mrs. Kelly's Class', 'ABC Book', '1단계 단편 동화' 등을 소리를 듣고 따라 읽어 스스로 읽을 수 있다. 'Mrs. Kelly's Class'에 나오는 기본 문장을 익혀 말할 수 있다.

D. Phonics : 알파벳 26자의 이름과 음가 및 장모음을 익혀 C-V-C, 즉 자음-모음-자음의 구조로 된 1음절 단어 즉 cat, bed, mop 등의 단어를 읽을 수 있다.

E. Sight Words : 『Sight Words Readers』의 단어 50개를 읽고 쓸 수 있다.

목표에 맞는 단계 설정

입문 과정에는 영어 소리에 익숙해지도록 듣기 중심으로 계획을 짜도록 한다. 영상물을 이용한 듣기 → 오디오 북 소리를 들으며 눈으로 따라 읽기 → 혼자서 책 읽기 순으로 나아가는 목표를 세운다. 이 시기에 파닉스와 사이트 워즈를 익힌다면 혼자서 책 읽기 단계로 가는 데 도움이 될 수 있다.

듣기 중심

이 단계에서는 언어의 네 가지 영역 중 듣기가 가장 중요하다. 듣기는 영어에 대한 기초체력을 튼튼히 해준다. 말하기, 듣기, 읽기, 쓰기 중 듣기에 우선순위를 두어야 한다. 그렇기 때문에 자녀로 하여금 영어로 된 매체에 거부감을 갖지 않도록 하는 것이 가장 중요하다.

몰입 환경 만들기

영어 매체에 거부감을 느끼지 않고 흥미를 갖게 하기 위해서는 지나치게 학습적으로 접근하지 않는 것이 좋다. 천재는 노력하는 자를 이기지 못하고 노력하는 자는 즐기는 자를 이기지 못한다. 즐길 때 몰입이 가능해진다. 최대한 아이가 즐길 수 있는 환경을 마련해준다.

리틀팍스나 애니메이션 등의 VOD나 DVD 등을 활용한다. 리틀팍스는 초기에는 1~3단계 중심으로 듣게 한다. 점차 4단계 이상으로 단계를 높여 가며 볼 수 있다. VOD나 DVD는 말이 느리고 쉬운 것을 먼저 보고 빠른 것으로 넘어간다. 말이 느린 것으로는 『Little Bear(리틀 베어)』,

입문 과정 진행 요점			
소리 듣기		30분~1시간	재미있는 DVD / 리틀팍스 1~6단계
듣고 따라 말하기		5~10분	1단계 동화 ① ② ③ 번호 눌러 듣고 따라 말하기를 3~5회 반복하기
들으며 읽기 (오디오 북, e-book)		5~10분	오디오 북이나 리틀팍스 e-book (2단계 이상)을 소리를 들으며 눈으로 읽기
읽기		5~10분	'들으며 읽기'나 '듣고 따라 말하기'를 한 쉬운 책을 혼자서 읽기
말하기		5~10분	'Mrs. Kelly's Class' 문장을 외워 한글 해석 보고 말하기*

* 리틀팍스를 하지 않는 경우라면 『어린이 영어탈피』(우공이산외국어연구소)를 말하기/쓰기 교재로 추천한다. 기본 과정까지는 『어린이 영어탈피』를, 심화 과정 1단계에서는 『영어탈피 첫걸음편』(중학생/초등고학년/스피킹기초)을, 심화 과정 2단계에서는 『영어탈피 초급편』(중고등 학생/토익700/공무원·편입·토플·텝스·아이엘츠·오픽)을 마스터하면 된다.

『Caillou(까이유)』, 『Timothy goes to school(티모시네 유치원)』, 『Max & Ruby(토끼네 집으로 놀러 오세요)』 등이 있다. 말이 약간 빠른 것으로는 『Arthur(아서)』, 『Curious George(호기심 많은 조지)』, 『Inspector Gadget(형사 가제트)』가 있다.

기본 과정

≫ 학습 목표 : 질적 목표

기본 과정 전체의 질적 목표는 첫째, 입문 단계와 마찬가지로 즐겁게 리틀팍스와 영어로 된 영화 등의 매체를 통해 영어 소리에 익숙해지는 것이다. 둘째, 일정한 양의 쉬운 책 읽기를 반복하여 영어에 대한 자신감을 갖고 재미있는 책 읽기의 기초를 다지는 것이다. 다만 기본 과정 2단계는 1단계보다는 읽기가 더 편해지고 읽기 시간이 더 늘어야 한다는 것만 다르며, 기본 과정 3단계는 읽기에 더 중점을 두어 재미있는 책 읽기로 점차 넘어가는 것을 목표로 한다. 총 소요 기간은 시작하는 나이에 따라, 또 각자의 재능에 따라, 또 투자하는 시간에 따라 다를 수 있지만 단계별로 약 3개월에서 1년으로 본다.

≫ 학습 목표 : 양적 목표

A. 소리 듣기

주일은 빼고 매일 일정한 시간 동안, 30분 정도 책의 음원이나 애니메이션, 영화 등 영어로 된 매체를 통해 영어 소리를 듣는다.

B. 듣고 따라 말하기

리틀팍스 동화 중 적어도 4~5개의 시리즈를 선택하여, '듣고 따라 말하기'로 익혀 스스로 이해하며 읽는다. 기본 과정 1단계는 리틀팍스 2단계를, 기본 과정 2단계는 리틀팍스 3단계를, 기본 과정 3단계는 리틀팍스 4단계에서 듣고 따라 읽을 시리즈를 선택한다.

C. 들으며 읽기

기본 과정 1단계에서는 매일 일정 시간 동안(5분에서 20분 정도) 리틀팍스 3단계 이상의 동화를 e-book의 'read to me' 상태로 소리를 들으면서 눈으로 따라 읽는다. 그에 준하는 오디오 북의 음원을 들으며 눈으로 따라 읽어도 된다. 기본 과정 2단계에서는 리틀팍스 4단계 동화나 같은 수준의 오디오 북들을, 기본 과정 3단계에서는 리틀팍스 5단계부터 그 이상의 시리즈의 e-book이나 같은 수준의 오디오 북으로 위와 같이 '들으며 읽기'를 한다.

D. 유창하게 읽기

기본 과정 1단계에서는 리틀팍스 2단계 동화들이나 그 수준의 추천된 오디오 북 중 최소한 50개를 정해 CD 음원을 들으며 따라 읽는다. 못 읽거나 뜻을 모르는 단어가 없이, 분당 150단어 정도로 유창하게 읽을 수 있다.

기본 과정 2단계에서는 리틀팍스 3단계 동화들 중 최소한 50개의 에피소드, 혹은 그 수준의 추천된 오디오 북 50권을, 기본 과정 3단계에서는 리틀팍스 4단계 동화들이나 그 수준의 오디오 북 중 최소한 50개의 에피소드, 혹은 50권의 오디오 북을 정해서 스스로 분당 150단어 정도로 유창하게 읽을 수 있다.

E. 말하기/쓰기

기본 과정 1단계에서는 리틀팍스 1단계 동화인 'Mrs. Kelly's Class'를 문장별로 듣고 따라 한다. 되도록 성우와 똑같이 따라 익혀 한글 해석만 보고 영어로 말하고 쓸 수 있다. 2단계에서는 'Magic Marker'(필수) 중 50개의 에피소드와 'Wacky Ricky'(권장) 중 50개의 에피소드에 나오는 문장을, 3단계에서는 리틀팍스 3단계 동화인 'South Street School'이나 'Hana's Album'중에서 50개의 에피소드에 나오는 문장을 익혀 한글만 보고 영어로 말하고 쓸 수 있다.

F. 읽기

기본 과정 2단계부터는 스스로 영어책을 읽는 시간을 30분 정도까지 가져본다. 기본 과정 3단계부터는 스스로 영어책을 30분 이상 읽을 수 있다.

≫ 기본 과정 1단계 학습의 핵심

입문 과정에서는 영어 소리에 익숙해지는 데 중점을 두었다. 기본 과정 1단계에서는 여전히 '듣기'에 중심을 두되 쉬운 책을 반복하여 읽어서 점차 '읽기'로 중심이 이동해 가는 계획을 짜도록 한다.

어린이 책에 자주 나오는 단어들을 500단어 이상 익혀 본다. 이때쯤 빈출 단어를 익히게 되면 혼자서 읽기로 나아가는 데 큰 도움이 될 것이다. 교육부 지정 초등 필수 800단어 중 academy, accent, airline, block, cinema, college, cycle처럼 어린이 책에 자주 쓰이지 않는 단어들은 빼고, 익혀보게 한다. 그리고 입문 과정에서 파닉스를 배운 아이라도 파닉스를 한 번 정도 복습해 보면 혼자서 읽기가 한결 편해질 것이다.

≫ 기본 과정 2단계 학습의 핵심

기본 과정 2단계에서도 여전히 듣기에 중심을 두되, 쉬운 책을 반복하여 읽어서 점차 읽기로 중심이 이동해 가는 계획을 짜도록 한다. 영상물 등을 이용한 듣기에서, 점차 오디오 북과 성경 등의 '들으며 읽기' 시간을 늘려가고, 쉬운 책을 반복하여 읽어서 혼자서 책 읽기에 익숙해지도록 한다.

기본 과정 1단계 진행 요점			
소리 듣기		30분~1시간	재미있는 DVD / 리틀팍스 2~7단계
듣고 따라 말하기		5~20분	2단계 동화 ① ② ③ 번호 눌러 듣고 따라 말하기를 3~5회 반복하기
들으며 읽기 (오디오 북, e-book)		5~20분	오디오 북이나 리틀팍스 e-book(3단계 이상)을 소리를 들으며 눈으로 읽기
읽기		5~20분	'들으며 읽기'나 '듣고 따라 말하기'를 한 쉬운 책을 혼자서 읽기(리틀팍스 1, 2단계 수준 e-book이나 오디오 북)
말하기 / 쓰기		5~10분	'Mrs. Kelly's Class' 문장을 외워 한글 해석 보고 말하고 쓰기

기본 과정 2단계 진행 요점			
소리 듣기		30분~1시간	재미있는 DVD / 리틀팍스 3~7단계
듣고 따라 말하기		10~20분	3단계 동화 ① ② ③ 번호 눌러 듣고 따라 말하기를 3~5회 반복하기
들으며 읽기 (오디오 북, e-book)		15~20분	오디오 북이나 리틀팍스 e-book(4단계 이상)을 소리를 들으며 눈으로 읽기
읽기		10~30분	'들으며 읽기'나 '듣고 따라 말하기' 한 쉬운 책 읽기(리틀팍스 1, 2단계 수준 e-book이나 오디오 북)
말하기 / 쓰기		5~15분	Magic Marker 문장 말하고 쓰기

기본 과정 3단계 진행 요점			
소리 듣기		30분~1시간	재미있는 DVD / 리틀팍스 3~7단계
듣고 따라 말하기		15~20분	4단계 동화 ① ② ③ 번호 눌러 듣고 따라 말하기를 3~5회 반복하기
들으며 읽기 (오디오 북, e-book)		20~30분	오디오 북이나 리틀팍스 e-book(5단계 이상)을 소리를 들으며 눈으로 읽기
읽기		20~40분	'들으며 읽기'나 '듣고 따라 말하기' 한 쉬운 책 읽기(리틀팍스 2, 3단계 수준 e-book이나 오디오 북)
말하기 / 쓰기		10~20분	'Hana's Album'이나 'South Street School' 등의 문장을 외워 한글 해석 보고 말하고 쓰기

››› 기본 과정 3단계 학습의 핵심

기본 과정 전체가 읽기 중심으로 계획을 짜서 쉬운 책 읽기를 통해 자신감을 가진다는 공통점이 있지만, 기본 과정 3단계부터는 자신의 연령에 맞는 재미있는 책 읽기로 점차 넘어가게 된다. Quiz를 통해 독해력을 체크하고 문제 푸는 연습을 한다. 그동안 준비해온 영어 타자 실력으로 Crossword에도 도전해 본다.

심화 과정

››› 학습 목표 : 질적 목표

심화 과정 전체의 질적 목표는 리틀팍스와 영화 보기 등 영어로 된 매체를 즐길 수 있고, 본격적으로 아이들 각자의 인지 레벨과 흥미를 고려한 수준에 맞는 책들을 재미있게 읽는 것이다.

심화 과정 2단계에서는 리틀팍스와 재미있는 영화 보기로 시작하여, 『내셔널 지오그래픽(National Geographic)』 같은 다큐멘터리나 테드(TED) 같은 강연 사이트, VOA[22] 등 흥미 있는 주제를 찾아 다양한 영어 듣기로 확장해 간다. 미국 초등학교 3~5학년 수준의 책들을 재미있게 읽는다.

심화 과정 3단계에서는 다양한 주제의 영화, 다큐멘터리, 뉴스를 자막 없

---

22) Voice Of America는 워싱턴에 본부를 두고 미국 정부가 재정을 부담해 직접 운영하는 방송으로 미국 및 세계 뉴스 전문사이트이다. 'VOA Learning English'는 미국 정부에서 이민자들을 위해 만든 무료 웹사이트(learningenglish. voanews.com)이다. 초급, 중급, 고급 레벨로 나누어져 있다. 다양한 듣기, 읽기 자료들이 있다. PC나 앱, 유튜브로 볼 수 있다.

이 즐긴다. 어린이, 청소년들이 읽는 생활 동화부터, 과학책이나 역사책 같은 논픽션, 판타지, 뉴베리 수상작 등의 문학작품으로 책 읽기의 범위를 넓혀 간다. 소요 기간은 아이마다 또한 가정 환경에 따라 다를 수 있지만 단계마다 약 6개월에서 1년 정도 소요되리라 생각한다.

》》 학습 목표 : 양적 목표

A. 소리 듣기

영어로 된 매체를 이용하여 매일 30분 정도 영어 소리를 듣는다. 영화, 다큐멘터리나 강연, 뉴스 등 자신의 흥미에 맞는 듣기로 확장해간다.

B. 듣고 따라 말하기

심화 과정 1단계에서는 리틀팍스 5단계 동화 중 적어도 8개의 시리즈를, 2단계에서는 리틀팍스 6단계 동화 중 최소 8개, 7단계 동화 중 8개의 시리즈를, 3단계에서는 리틀팍스 8단계 동화 중 최소 7개, 9단계 동화 중 6개의 시리즈를 정해 '듣고 따라 말하기'로 익혀 스스로 이해하며 읽는다.

C. 들으며 읽기

위의 '듣고 따라 말하기'보다 한 단계 높은 리틀팍스 시리즈의 e-book을 'read to me' 상태로 소리를 들으면서 눈으로 읽게 한다. 또는 같은 수준의 오디오 북들을 매일 적어도 20분에서 40분 정도 오디오 소리를 들으며 눈으로 따라 읽는다.

D. 유창하게 읽기

심화 과정부터는 유창하게 읽기 훈련을 더 하지 않아도 된다. 대신 읽기 시간을 더 늘린다.

E. 말하기/쓰기

심화 과정 1단계에서는 '4단계 단편 동화'나 'Fun at Kids Central', 'Danny and the Colorless Giants', 'The Wishing Well' 등에 나오는 에피소드를 20개 정도, 2단계에서는 '5단계 단편 동화'나 'The Willow Creek Twins' 등에 나오는 에피소드를 20개 정도, 3단계에서는 '7단계 단편 동화'와 'Anne', 'Granpa's world', 'Q.T.'s Science Adventures', 'My Life', '8단계 단편 동화'와 'Oliver Twist', 그리고 '9단계 단편 동화'와 'Famous Disasters', 'O. Henry', 'Greek Myths' 등에 나오는 기본 단어와 문장을 익혀 말할 수 있다.

F. 읽기

자신의 흥미와 관심에 따라 재미있고 두께가 있는 책을 매일 40분 이상 몰입하여 읽을 수 있다.

≫ 심화 과정 1단계 학습의 핵심

심화 과정 1단계는 영어 수준과 인지 수준이 비슷해지는 시기이다. 이때부터는 영어 읽기 중심으로 계획을 짠다. 그동안 영어 수준이 안되어서 못 읽었던 책들과 아이가 관심을 보이는 책을 중심으로 읽기에 집중하자. 이

심화 과정 1단계 진행 요점			
소리 듣기		30분	재미있는 DVD / 리틀팍스 3~7단계
듣고 따라 말하기		15~20분	5단계 동화 ① ② ③ 번호 눌러 듣고 따라 말하기를 3~5회 반복하기
들으며 읽기 (오디오 북, e-book)		20~30분	오디오 북이나 리틀팍스 e-book (6단계 이상)을 소리를 들으며 눈으로 읽기
읽기 / 독해서		30~40분	'들으며 읽기'나 '듣고 따라 말하기' 한 쉬운 책 읽기(리틀팍스 3, 4단계 수준 e-book 이나 오디오 북) / 독해서 지문 읽고 문제 풀기
말하기 / 쓰기, 문법		20~30분	정해진 리틀팍스 동화의 문장을 외워 한글 해석 보고 말하고 쓰기 / 독후활동 하기 / 문법서와 인터넷 강의 듣기

심화 과정 2단계 진행 요점			
소리 듣기		30분	재미있는 DVD, 뉴스, 다큐, 강연
듣고 따라 말하기		15~20분	6~7단계 동화 ① ② ③ 번호 눌러 듣고 따라 말하기를 3~5회 반복하기
들으며 읽기 (오디오 북, e-book)		30분	오디오 북(문학작품, 논픽션)이나 리틀팍스 e-book(7, 8단계 이상)을 소리를 들으며 눈으로 읽기
읽기 / 독해서		30분~1시간	소리 들으며 읽기 한 쉬운 책 읽기 (리틀팍스 5, 6 단계 수준) 독해서 지문 읽고 문제 풀기
말하기 / 쓰기 문법, 어휘		20~30분	5, 6단계 단편 동화 등 시리즈 몇 편 문장 말하고 쓰기 / 독후활동 / 문법, 어휘 필요시 보충

전에는 영어 읽기를 위해 영어를 배웠다면 이제부터는 영어 읽기를 통해 배워가는 단계라고 할 수 있다. 아이의 인지 수준과 흥미에 따라서 책을 읽 게 한다.

심화 과정 3단계 진행 요점			
소리 듣기		30분 이내	재미있는 DVD, 뉴스, 다큐, 강연
듣고 따라 말하기		15분	8, 9단계 동화 ① ② ③ 번호 눌러 '듣고 따라 말하기'(1~2회)
들으며 읽기 (오디오 북, e-book)		30분	오디오 북(문학작품, 논픽션, 신문), 리틀팍스 e-book(8단계 이상)을 소리 들으며 눈으로 읽기
읽기 / 독해서		30분 이상	리틀팍스 6~9단계 e-book과 미국 G5 이상의 추천 도서들 / 독해서 지문 읽고 문제 풀기
말하기 / 쓰기 문법, 어휘		30분 이상	7~9단계 단편 동화와 시리즈 동화 문장 말하고 쓰기 / 글쓰기 / 문법, 어휘, 수능 등 시험 준비

≫ 심화 과정 2단계 학습의 핵심

심화 과정 2단계 역시 '읽기' 중심으로 계획을 한다. 2단계는 본격적인 책 읽기로 넘어가는 시기이다. 듣기 역시 관심사에 따라 확장해 가고, 쓰기와 문법, 어휘에도 신경을 써 간다.

≫ 심화 과정 3단계 학습의 핵심

심화 과정 2단계와 마찬가지로 심화 과정 3단계도 읽기 중심으로 계획을 짠다. 과학, 위인전, 문학작품 등 다양하고 재미있는 책 읽기로 진행한다. 동시에 문법이나 어휘를 강화하고 독해와 문제집을 통해 수능, 토익 등 다양한 시험 준비도 함께 한다.

8. 단계별 지도의 유의점

입문 과정

≫ 부모의 마음 지키기

가능하면 매일 홈스쿨 가족의 서약을 보고 기도하고 시작한다. 자녀와 함께 읽는 것도 좋다. 화가 날 때는 기도하며 주님 앞에 머무는 시간을 갖도록 한다. 마음의 분노는 내 안에 있는 우상 때문이다. 자식 잘 키웠다고, 공부 잘 시켰다고, 영어 잘 가르쳤다고 인정받고 싶은 우상 때문에 화가 나는 것이다.

자녀에게 화를 냈다면 회개하고 꼭 용서를 구한다. "분을 내는 것이 하나님의 의를 이루지 못한다고 하셨는데 아빠(엄마)가 화를 내서 미안해. 아빠(엄마)도 하나님 말씀에 순종하고 싶어. 아빠(엄마)가 너를 잘 가르쳤다고 칭찬받고 싶은 욕심 때문에 그랬어. 용서해 주겠니?"하고 부드러운 마음으로 용서를 구하고 함께 기도한다.

›› 장기전을 대비한 전략

모든 학습이 그렇지만 언어는 단기간에 성과가 나지 않는다. 씨를 뿌리고 싹이 나지 않아 답답한 듯 보이지만 시간이 지나면 열매가 맺힌다. 가장 중요한 것은 아이의 눈높이를 파악하는 것이다. 아이의 언어와 인지 수준을 바탕으로 아이에게 맞는 영어 학습 계획을 설계하는 것이다.

›› 한글 독서의 중요성

인지 능력은 모국어를 통해 발달한다. 듣기와 말하기 영역은 국어와 영어를 함께 시작해도 된다. 그러나 읽기 영역은 한글이 먼저이다. 한글 읽기가 된 후에 영어 읽기를 배워야 한다. 한글을 받침까지 유창하게 읽는 수준까지 진행한 후 영어 읽기를 배워도 늦지 않다. 안 그러면 둘 다 지체가 되기 쉽다. 아이의 전체 읽기에서 한글 독서 비중은 아이가 한글을 잘 읽어도 유아기는 80~90%, 초등 저학년도 60~70%는 되어야 한다.

›› 그림책의 중요성

4~6세에는 영어 소리와 친해지기, 영어 그림책과 친해지기를 목표로 한다. 그림책은 『The Big Fat Hen』이나 『The Gingerbread Man』 등의 구전 전통인 너서리 라임(nursery rhyme)들로 시작해서 차츰 창작 그림책으로 넘어간다. 『I Love You Just The Way You Are』 같은 라임(rhyme)

이 있는 그림책도 좋다.

그림책은 라임이 있는 경우가 많아 여러모로 리딩 스킬을 익히는 데 최적의 도구이다. 문자에 익숙해진 성인들은 그림책을 볼 때 그림을 잘 안 보게 된다. 그러나 아이들은 그림을 섬세하게 본다. 아이들은 그림을 단서로 배경지식 활성화하기, 추론하기, 예측하기 등의 리딩 스킬들을 즐겁게 배울 수 있다. 엄마, 아빠의 무릎에 앉아서 읽었던 그림책 읽기의 경험은 정서적 안정뿐 아니라 유대감 형성, 그리고 상호작용을 통한 인지발달에 커다란 영향을 미친다. 이 시기의 자녀에게 부모만이 줄 수 있는 특별한 사랑이다.

≫ 영상물에 대해 기준 갖기

영상물 선별과 미디어 양 조절

아이의 흥미를 고려한다고 해서 아무 영상이나 보여 주어서는 안 된다. 리틀팍스 안에서도 성경적 가치에 어긋나는 것은 보여 주지 않았으면 한다. 영상물은 아이에게 보여 주기 전에 반드시 부모가 먼저 본다. 나의 경우 어린이용이라고 해서 사전 체크가 없이 같이 보다가 낭패를 본 경우가 있었다. 또한 리틀팍스로 영어를 하기로 했다면 이 점을 고려해야 한다.

영상매체에 많이 노출된 아이는 리틀팍스를 그다지 좋아하지 않고 몰입도도 덜하다. 우리 공부방에 다녔던 5학년 성현이는 암기력도 좋고, 언어감각도 있는 편인데 생각만큼 실력이 늘지 않았다. 물어보니 집에서 TV를 많이 본다고 했다. 부모님께 TV를 적게 보게 해 달라고 말씀드려 보았지만 잘 되지 않았다. 어느 달에 갑자기 영어가 폭발적으로 늘어 물어보니 아빠가 벌로 한 달간 TV를 금지해서 리틀팍스 듣기를 많이 하게 되었다고 고백했다. 계속 그랬으면 좋으련만 그다음 달엔 다시 TV를 허용하셔서 안타까웠다.

연령에 따른 기준

최소한 24개월까지는 '절대로' 영상물을 보여 주지 않도록 한다. 36개월까지는 '되도록' 보여 주지 않았으면 한다. 사람의 뇌에서 변연계라는 조직은 정서적 상호 교류, 의사소통, 충동 조절 등을 담당하는 부위이다. 과도한 영상 자극에 노출된 아이는 변연계가 제 기능을 하지 못한다. 인격과 관련된 뇌 발달은 대부분 만 6세 이전에 형성된다. 특히 변연계는 3세 이전에 가장 왕성하게 발달한다. 변연계 발달에 필수 요소는 바로 주 양육자와의 긍정적인 애착 관계 형성과 칭찬, 보살핌 등이다. 하나님께서는 정서, 느낌과 관련된 뇌 발달이 먼저 이루어지고, 지능은 나중에 이루어지도록 계획하셨다.

이러한 발달과정을 무시하고 너무 이른 시기에 과도한 영상 자극에 노출되거나 학습을 시키면 변연계 미성숙과 같은 치명적 결과를 가져올 수 있다.

과유불급

리틀팍스라 해도 4세 이전에는 권하지 않는다. 또 6세 이하의 유아는 하루 40분 이상 보여 주지 않도록 한다. 영상보다는 MP3 파일을 다운받거나 오디오 북의 CD로 소리를 듣는다. 길게 가려면 아이가 좋아한다고 해도 영상을 1시간 이상 보게 하지 않는다. 공부방에 온 아이 중에 하진이는 리틀팍스가 재미있어서 밤늦게까지 몇 시간이나 보곤 했다. 덕분에 듣기뿐 아니라 읽기에도 큰 진전이 있었지만 나중에는 싫증이 나고 슬럼프에 빠지는 것을 보았다.

» 초등 3학년 이상이 입문단계일 때 유의할 점

학습과 보상

초등 3, 4학년 아이가 입문단계라면 흥미를 고려하되 훈련의 차원에서도 학습을 병행해야 한다. 양을 점차 늘려가고 격려와 구체적 보상이 있으면 좋다. 시리즈를 마칠 때마다 맛있는 음식과 성품 상장으로 축하하고 감사의 시간을 갖는 것이다. 레벨 업할 때도 함께 낚시를 하러 가거나 아쿠아리움 등 아이가 가고 싶어 하는 곳에 함께 가는 것도 좋은 보상이다.

뒤쪽에 있는 성품 열매를 모으는 '성품 나무' 사진은 가족들이 각자 하기로 한 것을 실행할 때마다 색칠하게 되어 있다. 오른쪽 사진은 그달에 성품 열매를 100개 모아 야외 낚시터에 가서 잡은 고기로 매운탕을 끓여 먹은 장면이다. 아이들에겐 성취감과 즐거운 추억이 남았다.

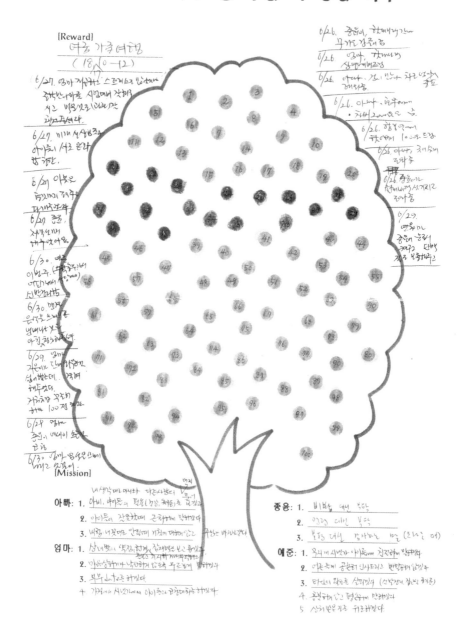

확인 학습

유아들에겐 확인 학습이 흥미를 떨어뜨릴 수 있지만, 초등 3학년 이상의 아이들에게는 성취감을 느끼게 할 수 있고 훈련 차원에서도 필요하다. 방법으로는 단어 테스트, 단어 골든벨 같은 것을 할 수 있다. 이때 도전 50단어 등 배운 것을 확인 학습하되 즐거운 방식으로 한다.

내 경우 홈스쿨에서 가장 후회되는 부분이 칭찬과 격려, 보상이 적었던 것이다. 너무 기준을 높게 두지 말고 작은 성취에도 함께 기뻐하고 감사하는 시간을 갖는다.

≫ 영유아기와 너서리 라임(Nursery Rhyme)

아기들은 뇌 자체에 들려오는 소리를 그대로 입력하는 장치(Sound Coding)를 갖고 태어난다. 의미를 이해하지 못해도 그대로 입력하여 뇌 안에 '소리 지도'(Sound Map, Sound Database)를 만든다. 그러다가 생후 10개월부터 소리 입력 장치가 소멸하기 시작해 두 돌쯤 완전히 사라진다.[23] 그래서 영어를 배우는데 영아기만이 EFL(English as a Foreign Language)이라는 장벽이 없다고 말하는 것이다. 생후 두 돌 무렵까지는 우리말에는 없는 영어의 소리를 입력할 수 있는 최적의 시간이다.

너서리 라임(Nursery Rhyme)을 잘 활용하면 좋겠다. 임신했을 때부터 생후 두 돌 무렵까지 엄마가 너서리 라임을 들려주고 불러주자. 영미권이나 유럽에서 전해오는 전래동요를 너서리 라임, 또는 마더 구즈(Mother Goose)라고 한다. 너서리 라임의 가장 중요한 특징은 작자와 그 출처가 미

---

23) 장동렬, 『백날 들어봐라, 영어가 되나!』, 쿠키, 2006, pp.39~40.

상인 구전적 전통이라는 점이다. 같은 라임이라 해도 지역, 기록자, 기록 시기에 따라 다양한 버전으로 나타난다. 영국에서는 너서리 라임, 미국에서는 마더 구즈라는 용어를 더 많이 사용한다. 내용은 어린이를 즐겁게 해 주거나 달래주기 위해, 혹은 교훈적인 메시지를 전달하기 위해 만들어진 것도 있고 유럽 역사를 바탕으로 한 정치적 상황이나 부조리를 풍자한 것도 많다.

너서리 라임은 압축된 구조를 가진 하나의 이야기이다. 이 이야기들은 아이들이 이해하기 쉽게 만들어졌고 인물, 사건, 주제라는 스토리의 요소를 갖추었다. 영미문화에 대한 이해라는 점에서도 중요하고 문학 작품들을 이해하는 기초가 되기도 한다. 또한 두운이나 압운 같은 사운드 이펙트를 고려해 만들어 음소 인식(phonemic awareness)이나 파닉스(phonics)를 가르칠 때도 유용하다.

Rain rain go away

come again another day

위 노래에서는 'away'와 'day'가 압운을 이룬다.

Baa, baa, black sheep, have you any wool ?

Yes, sir, yes, sir, three bags full;

One for my master, one for my dame,

And one for the little boy who lives down the lane

여기서는 'wool'과 'full'이 그렇다. 이 노래는 영국의 가혹한 세금정책을 비판한 것이다.

Ring around the rosy
A pocket full of posies
Ashes! Ashes!
We all fall down.

여기서는 'rosy', 'posies', 'ashes'가 라임을 이루고 있다. 이 너서리 라임은 페스트가 유럽을 휩쓴 1660년대 상황을 노래한 것이라고 알려져 있다.

영아기로부터 6세까지는 음소 인식이 중요하기에 너서리 라임을 활용하면 좋다. 『Wee Sing Children's Songs & Fingerplays』, 『Wee Sing Nursery Rhymes & Lullabies』, 『Sylvia Long's Mother Goose』 같은 것들을 추천한다. Wee Sing 시리즈는 가성비가 좋은 교재이다. B5 크기의 책에 악보와 가사가 들어 있고 CD도 포함되어 있다. 『Wee Sing Children's Songs & Fingerplays』에는 손 유희가 함께 있어 재미있게 동요를 배울 수 있다. 『Wee Sing Nursery Rhymes & Lullabies』에는 잘 알려진 너서리 라임과 자장가가 거의 다 들어 있다. 앞의 두 책이 흑백인데 반해 『Sylvia Long's Mother Goose』는 색감이 아름다운 그림책이다. CD도 들어 있다. 두 종류 모두 잔잔해서 영아인 아기들에게 들려주어도 무방하다. 영아들에겐 『Wee Sing for Baby』도 좋다. 『Wee Sing Bible Songs』

는 어린이용 찬양집이다. 영어 찬송가도 시에 곡을 붙인 것이라 가족이 함께 부르면 좋다. 한 달에 한 곡 정도 외워서 부른다면 참 좋을 것이다.

영유아기엔 동요를 통해 소리로 영어를 즐겁게 접하도록 해 준다. 더불어 영어 동화와 리틀팍스 등을 통해 소리를 많이 듣다 보면 음소 인식 과정을 거쳐 덩어리져 들리던 소리들이 점차 분화되어 들리게 된다. 뜻을 모르는 단어들이 있을지언정 점차 내용을 듣고 이해할 수 있게 된다. 또 모르는 단어를 들었을 때 단어를 듣고 그 음가대로 따라 할 수 있게 되는 것이다.

» 파닉스(Phonics)와 최빈출 단어(Sight Words) 지도하기

성경적 부모표 영어의 세 번째 모토(moto)는 '평범한 엄마도 성실함만 있으면 할 수 있는 영어'이다. 그래서 강의할 때도 "영어 교재 알아보고 사는 데 너무 많은 시간과 돈을 쓰지 말자, 영어 교구 만드는데 너무 많은 에너지와 시간을 쓰지 말자"라고 이야기한다. 비싼 교재를 사지 않아도, 교구를 많이 만들지 않고도 최소한의 노력과 시간, 비용으로 파닉스 떼는 팁(tip)을 알려드리려 한다.

"ABC Book"으로 알파벳 26자 음가 익히기

파닉스를 익히기 위해 수십만 원짜리 고가 교재를 살 필요는 없다. 리틀팍스 1단계의 'ABC Book'을 매일 한 개씩 듣고 따라 해서 음가를 익힌다. 자녀의 학년이 2학년 이상이고 아이가 좋아한다면 2~5개도 가능하다. 그리고 리틀팍스 원문을 읽고 녹음해 카톡으로 아빠에게 보낸다. 이 부분은 아빠 참여 꿀팁을 참고한다.

리틀팍스 'ABC Book'의 에피소드 구성은 간단하다. 알파벳 26자의 음가를 한 개씩 하나의 에피소드에서 다룬다. 귀여운 두 마리의 생쥐가 나와서 알파벳 대 소문자와 그에 해당하는 음가를 말해

주고, 그 알파벳에 해당하는 단어들을 예로 들어준다. 상단은 A를 소개하는 장면이다.

A를 예로 들어보겠다.

A a (A라고 알파벳의 이름을 가르쳐주고 /a/라는 음가를 들려준다)

ant (a로 시작하는 단어를 그림과 함께 보여준다)

A is for ant. ('ant'라는 단어에 'a'가 있음을 보여준다)

apple

A is for apple. ('apple'이라는 단어에 'a'가 있음을 보여준다)

alligator

A is for alligator. ('alligator'라는 단어에 'a'가 있음을 보여준다)

'ABC Book'으로 알파벳 철자 익히기

'ABC Book'에 있는 파닉스 워크시트를 프린트한다(뒷면 참조). 아이가 쓰는 것을 싫어하지 않는다면 워크시트를 활용해 써보자. 한번 출력해서 전체를 연필로 쓰고 다음엔 색연필로 덧쓰게 해도 된다. 혹 쓰기를 싫어한다면 미술활동과 연결하여 시도한다. 풀로 철자를 써 보고 색 모래를 입혀

ABC Book Worksheet

◆ Trace **A** and **a**.

A A A A A A

A A A A A A

a a a a a a

a a a a a a

 ant

pple

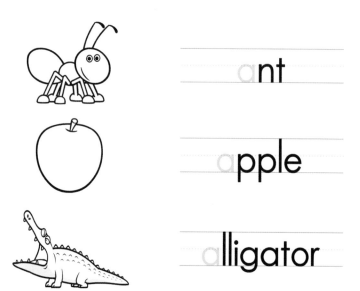 lligator

보기, 물을 손에 찍어서 식탁 같은 곳에 써보기, 크레파스로 여러 가지 색깔을 도화지에 칠해 놓고 그 위에 검은색을 칠한 후 표면을 긁어서 무지개처럼 보이게 하기, 델타 샌드 같은 모래 위에 써 보기, 크레파스로 쓰고 위에 물감 덧칠하기 방법 등이 있다. 이것들은 글자 쓰기를 싫어하는 둘째 예준이에게 한글 쓰기를 가르칠 때 시도했던 다양한 방법들이다.

또 한 가지는 알파벳 글자들을 도로처럼 그려놓는다. 그것을 코팅해도 좋고 조금 두툼한 색지에 만들어도 좋다. 대소문자 쌍을 같은 색으로 해 준다. 그리고 그 알파벳 도로 위에 미니카를 아이가 달려보게 한다. 놀이처럼 알파벳 철자를 익힐 수 있다. 이 알파벳 도로 교구는 뒤에 철자와 음가를 익히는데도 쓰일 수 있다.

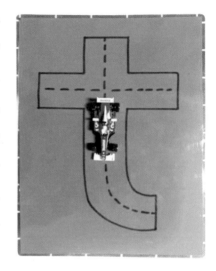

철자와 음가 익히는 순서

A. 단모음 익히기

A-E-I-O-U 순서로 단모음을 먼저 익힌다. 알파벳의 이름과 음가를 매치시킬 줄 알아야 한다. 조금 기억하기 쉽게 설명해 본다. O를 보여 주며 "얘는 이름이 뭐지?" "음, 맞아 오우였지." "얘는 달걀처럼 생겼잖아. 달걀은 깨지기 쉽잖아. 그래서 얘도 상처를 잘 받아, 조금만 만져도 아프다고 그래, 그래서 아! 아! 라고 하는 거야." U를 보여 주며 알파벳 이름을 묻고, "얘는

말을 잘 못 알아들어, 그래서 이렇게 건드리면 어? 하고 다시 물어봐" 하고 설명을 했다. 초등학교 4학년 때 영어를 시작한 도연이는 M의 음가를 배우고 "선생님, 우리, 얘는 미식가라고 해요. 먹는 걸 좋아해서 음~ 소리 낸다고요"라며 음가를 익혔다.

B. 자음 익히기

단모음 다섯 자의 이름과 음가를 다 익혔다면 자음 중 t를 가장 먼저 알려준다. 그다음엔 b부터 차례로 익혀도 된다. 항상 철자의 이름을 먼저 물어본다. t를 보여 주면서 "얘 이름이 뭐였지?" "티요" "그래, 맞았어. 티였지. 근데 얘는 무슨 소리를 낼까?" "t ㅌ"하고 철자와 음가를 연결할 있도록 지도한다. 아이가 글자를 만지게 하고 엄마가 "t ㅌ" 소리를 내주거나 반대로 엄마가 글자를 만지면 아이가 소리를 말하면서 즐겁게 익혀가자. 알파벳 도로 교구를 만들어 미니카를 움직여 가며 재미있게 배울 수도 있다.

C. C-V-C 단어 읽기

단모음과 t의 음가를 익힌 후 b의 음가를 익혔다면 알파벳 도로 교구나 다음과 같은 알파벳 카드를 사용해 C-V-C (자음-모음-자음) 단어 읽기를 해본다. b, a, t를 음가별로 읽어보게 한 후, b, a, t, bat 하고 소리를 합쳐보게 한다. 그다음엔 b, u, t, but하고 합쳐본다. 'bit', 'bet' 등으로 모음과 결합하여 읽는 법을 배운다. 놀이처럼 즐겁게 접근하고, 10개 정도

익혔을 때는 매일 퀴즈식으로 점수를 매긴다. 일정 점수가 넘으면 초콜릿 같은 작은 상품을 준다. 다 익혔을 경우 성품 상장을 주고 가족이 함께 맛있는 음식을 먹으며 지혜와 인내 등의 성품을 주신 하나님께 감사하는 시간을 갖는다.

D. 장모음 익히기

단모음과 자음을 익혔고 C-V-C 단어 읽기를 곧잘 한다면 장모음도 익혀 보자. 아이에 따라서는 바로 다음의 리딩 단계로 가도 된다. 장모음은 C-V-C-e의 단어들을 가지고 익혀본다. 장모음은 이렇게 설명해 준다. 단모음 'A E I O U 애 에 이 아 어'는 단어 끝에 마술사 e가 붙으면 자기 이름대로 소리가 바뀌어버린다고 설명을 한다. 즉 A는 '에이', E는 '이', I는 '아이', O는 '오우', U는 '유'가 되어 버린다고 설명을 한다. 예를 들어 'bit'에 e가 붙은 'bite'는 '비테'라고 읽지 않고 b, i(아이), t, bite(바이트)가 되고, 'cut'에 e가 붙은 'cute'는 '커테'라고 읽지 않고 c, u(유), t, cute(큐트)라고 읽는 식이다.

E. 'ABC Book'으로 리딩 시작하기

파닉스 익히기 첫 단계부터 리틀팍스 사이트에서 'ABC Book'을 프린터블 북으로 출력해서 매일 읽게 한다. 어제 A의 음가를 배웠다면 복습 차원에서 오늘 다시 읽어본다. 아이가 그림을 보고 읽어도 된다. 이때 엄마는 틀렸다고 지적하지 말고 무조건 칭찬만 해준다. 잘 모르면 다시 듣고 따라 하면 된다.

F. 'Word Families'로 파닉스 완성하기

'ABC Book'이 끝난 후에는 역시 1단계의 'Word Families'를 같은 방법으로 한다. 아이에 따라서 'Word Families'를 싫어할 수도 있는데 억지로 시킬 필요는 없다. 파닉스는 이중모음까지 알면 좋겠지만 단모음과 자음 정도만 알아도 된다. 장모음까지 안다면 이미 충분하다고 할 수 있다.

G. 최빈출 단어(Sight Words) 지도하기

최빈출 단어 50개를 보여 주고 통문자로 익히게 한다. 마치면 성품 상장도 주고, 맛있게 먹고 축하해 준다. 초등 1학년 이상은 써보게 한다. 앞서 말한 파닉스 익힘 방법을 최빈출 단어 익히기에도 적용해 본다. 매일 수업이 끝날 때마다 골든벨용 미니 보드를 사용해 '오늘의 골든벨' 시간을 갖고 작은 상(초콜릿이나 마시멜로 등)을 준다. 벽에다 50개 단어를 붙여 놓는다. 한 단어를 익힐 때마다 스티커를 붙여서 50개를 다 마치면 같이 가고 싶은 곳에 가거나 맛있는 것을 먹는다.

최빈출 단어 50개가 나와 있는 좋은 교재로 Scholastic에서 나온『Sight Word Readers』를 추천한다. 저렴한 가격에 25권의 소책자와 CD가 들어 있다.

H. 파닉스와 최빈출 단어 지도의 유의점

a. 쓰기

파닉스를 지도할 때 쓰기에 큰 거부감이 없는 아이들은 쓰기를 반드시 해 본다. 너무 어려워하고 힘들어하면 서두르지 말고 서서히 늘려가도록 한다. 한글을 잘 읽고 쓰는 아이라도 4~6세 유아들은 읽기만 해도 된다. 이 시기에는 한글 읽기와 쓰기가 먼저이다.

b. 스토리북 활용

파닉스 학습이나 사이트 워즈는 모두 스토리북과 병행해서 스토리북 속에서 익히게 하자. 내가 가르쳤던 아이 중에는 우리 공부방에 오기 전에 다른 학원에서 파닉스를 6개월이나 1년 이상 배우고도 못 읽는 아이들이 있었고 이런 아이들은 자신이 영어를 못한다고 주눅 들어 있었다. 그러나 우리 공부방에 와서 한 달이 안 되어 책을 읽게 되는 경우도 많았다.

파닉스 학습은 읽기를 위한 하나의 과정이지 목표가 아니다. 파닉스 학습을 지나치게 오래 하는 것은 여러 가지 이유에서 문제가 된다. 읽기를 위해 파닉스를 배우는 것인데 재미도 없는 과정을 1년씩이나 한다면 영어에 대한 흥미도 떨어지고 읽기를 시작하기도 전에 지쳐 버린다. 앞서 말했듯

단모음과 t 사운드를 익히면서 동시에 'ABC Book' 리딩을 시작할 수 있다. 기본 규칙만 알게 되면 다음 단계로 넘어간다. 그리고 정기적으로 복습을 한다. 복습할 때는 오른쪽과 같은 '파닉스 빌더'를 사용해도 좋겠다.

파닉스 빌더

기본 과정 1단계

››› 흥미와 이해 정도에 따라 진행

입문 단계와 마찬가지로 기본 과정 단계에서도 아이의 흥미와 아이의 이해 정도가 가장 중요하다. 아이가 충분히 이해할 수 있도록 시간과 양을 차례로 늘려간다. 위의 5가지를 처음부터 동시에 시작하지 말자. '듣고 따라 말하기'와 '소리 듣기' 정도로 시작했다가 '들으며 읽기', '책 읽기'와 '문장 말하기 쓰기' 순서로 나아간다. 한 주에 하나씩 늘려가면서 격려해 주는 것이 가장 중요하다.

단어를 익힐 때도 처음엔 단어장의 왼쪽에 있는 스피커 버튼을 눌러 소리를 들어본다. 아래 화면에서 빨간 화살표가 가리키는 곳이 스피커 버튼이다. 뜻도 한번 익혀 보게 한 뒤 스타워즈를 통해 게임식으로 즐겁게 배우

리틀팍스 단어장 스피커 버튼 화면

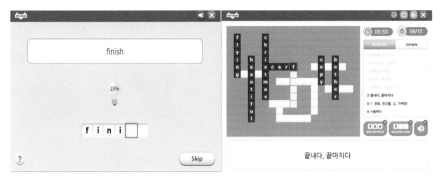

| 리틀팍스 크로스워드 단어 입력 단계 | 리틀팍스 크로스워드 퍼즐 단계 |

게 한다. 동시에 이때부터 영어 타자를 조금씩 연습하여 3단계부터는 크로스워드 퍼즐을 하도록 한다. 크로스워드는 단어 입력 연습 단계를 지나면 본격적인 크로스워드 퍼즐 단계로 들어간다.

》》보상

흥미와 소화 정도를 고려하면서 독려하기 위해 보상 체계를 잘 갖추면 좋겠다. 우선 리틀팍스 내의 보상 체계를 활용해서 가정에서도 아이들을 잘 격려할 수 있다.

배지 보관함

리틀팍스에서 한 시리즈를 보기 시작하면, 그 시리즈에 대한 배지가 만들어진다. 시리즈를 다 보기 전까지는 배지들이 회색이었다가 나중에는 컬러로 완성이 된다. 배지가 하나 만들어질 때마다 칭찬과 함께 달란트(talent)나 메릿(merit) 같은 상점을 준다. 우리 공부방에서도 아이들이 리틀팍스를 많이 봐서 배지를 따면 메릿을 주어 격려한다. e-book을 '들으며

리틀팍스 생성 중인 뱃지

리틀팍스 완성된 뱃지

Word Families

The Big Green Forest

Mrs. Kelly's Class

Magic Marker

읽기'를 하면 생기는 e-book 배지를 따도 마찬가지로 격려를 한다.

칭찬 통장

칭찬 통장을 만들어서 자녀별로 달란트나 메릿을 적어 놓는다. 분기별(연 4회)이나 또는 학기별(연 2회)로 메릿 혹은 달란트를 모아서 사고 싶은 물건을 사게 해 주는 달란트 시장, 메릿 마켓을 연다. 가정별로 해도 좋고, 코업에서 친구들과 같이해도 좋다. 메릿을 주는 역할을 아빠가 해 준다면 더욱 더 좋을 것이다. 낮에 공부한 것을 밤에 검사받거나 주중에 공부한 것을 주말에 검사받게 하고, 메릿이나 달란트 통장에 점수를 받게 하거나 큰아이들에겐 용돈을 주는 것도 좋다. 아빠는 이때 격려와 칭찬만 해 주면 된다.

명예의 전당

매달 목표를 설정하고 한 달 동안 목표를 완수하면, 성경적 부모표 영어 카페 안에 있는 명예의 전당에 이름을 올린다. 성품 상장을 다운받아 출력한다. 조부모님 앞이나 같은 홈스쿨 모임에서 상장을 수여 할 수도 있다. 매일 할 일을 체크표로 만들어 체크하고 일정한 메릿(merit)이 쌓이면 원하는 것을 할 수 있게 한다. 원하는 물건을 사게 하거나 아쿠아리움, 동물원

성품 상장

같은 곳을 가거나 함께 여행을 가는 것도 가능하다. 위 사진은 카페에서 월간 목표를 달성한 친구가 받은 성품 상장이다.

≫ 반복과 즐기는 공부의 중요성

쉬운 책을 반복하여 읽게 한다. 이 단계에서 꼭 알고 넘어가야 할 빈출 단어와 기본 문형들을 익힌다. "열 번 찍어 안 넘어가는 나무가 없다"는 속담이 있다. 대수롭지 않은 일이라도 꾸준히 하면 뜻을 이룰 수 있음을 말해준다. 꼭 긴 시간이 아니어도 된다. 한꺼번에 많이 하고 며칠 쉬기보다 짧은 시간이라도 매일 반복해서 읽는 것이 중요하다. 반복은 단기 기억이 장기 기억화 되도록 해준다. 단기 기억된 것을 반복하지 않으면 그 기억은 잊혀진다. 오래도록 사용하지 않으면 희미해지지만 회복이 가능하다. 마치 미국에 살며 영어를 쓰던 아이가 부모님을 따라 한국에 와서 한국어를 사용하면 영어를 잊은 듯 보이다가 다시 미국으로 돌아가 영어를 쓰면 영어 능력이 회복되는 것과 같은 이치다. 또한 기억은 우울할 때보다 즐거운 상태에서 좀더 쉽게 떠올릴 수 있다고 한다. 즐겁게 공부한 내용은 기억에 오래 남는다. 즐겁게 배울 때 집중력이 높아져 학습된 정보가 기억회로에 잘 저장된다. 그래서 자녀들이 즐겁게 배울 수 있는 방법을 찾는 것이 중요하다. 같은 책을 반복하는 것이 지루할 수도 있다. 이때에는 타이머를 사용하여 읽는 시간을 단축하도록 도전해 보게 하는 것도 좋다.

≫ '쓰기'로 완성되는 학습

단어를 암기하거나 문장유형을 익히는 것도 입으로만 하면 기억이 명확하지 않다. want와 went를 헛갈려 하는 등의 실수가 반복된다. 파닉스의 경우도 읽기로만 하면 기억이 어렵다. 쓰기로 마무리를 해 주어야 정확해진다. 공부방에 오는 초1 아이에게 단모음과 자음 파닉스를 가르치고 1단계를 들어갔는데 읽기가 잘 늘지 않았다. 여름 방학 때 파닉스를 다시 반복하면서 쓰기를 통해 파닉스를 정리하고나니 읽기가 안정적으로 늘었다.

단어 암기시 철자로 암기하지 않도록 지도한다. 'negotiation'이란 단어를 외울 때 '엔 이 지 오 티 아이 에이 티 아이 오 엔' 하고 외우면 외우는 과정도 고통스럽고, 기억도 오래가지 않는다. 반면에 입으로 발음을 하면서 손으로 쓰면 훨씬 쉽다. 철자들이 음절 단위로 어떻게 조합되어 소리가 나는지 이해할 수 있기 때문이다. 예를 들어 'tion'이 '션'으로 발음된다는 것이 자연스럽게 익혀지기 때문에 'nation', 'pronunciation' 같은 단어를 볼 때 'tion'을 '션'으로 읽고, 쉽게 쓸 수도 있다.

무엇보다 철자로 외우면 발음을 모르기 쉽다. 요즘 중고생 중에는 철자는 아는데 그 단어의 발음을 모르는 경우가 많다고 한다. 공부방에서 아이들을 가르치다 보니 단어를 잘 못 외우는 아이들의 공통점이 철자를 외우는 것이었다. 아이들이 단어를 제대로 외웠는지 보려면 반드시 발음을 체크하고, 그다음에 단어를 써보게 해야 한다.

≫ 연령별 진행 유의점

유아나 저학년의 경우는 우리말 읽기 쓰기가 영어보다 중요하다. 한글을 잘 읽고 쓴다면 유아라도 읽기나 쓰기를 배울 수 있다. 그러나 이 부분이 부족하면 저학년이라도 읽고 쓰기보다 듣기 중심으로 나가야 한다. 처음엔 영어 진도가 느리다고 느낄 수 있지만, 나중엔 듣기가 바탕이 되어 진도가 빨라지고, 말하기에도 유익할 것이다.

4학년 이상인 아이가 이 단계라면 집중하여 빨리 마친다. '소리 듣기'보다는 '들으며 읽기'와 '듣고 따라 말하기' 중심으로 시간을 관리하고, 읽기도 시간을 늘려서 빨리 끝낸다. 전체적인 공부량을 조절해서라도 부담을 덜어 주고, 영어에 집중할 수 있게 한다. 집중 몰입으로 영어에 대한 성취감과 자신감을 느끼게 해 준다. 훈련의 기간이 지나면 자신의 나이에 맞는 재미있는 내용의 책들을 영어로 읽을 때가 온다고 기대를 하게 하고, 격려해 준다.

우리말 읽기가 더딘 3학년 이상 아이들에 대한 긴급 처방으로 한글 성경을 '들으며 읽기' 할 것을 권한다. 『쉬운 성경』도 좋다. 이에 대해서는

PART 1의 '1. 영어 홈스쿨 성경적으로 할 수 있을까?'에서 '마음이 아픈 아이들을 만나다'에 소개한 성우 이야기를 살펴보도록 한다.

　책 읽기 습관이 필요한 고학년의 경우는 온 가족이 함께 책을 읽는다. 매일 일정한 시간을 정한다. 함께 읽기는 두 가지 방식으로 가능하다. 한 가지는 부모 중 한 사람이 읽어 주고 다른 가족이 듣는 방식이다. 일정 시간을 읽어 주되, 모두에게 흥미 있는 책을 정해서 정말 재미있는 장면에서 아섭게 끝낸다. 우리 아이들도 7살, 8살 때 밤에 책 읽기를 마치면, 다음 장면이 궁금해진 아이들이 다음 날 스스로 책을 들춰보다가 빠져들어 읽곤 했다. 두 번째는 함께 일정 시간 동안 각자 책을 읽는 것이다. 식탁에 모여서 함께 조용히 자신이 고른 책을 읽는다. 처음엔 10분 정도부터 시작한다. 그 후로는 점차 시간을 늘려 간다.

》 잠자기 전 책 읽기의 중요성

　잠자기 전 책 읽어 주기는 자녀가 초등 3, 4학년까지는 꼭 해 주었으면 한다. 유아부터 초등 저학년까지의 아이들은 한글을 뗴었어도 책 읽기의 재미가 붙을 때까지는 부모가 읽어주도록 한다. 또한 3, 4학년은 편독이 심해지는 시기로 남자아이들은 과학, 여자아이들은 생활 동화나 문학으로 극명하게 나뉜다. 위인전처럼 이 나이 때 아이들이 잘 안 읽게 되는 책들을 부모가 읽어 주며 함께 읽는 시간을 가진다면 좋겠다. 우리 가정은 고등학교 때까지도 읽어 주었다.

　다음 글은 우리 가정에서 잠자기 전 아이들과 함께 읽었던 책들에 대해 카페에 올린 글이다.

하나 홈스쿨에서 잠자기 전 함께 읽은 책들

저희 부부는 둘 다 문자 중독증이라고 자조적으로 표현할 만큼 책을 좋아하는 사람들입니다. 그래서 사실은 아이들에게 책을 읽어 주었다기보다 우리가 좋아서 읽은 것이라 고백하는 것이 맞습니다. 잠들기 전 적어도 30분 정도는 꼭 책을 읽어 주었습니다.

어릴 때는 너무 많이 읽어야 해서 연년생을 키우는 엄마로서 힘들어서 종윤이에게 낮에 읽어줄 때 녹음을 해놓고 밤에 틀어준 적도 있었을 정도입니다. 지금도 그 카세트테이프를 갖고 있습니다.

어릴 때부터 책을 많이 읽어 준 덕분인지 종윤이는 7살 때 이미 시공사의 네버랜드 클래식을 혼자서 읽을 정도였습니다. 그래도 밤에 잠들기 전에 30분 이상은 꼭 책을 읽어 주었습니다.

아이들이 유아일 때는 동화와 어린이 성경 등을 주로 읽었습니다.

아이들이 저학년 때는 동화와 문학 작품들, 위인전 등을 주로 읽었습니다. 시공사의 네버랜드 클래식을 많이 읽었어요. 나름 시공사의 책들이 번역이 유려하고 대부분 완역본이라는 생각 때문이었습니다. 밤에 읽어 주면 재미있어하고 다음에 궁금해진 아이들이 다음날 스스로 다음 대목을 읽기도 했어요. 나니아 시리즈는 아이들이 몇 번을 읽었는지 셀 수도 없을 지경입니다. 『사자, 마녀, 그리고 옷장』을 읽어 주고 나니아 시리즈 7권 중 나머지 책들은 아이들 스스로 읽었습니다.

이때 읽었던 네버랜드 클래식의 또 다른 책들이 『이상한 나라의 앨리스』, 『비밀의 화원』, 『왕자와 거지』, 『버드나무에 부는 바람』, 『크리스마스 캐럴』, 『제비호와 아마존호』,『둘리틀 선생의 바다여행』,『하이디』,『물의 아이들』,『보물을 찾는 아이들』,『세드릭 이야기』,『세라 이야기』 등입니다. 비룡소의『초원의 집』시리즈 중에서『큰 숲속의 작은 집』도 많이 읽은 책입니다.

한동안은 예수전도단의 믿음의 영웅 시리즈를 많이 읽었습니다. 주로 선교사님들의 일대기들입니다. 우리가 잘 아는 윌리엄 캐리, 짐 엘리엇, 허드슨 테일러, 코리 텐 붐, 조지 뮬러, 에릭 리들 같은 분들부터 잘 알려지지 않은 메리 슬레서 같은 선교사님들의 이야기들까지 포함하여 참 많이 읽었네요.

창비 아동문고 세계 동화 시리즈도 읽었습니다. 톨스토이의『사람은 무엇으로 사는가?』,『바보 이반의 이야기』같은 책들이고요. 창비 아동문고 한국근대 동화선집인『꼬마 옥이』(이원수),『나비를 잡는 아버지』(현덕 외),『몽실 언니』(권정생) 같은 책들도 읽었네요.

시공 주니어의『조금만 조금만 더』(레이놀즈 가디너)와 사계절 저학년 문고의『화요일의 두꺼비』(러셀 에릭슨) 같은 책은 지금도 버리지 못하는(아이들이 커가면서 읽어온 책 대부분을 필요한 이웃에게 주거나 동네 도서관에 기증도 하고, 대부분의 책을 샀던 동네 헌책방에 되팔기도 했거든요) 책들입니다. 같은 시리즈의『너 먼저 울지마』는 예준이가 정말 사랑한 책입니다.

사계절 창작 동화의『마당을 나온 암탉』이나『칠칠단의 비밀』도 읽었네요.

푸른 책들의 책 읽는 가족 시리즈 중 이금이 선생님의 유명한 책,『너도 하늘말나리야』와『마사코의 질문』같은 책들도 소중한 책입니다.

웅진 주니어의 웅진 완역 세계 명작 시리즈 중『검은 말 뷰티』와『15소년 표류기』,『기찻길 옆 아이들』도 재미있게 읽은 책입니다.

소년 한길의 소년소설『아버지의 남포등』은 눈물 흘리며 읽은 책입니다. 포레스트 카터의 『내 영혼이 따뜻했던 날들』과 구로야나기 테츠코의 『창가의 토토』도 배꼽 빠지게 웃다가 울다가 하며 몇 번이나 읽었던 책입니다.

『이 시대를 사는 따뜻한 부모들의 이야기 1, 2』도 한 때 함께 읽었던 책이고요. 지금은 절판되어버린 아까운 책 『사랑과 우정의 신비』도 정말 재밌게 읽었습니다.

아이들이 조금 커서는 신앙 서적들을 함께 읽었습니다. 예수전도단에서 나온 로렌 커닝햄의 책들 『하나님, 정말 당신이십니까』, 『네 신을 벗으라』, 『벼랑 끝에서는 용기』 같은 책들은 그 장면의 광경과 분위기, 냄새까지도 상상이 될 만큼 생생한 묘사들과 영적 통찰력 때문에 정말 빨려들 듯 읽었고 가끔은 견딜 수 없어, 읽다가 다 함께 무릎 꿇고 기도한 적도 있을 만큼 참으로 귀한 책들입니다.

『세 잔의 차』도 참 감동적으로 재미있게 읽었던 책입니다.

최근에 읽었던 조이스 허기트의 『경청』은 아이들에게 읽어 주면서 크리스천으로서의 제 삶을 다시 돌아보고 삶을 정비하게 만들었던 책입니다.

기본 과정 2단계

≫ 즐거운 분위기로 과정을 훈련하기

'들으며 읽기'나 '책 읽기', '유창하게 읽기'는 처음 시작할 때 아이들에게 어려울 수도 있다. 너무 딱딱하지 않고 즐거운 분위기로 시작하도록 한다. 새로운 것을 하기 전에 왜 해야 하는지 설명하고, 경청과 인내의 성품을 잘 훈련하자고 이야기한다. 그래프를 만들어서 시간과 날짜를 적어 놓고, 처음에는 5분부터 시작하여 매일 얼마나 했는지 점을 찍어 한눈에 보이게 붙여주는 것도 좋다. 선을 연결하여 점점 올라가는 것을 축하해 주자. 성취보다 과정을 칭찬하는 내용으로 성품에 대한 상장을 주는 것도 적극적으로 추천한다.

≫ '들으며 읽기' 훈련하기

책으로 '들으며 읽기'를 할 때 주의가 흐트러지지 않게 하자. 오디오 소리를 따라 글자 아래쪽에 자, 또는 연필 뒷부분, 손가락으로 글자 아래쪽을 밑줄 긋듯이 따라가며 읽으면 집중에 도움이 된다. 또 오디오 성경을 '들으며 읽기' 하는 것을 강력히 추천한다.

기본 과정 3단계

≫ 본격적인 오디오 북 병행 시기

이 단계부터는 본격적으로 오디오 북을 병행해야 하는 시기이다. 아이 입장에서 몰입이 가능할 만큼 재미있게 '들으며 읽기'를 할 수 있는 오디오 북을 찾는 것이 중요하다. 아이의 흥미를 고려해 역사를 좋아하는 아이라면 역사책을, 과학을 좋아하는 아이라면 과학책을 찾아준다.

≫ '읽기' 시간 늘리기

이 단계는 영어 읽기 레벨이 아이의 흥미와 인지 레벨에 거의 가까워지는 시기이다. 다음 심화 단계에서 본격적인 책 읽기로 넘어가기 위해 읽기 시간을 늘려가야 하는 시기이다. 이때부터는 '듣기' 시간을 줄이고 '읽기' 시간을 늘려간다.

≫ 부모의 욕심을 경계하기

이때쯤부터는 아이가 영어 좀 한다는 소리를 듣는 시기이기 때문에 부모가 욕심이 나기 시작한다. 이때는 양육의 목표를 점검하고, 마음의 유혹과 우상을 경계해야 한다. 부모교육 강의를 하러 가서 '공부만 아니라면 내 아이와 관계가 더 좋아질 것 같다고 생각하시는 분은 손 들어보라'고 하면 대부분의 부모가 손을 든다. 욕심 때문에 하나님의 사랑을 전해야 할 부모와 자녀의 관계가 상하고, 아이의 삶에 복음이 전해질 기회가 차단된다면 어찌하겠는가?

≫ 분노에 대처하기

분노라는 감정은 2차적인 감정이다. 분노 이전에 1차 감정, 핵심 감정이라고 부르는 감정이 있다. 부모가 자녀를 가르칠 때 화가 나는 대부분의 이유는 내 안의 인정받고 싶은 마음 때문이다. 자식 잘 키웠다고, 공부 잘 시켰다고, 영어 잘 가르쳤다고, 사람들에게 인정받고 싶은 마음 때문에 화가 나는 것이다.

때로는 보상받고 싶은 마음 때문에 또는 기대만큼 되지 않는 실망감에 화가 나기도 한다. '이 정도 가르쳐 놨으면 이만큼은 할 줄 알아야 되는 거 아냐?', '내가 이렇게 많은 시간과 에너지를 쏟아부었는데 이만큼밖에 못하

나?'

때로는 불안과 두려움의 요인이 작용한다. '이렇게 자라서 잘못되면 어떡하지?', '이런 정도로 해서 좋은 대학도 못 갈 텐데', '대학이나 갈 수 있을까?' 같은 자녀의 미래에 대한 두려움 때문에 화가 난다. 또한 '또다시 그 과정을 반복해야 하나? 아! 힘들어'처럼 부모인 내가 쉬면서 다른 걸 할 수 있는 시간이나 안정감 등을 빼앗길까 봐 두려움에 휩싸여 폭발하기도 한다.

화가 날 때는 쏟아붓고 싶은 마음을 꾹 참고 방으로 들어가 기도한다. 하나님께 먼저 마음을 내어놓는다. 실망감이든 수치심이든 두려움이든 모든 감정을 하나님께 내어 놓는다. 욕을 해도 되고 울어도 된다. 다 쏟아 놓고 나면 주님께서 하시는 말씀을 들을 수 있을 만큼 마음이 부드러워질 것이다. 그때는 주님 주시는 음성으로 위로도 받고, 회개도 하고, 주님 뜻에 귀기울이고 순종하고자 하는 소원도 마음에 부어주실 것이다. '주님 뜻대로 순종할 수 있는 능력'인 은혜도 주실 것이다.

만약 아이에게 화를 냈다면 꼭 용서를 구하자. 혹시 예전의 나처럼 너무 자주 화가 난다면 '분노일지'를 써 보는 것도 좋다. 어떤 상황에서 왜 화가 났는지를 쓰고 4R 기도를 적는 훈련을 해 보면 정말 유익하다. 나는 상처와 분노 문제로 세미나도 많이 다녔다. 하지만 그 효과가 3일을 못 갔다. 그러나 2010년경 온누리 교회의 회복 사역에서 진행했던 '프리덤 스쿨'을 하고 나선 가족에게 달라졌다는 얘기를 들었다. 큰아이가 "엄마는 프리덤 스쿨 다녀오고 나서 정말 달라졌어"라고 말했다.

분노일지를 쓰게 되면 세 가지 좋은 점이 있다. 첫째, 분노에 대해 인식하게 된다는 점이다. 그것만으로도 분노를 많이 줄일 수 있다. 둘째, 분노의 패턴을 알 수 있다. 언제 화가 나는지를 알게 되면 미리 대처할 수 있다. 나의 경우는 '나한테 일이 너무 많다'와 '부당하다'는 생각이 분노를 일으키는 방아쇠가 되었다. 그래서 너무 많이 일하지 않으려고, 기준을 너무 높이 가지지 않으려고 노력한다. 또 배가 고플 때와 생리 일주일 전에도 화가 자주 난다는 것을 알았다. 그래서 배가 고프면 먼저 밥을 먹고, 생리 주기를 체크해서 남편과 아들들에게 미리 당부했다. 마지막으로 4R 기도를 적음으로써 분노라는 습관적인 죄를 복음으로 정복하게 된다. 회개하기와 죄악된 습관에 대해 끊기, 죄악된 행동을 진리로 대체하는 습관은 복음 안에서 나를 이기고, 세상을 이기고, 죄를 이기는 성화의 중요한 과정이다.

›› 기쁨을 키우기

'분노일지'가 분노에 대처하는 소극적인 방법이라면, 기쁨과 감사를 키우는 것은 적극적인 방법이다. 돌아보면 기쁨을 키우고, 감사를 키우려고 했던 것이 그 어떤 것보다 효과적이었다. 역시 어둠은 빛을 이기지 못한다. 분노와 싸우기보다 기쁨을 키우는 훈련을 하길 바란다.

기쁨이란 '내가 너와 함께여서 기쁘다'라는 하나님의 메시지를 표현하는 것이다. 상대방의 존재를 기뻐하고, 현재 그의 모습 그대로를 수용하고 사랑하는 표현이다. 어린 아기를 볼 때 아빠와 엄마가 아이의 공로와 상관없이 그 존재 자체로 인하여 미소 짓는 것을 연상하면 이해가 쉽다.

이러한 기쁨은 주님과의 친밀한 교제 안에서 주님의 사랑을 누리고, 그 주님을 내가 또 사랑할 때 생기는 것이다. 주님께서는 "내가 이것을 너희에게 이름은 내 기쁨이 너희 안에 있어 너희 기쁨을 충만하게 하려 함이라(요 15:11)"라고 말씀하셨다. 우리 죄를 대신하여 죽으심으로 소망과 기쁨이 되신 주님, 믿는 우리에게 기쁨을 충만히 주시기 원하셨던 주님을 기억하며, 매일 아침 주님과의 달콤한 교제로 하루를 시작하자.

그리고 자녀들을 볼 때 미소를 짓자. 미소야말로 아무 공로 없이 사랑받는 은혜와 같은 것이다. 자녀가 뭔가를 잘했기 때문이 아니라 그저 나의 자녀라서 사랑스러운 것을 표현하는, 값없이 주는 큰 선물이다.

하루를 지나는 동안 가족들에게 작은 선물을 주는 것도 기쁨의 좋은 표현이다. 먹고 싶어 했던 음식을 준비하거나 기뻐할 만한 작은 선물을 주는 것이다. 나는 티타임을 가질 때 가끔 초콜릿을 준비해 주기도 했다. 아이들은 아토피가 있어서 초콜릿을 자주 먹을 수 없었던 터라 남편과 아이들 모두 행복해했다.

저녁 식탁에서 하루를 지나며 감사했던 것을 나누는 것도 기쁨을 키우는 좋은 방법이다. 하나님께 감사했던 것 한 가지, 부모님이나 형제들에게 감사했던 것 한 가지를 나눈다. 혹은 '감사일지'를 가족이 함께 쓰는 것도 좋은 방법이다. 처음엔 아이들이 뭔가 맛있는 것을 먹어서 감사하다는 당연한 감사부터 시작해서 나중엔 믿음이 아니고는 할 수 없는 감사도 하게 된다.

⟫ 홈스쿨 가족의 서약과 기도로 공부 시작하기

마음을 지키기 위해서 매일 홈스쿨 가족의 서약을 함께 보고 기도로 시작하고 기도로 마친다.

"우리 죄를 대신하여 죽으셔서 세상의 기쁨이 되신 주님, 믿는 우리에게 기쁨을 충만히 주시기 원하셨던 주님, 저희 안에 당신으로 인한 기쁨이 충만하게 하여 주옵소서. 그래서 자녀들에게 당신의 기쁨을 전하게 하시고, 당신을 사랑하게 하여 주시고, 그 결과로 점점 더 하나님을 알아가고 닮아가는 저희 모두가 되게 하소서. 그리하여 세상의 빛과 소금이 되게 하여 주시옵소서. 예수님의 이름으로 기도합니다. 아멘."

심화 과정 1단계

≫ 양서 읽히기

흥미도 중요하지만, 저속하고 내용 없는 코믹 챕터북은 피하도록 한다. 공부방에서 아이들에게 챕터북을 읽혀보면 회의가 들 때가 있다. 아이들이 재미있어하는 시리즈의 내용이 썩 건전하지 않기 때문이다. 많은 책을 읽히려고 하기보다 적은 양이라도, 또 조금 어려워도 내용이 좋은 책을 읽히도록 한다.

≫ 내용 확인하기

추천 도서 목록도 내용을 모르면 금물이다. 추천 도서라고 무조건 신뢰하지 말고 내용을 부모님이 미리 알고 읽혔으면 좋겠다. 『Zack File』같은 챕터북은 아이들이 좋아한다. 그러나 전생이나 빙의 같은 주제가 내용이어서 크리스천으로서는 주의해야 한다. 함께 읽고 세계관 같은 것을 토론해봐도 좋겠지만 굳이 영어책을 읽고 그렇게 해야 하나 싶기도 하다.

››› 리더스북으로 다지기

읽기가 생각보다 안 된다면 서둘러 챕터북으로 넘어가지 말고, 아래 단계의 리더스북으로 충분히 읽기를 다지고 넘어간다. 새로운 책을 많이 읽기보다 기존에 읽은 책 중심으로 다시 읽기를 해본다고 생각하면 된다. 복습을 통해 기본적인 어휘나 문형을 익히고 넘어가 준다면 결과적으로는 시간을 더 절약하게 된다.

››› 그림책 활용하기

앞서 말했듯 그림책은 단계를 막론하고 읽기 기술을 익히는데 최적의 도구다. 그림책은 글밥이 적어 보이고 그림이 있어 낮은 단계로 생각하기 쉽지만 실은 읽기를 위한 리더스북과는 차원이 다른 엄연한 문학작품이다. 심화 과정 이상에서 본격적인 문학작품으로 넘어가기 전에 그림책을 많이 읽는다면 굉장한 훈련이 될 것이다. 만약 그림책을 고르기 어렵다면 미국 교과서인 『Literacy Place』 같은 책을 참조하여 고른다. 미국 교과서는 엄선된 그림책 모음집이라고 보아도 무방하다.

››› 어휘와 독해

이 단계부터는 어휘를 정리하고 꼼꼼하게 암기하면서 나갈 필요가 있다. 어릴 적 엄마표로 영어 공부를 해온 아이들이 우리 공부방에 많이 온다. 어려운 단어들을 많이 아는 것에 비해 기초적인 단어들의 뜻을 모르는 경우가 많아 놀라곤 한다. 또 본인은 안다고 하는데 우리말로 표현을 못 하는 경우도 많다. 우리말 어휘가 부족해서일 수도 있지만, 문맥상 추론하며 읽기를 많이 해서 그럴 수도 있다. 전체적인 맥락은 알지만, 단어의 뜻을 정확히 외우지 않아 우리말로 뭔지 말할 수 없는 경우이다.

단계와 무관하게 모르는 단어가 나와도 사전을 찾지 않고 문맥상 추론하며 읽기를 하면 읽기 호흡이 안 끊기고 길어지기 때문에 유익하다. 처음 책을 읽을 때는 모르는 단어가 나와도 전체 문맥 속에서 추론하며 읽게 한다. 동시에 단어를 정확하게 암기할 필요성도 있으니 처음 읽을 때 모르는 단어가 나오면 연필 등으로 밑줄을 치게 하고, 일단 전체 줄거리를 파악한 후 나중엔 자신이 추론한 뜻이 맞는지 확인해 보도록 하자. 이 단계부터는 단어의 뜻을 알고 정리하며 가야 한다.

어휘력에 대해서는 다음 두 가지를 명심하면 좋겠다.

첫째, 어휘력은 단순히 단어의 철자와 발음, 뜻만을 아는 것을 넘어 그 단어에 내재된 문법 정보, 즉 어순 정보나 평소에 함께 어울리는 단어에 대한 정보까지 일체를 알고 있는 것이다.[24] 한 단어를 익힐 때 그 단어가 문장 안의 어떤 자리에서 어떤 연관어들과 함께 쓰이는지를 알아야 제대로 된 어휘력을 갖췄다고 할 수 있다.

예를 들어 'address(연설)'이라는 단어를 암기할 때 '연설하다'를 표현하려면 'deliver'와 어울려서 'deliver an address'가 자연스럽고, '~에 대한 연설'이라고 표현하려면 'on'과 어울려 'address on~'으로 쓰는 것이 자연스럽다. 따라서 'address'만 달랑 외우는 것보다 'deliver an address on'으로 익히는 것이 독해나 영작, 혹은 말하기나 듣기에도 유용한 어휘력이 된다.

---

24) 우공이산연구소, 『독자도 되는 영어 공부법』, 우공이산, 2019, pp.168~170.

둘째, 문장과 문맥 속에서 익혀야 한다. 그래야 외우기도 쉽고, 장기 기억 속에 남는다. 그 때문에 문맥이 없이 단어만 모아놓은 어휘집은 추천하지 않는다. 차라리 중학 수준의 독해집을 정해서 그 안의 어휘를 익히게 하는 것이 더 낫다.

이 단계에서 아이들이 정확하게 해석할 수 있는지 확인해 보는 것도 유익하다. 나는 이 단계의 공부방 아이들에게 독해집을 하나 구입해 영어 지문 해석을 노트에 써 오라고 한다. 이때 해석은 주어, 동사, 목적어, 보어 순인 영어 어순대로 하라고 한다. 예를 들면, "The teacher said that he was smart."라는 문장을 "선생님은 말했다. 그는 영리하다고"라고 하는 식이다.

해석이 맞는지 점검한 후에는 단어를 노트에 정리하고 암기하게 한다. 한글 뜻을 암기하게 하고, 영어 철자도 익히게 한다. 단어장을 양쪽으로 나눠 왼쪽에는 영어 단어를 쓰고, 오른쪽에는 단어 뜻을 쓴다. 스스로 테스트를 할 때는 다른 종이로 오른쪽을 가리고 단어 뜻을 쓰게 하거나, 반대로 왼쪽을 가리고 영어 단어를 쓰게 한다. 해석이 다 맞는다면 본인의 한글 해석을 보고 영어로 번역해 보게 해도 좋다.

이 단계에서는 모든 문장을 정확히 영역하지 않아도 상관없다. 본인이 암기한 단어를 문맥 속에서 기억하고 활용할 수 있는지를 훈련한다고 생각하면 된다. 가장 좋은 단어 외우기 방법은 단어장이 있는 챕터북 시리즈를 보며 책 속에서 익히는 것이다. 단어들이 정리되어 단어장과 내용 파악을 점검하는 문제들이 수록된 워크북이 있는 롱테일북스의 챕터북 시리즈들을 추천한다.

»» 영작

영작을 잘하기 위해서는 정확하고 수준 있는 문장이 구사된 좋은 원서를 필사하는 것을 추천한다. 시나 소설을 쓰는 작가들도 훌륭한 작가들의 글을 베껴 쓰는 훈련을 하는 습작 기간을 거친다. 특히 크리스천인 우리에게는 영어 성경이 있다. 믿지 않는 분들도 격조 있고 유려한 영어를 구사하기 위해 영어 성경을 활용한다. 아이들이 마가복음을 암송한다면 암송하는 그 부분을 필사하게 하면 좋다.

이 책에서 제안하는 '말하기/쓰기'를 꾸준히 하면서 '베껴 쓰기'(성경 필사)를 병행한다면 훌륭한 영작 연습이 될 것이다. 영작에 대해서는 PART 3의 '12. 독후활동과 영어 글쓰기' 중 '심화 과정 이상의 독후활동'에 나오는 'Book Report' 부분을 참조하도록 한다.

»» 문법

처음부터 어려운 문법서를 가지고 문제 풀이 중심으로 하기보다 먼저, 전체적인 그림을 그려보게 한다. 문장은 단어로 이루어져 있다. 단어가 갖는 성질인 8품사와 문장의 구성성분인 S-V-O-C부터 시작하여, be 동사와 일반동사, 동명사, 부정사, 분사와 같은 준동사들로 나아가는 것이 좋다. 전체 그림을 그려놓고 개념을 정리해 가며 문법 사항을 암기해 간다면 시험에서도 별 어려움 없이 활용이 가능하다. 인터넷 강의로 EBS 중학의 'the 쉬운 영문법'을 추천한다. 총 40강으로 중학 수준의 영문법을 정리한 강의다. 이 강의는 영문법이라는 옷장에 뒤죽박죽 섞여 있던 세부 문법이라는 각각의 옷들이 정리 되어 꺼내 쓸 수 있도록 설명하고 있다. 아이들의 눈높이에 맞는 재미있는 설명도 강점이다.

》'기쁨' 키우기

심화 단계 정도 되면 자녀들이 중고생 정도 되고, 학습 부담이 커지는 시기이다. 초등 때는 즐겁게 배우고, 관계나 영성이 중요한 목표였던 홈스쿨 가정들도 주변을 바라보고 비교하게 되거나 갑자기 늘어난 학습량에 허덕이며 기쁨을 잃어버리기 쉽다. 그러나 계속 기쁨을 놓치지 않았으면 하는 바람이다. 나 자신의 삶과 홈스쿨을 바라볼 때 아쉬웠던 부분이기도 하다.

짐 와일더와 그의 친구들이 함께 쓴 『예수님 마음담기』라는 책에서 저자들은 "사람들은 사랑하는 사람들과 관계를 맺으며, 그들과 함께 있게 되어 즐거울 때 삶의 의미를 발견하고, 기쁨으로 인한 힘을 얻게" 된다고 한다. 기쁨은 누군가가 "나를 보게 되어 반가울 때" 내 안에 생겨나는데, 나의 기쁨이 상대방에게 전달되면 상대방의 기쁨도 증가하고, 다시 상대가 나를 기뻐하는 것을 본 나의 내면에 더 큰 기쁨이 연속적으로 생성된다. 이처럼 1초에 6차례 오갈 정도로 매우 빠르게 기쁨의 교환이 일어나면서 서로 간의 기쁨은 점점 커간다는 것이다.

짐 와일더는 뇌의 오른쪽 전두엽 피질 안에 있는 '조이 센터(joy center)'가 잘 발달되면 "감정과 고통, 면역 체계를 원활하게 통제하게" 작동하며, "우리가 우리답게 행동하도록" 즉 하나님의 오리지널 디자인대로 행동하도록 도와준다고 한다. 특히 조이 센터는 우리 두뇌 중에서 전 생애를 통해 계속 성장할 수 있는 유일한 부분이다. 그렇기 때문에 "기쁨의 능력은 언제든지 개발될 수 있는 것"이며, "진정으로 기쁨이 충만한 관계를 맺게 될 때

이에 반응하며 자라난다"는 것이다.[25]

값없이 주는 선물인 미소의 힘은 정말 강력하다. 그렇기에 가족 중 누군가를 볼 때 미소만 지어도 우리는 서로에게 큰 기쁨을 주고받을 수 있다. 부모인 우리가 홈스쿨을 할 때 주의할 점이 있다. 성적을 가치로 삼는 부모들의 자녀들은 공부만 잘하면 된다. 그러나 기독교 홈스쿨링을 하는 아이들은 공부도 잘해야 하고, 성품도 좋아야 하고, 믿음까지 좋아야 한다는 부담감을 갖기 쉽다. 왜냐면 부모의 기준이 너무 높기 때문이다. 물론 훈련이 필요하지만 정작 하나님께서 부모가 하나님을 대표해서 사랑의 메시지를 주기 원하셨던 것을 못 할 수도 있기 때문이다. 나중에 하나님 앞에 갔을 때 "애들한테 순종 훈련 열심히 시켰어요."라고 했는데 하나님께서 안타까워하시면서 "나는 네가 네 아들딸에게 좀 더 웃어 주고 안아 주길 바랐는데"라고 말씀하실 수도 있는 것이다. 영원의 관점에서 자녀와의 관계를 바라보도록 하자.

심화 과정 2단계

≫ 흥미와 관심을 고려한 읽기와 듣기의 확장

이제는 듣기나 읽기도 다양한 분야로 확장해 가야 하는 시기이다. 이때 중요한 것은 아이의 흥미와 관심을 고려해 진행하는 것이다. 해야 해서 하는 것보다 하고 싶어서 하는 것이 몰입도가 높고 학습 효과도 좋다. 큰아이 종윤이는 물고기에 관심이 많아서 책도 많이 봤고, 물고기를 키우기도

---

25) 짐 와일더 외 저, 손정훈, 안윤경 공역, 『예수님 마음담기』 토기장이, 2015, pp.54~57, pp.66~68 참조.

했다. 초등학교 3학년 때 자기 수준에는 어려운 매직 스쿨버스의 『Fishy Field Trip』이란 책을 보면서 읽기가 비약적으로 발전했다. 자연 다큐멘터리를 좋아해서 『National Geographic』을 즐겨 보았다. 물고기가 좋아서 해양학자가 되고 싶어 했던 중학 시절에도 유튜브에서 해양학에 대한 세미나 강의를 큰 어려움 없이 들을 수 있었다.

큰아이는 관심사가 다양해서 역사나 자연과학 등의 논픽션으로 넘어가기가 수월했다. 좋아하는 분야에 대해서는 아이가 이미 배경지식이 있기 때문에 듣기나 읽기가 자기 수준에 다소 어려워 보여도 도전하기가 쉽다.

내가 가르치던 정민이라는 5학년 남자아이가 있었다. 정민이는 만들기를 좋아하고 잘해서 만들기에 대한 영어책을 빌려주었다. 자기 영어 레벨 보다는 조금 어려운 책이었는데 관심이 있는 분야다 보니 즐겁게 읽었다. 과학을 좋아하면 과학책을 먼저 읽게 하고, 역사를 좋아하는 아이는 역사책으로, 신화를 좋아하면 그리스 로마 신화로, 판타지를 좋아하면 판타지로, 시사에 관심이 많다면 신문이나 잡지로 시작하면 된다.

≫ 배경지식 쌓기

심화 과정 2단계 정도에서는 점차 픽션(fiction)에서 논픽션(nonfiction)으로 확장해 가는 것이 바람직하다. 논픽션 책들을 반드시 영어로 읽혀야 한다는 부담은 내려놓는다. 그보다는 우리말로 읽혀서 배경지식을 갖게 하고 영어 신문이나 영어 잡지로 시사, 사회, 과학 등의 어휘를 익혀가는 것이 좋다. 듣기에서도 배경지식을 갖고 있지 않은 주제가 나오면 모른다는 생각 때문에 더이상 못 듣게 되는 경우도 있다. 그래서 토플 학원 같은 데 가면 '토플 배경지식'을 과목으로 삼아 가르치기도 한다. 우리말로 배경지식을 먼저 쌓는다면 영어 듣기나 읽기에 큰 도움이 된다. 우리말로 성경을 먼저 읽으면 영어 성경으로 넘어가기 좋은 것과 같은 이치다.

영어 신문을 읽을 수 있는 배경지식을 준비하기 위해 우리말 신문을 보며 사설을 읽고 요약해서 말하기를 훈련해 보자. 영어 신문 사설은 국어가 준비되어 있고, 시사에 관심 있는 아이만 읽도록 하자. 우리 가정은 아이들이 어릴 때는 영적인 이유로 신문 구독을 하지 않았다. 신문에 나온 부정적인 뉴스들을 계속 보면 마음이 다운되고, 기도하는 데도 집중이 되지 않았다. 또한 범죄 기사 내용이 너무 상세하게 나와서 불편한 마음이 들었던 것이 이유였다.

그러나 TV도 없고, 신문도 안 읽으니 국내외 소식들을 접하질 못해서 고민하다가 『국민일보』를 보기 시작했다. 『국민일보』는 '미션 라이프'라는 교계 뉴스가 있다. 우리나라와 세계 교회의 소식도 듣고, 간증과 신앙 서적 소개 등 긍정적인 소식들과 함께 기도해야 할 제목들이 있어서 정말 좋다. 자녀들이 포털 사이트의 기사들로 시사를 알게 하는 것은 여러모로 유익하지 않다. 진실이 결여되고 사실이 왜곡된 기사와 정치 편향적인 글이 섞여 있기도 하고, 유해하고 음란한 광고에 노출되기 쉽기 때문이다.

››› 어휘와 독해

수능이나, 토플, SAT 등의 테스트 지문은 굉장히 길다. 긴 지문을 주어진 시간 안에 풀어야 하는 것이 관건이다. 현 수능만 해도 45개 문항 중 듣기 평가 17개 문항을 제외하면 28개 문항을 50분 안에 풀어야 한다. 대략 10줄짜리 1문항을 1분 30초 안에 풀어야 한다는 이야기다.

심화 과정 2단계부터는 긴 지문을 빠르게 읽어가는 훈련을 한다. 빠르게 읽되 정확하게 읽어서 문제를 풀어야 한다. 빠르고 정확하게 읽는 독해력 향상을 위해, 독해집을 정해서 한 지문을 읽고 문제 푸는 시간을 잰다. 되도록 1분 30초 이내로 지문을 읽어내는 연습을 하도록 한다.

나는 3월이면 중학 1학년생들에게 고1 모의고사 문제집을 구입해 실제 수능 시간인 70분을 주고 풀어보게 한다. 첫 시험은 수능 맛보기용이다. 중학생들이 앞으로 수능을 목표로 할 때 중학 과정을 어떻게 보내야 할지에 대한 기준을 가지게 하려 함이다.

중학교를 졸업하고 고1이 되면 바로 3월에 모의고사를 보게 된다. 중학 시절을 학교 내신에만 맞추어 보내면 수능 준비가 부족해질 수 있기 때문에 아이들에게 경각심을 주려는 것이다. 부모표 영어를 하는 학생들도 중1 때쯤 고1 모의고사를 보게 해서 이런 효과를 기대해 볼 수 있다. 앞으로 이런 문제들을 풀어야 하니 짧은 시간에 긴 지문 읽고 문제 풀기를 연습해 보자고 설명해 주면 좋다. 아이도 경각심을 갖고 목표를 세울 수 있을 것이다.

기본적으로 어휘도 독해집 중심으로 외워가는 것을 추천한다. 짧은 지문이라도 지문 안에서 알게 된 단어는 장기 기억화가 더 용이하다. 독해집에 있는 지문 독해와 문제 풀이를 다 해도 바로 다음 편으로 넘어가지 말고, 반복하기를 바란다. 처음 문제를 풀 때는 노트에 풀어본다. 틀린 문제에 체크한다. 두 번째 풀 때는 문제집에 다시 풀어본다. 단어도 적게는 5회 정도는 반복해서 그 책에 나온 단어는 다 외우고 다음 편으로 넘어간다. 그러나 독해집마다 편차가 있을 수 있기에 이때쯤 중학 수준의 어휘집을 구입해 한 번 정리해 보는 것도 좋다.

≫ 문법과 영작

심화 과정 1단계에서 중학 수준의 영문법으로 문법의 기초를 세웠다면, 이제 세부적인 문법 사항들을 암기하며 문법을 정리해 보자. 나만의 문법 노트를 만든다. 문법책마다 기본적인 설명은 같지만, 세부적인 부분은 차이가 있기에 나만의 문법 노트에 이를 정리해 둔다. 수능 볼 때까지, 혹은 그 이후에라도 사용할 수 있도록 깔끔하게 정리한다.

이후에는 문제집을 정해 문제도 풀어보자. 단 문제집을 풀 때 문제 위에 나와 있는 문법 설명을 보면 안 된다. 설명은 문제집을 풀기 전에 문법 노트 정리 단계에서 다 본다. 그리고 문제를 풀 때는 설명을 보지 않고 풀어야 지식이 내 것이 된다.

나는 중고생들을 가르치며 문법서들로 많은 문제를 풀게 해 봤다. 그런데 아이들이 이 책에서 풀었던 문제를 저 책에서는 못 풀거나, 문법책에서 틀린 문제를 학교 시험에서 또 틀리는 것을 보면서 의문이 들었다. 많은 문법서가 문법 설명을 해 놓고 바로 아래에 그 설명에 해당하는 문제를 배치한다. 아이들은 문법을 기억하지 못한 채 위의 설명에 의존해 문제를 풀고, 정작 문법 지식이 자신의 것이 되지 못한 채 시험을 보거나 문제를 풀게 되는 것이다. 그래서 나는 구술 시험을 먼저 보고 난 후 문제를 풀게 한다. 배운 문법 내용을 암기하여 자신의 노트에 쓰게 한 후 그것을 말로 설명하게 하는 것이다. 설명할 수 없는 지식은 이해하지 못한 지식이다. 가장 잘 이해하는 방법은 설명하는 것이다. 설명하다 보면 내가 무엇을 알고, 무엇을 모르는 지가 분명해져서 모르는 부분만 보강하면 된다. 공부하고 설명해 보기는 메타인지를 높이는 데 매우 좋은 방법이다.

영작은 '말하기/쓰기'를 아래 단계부터 꾸준히 잘 해 왔다면 무리 없이 잘할 수 있다. 다만 문법을 공부하고 문법 지식을 영작에도 적용한다면 더 훌륭한 글쓰기가 된다. 문법을 공부하고 문법책에 나와 있는 예문들을 한글해석만 보고 영작을 해 보면 문법 이해도 완전해지는 일석이조의 영작 공부가 될 것이다.

심화 과정 3단계

≫ 읽기의 확장

이 단계는 읽기를 본격적으로 확장해 가는 과정이다. 여기서도 중요한 것은 우리말 읽기와 관심 주제이다. 영어 읽기의 확장은 우리말 읽기의 범위를 넓혀가는 것을 기초로 하여 이루어진다. 신문을 보더라도 처음부터 외국 신문을 보기보다 우리말로 신문을 보는 것으로 시작하자. 신문을 잘보고, 시사에 관심 있어 하면 영어 신문을 보되 『Korea Times』, 『Korea Herald』 같이 우리나라에서 발행되는 신문들을 먼저 본다. 신문 사설도 우리말 사설을 먼저 읽고 훈련된 후에 영어 신문 사설을 읽히자.

문학 작품뿐만 아니라 논픽션도 마찬가지이다. 외국작품을 읽힌다면 완역본으로, 좋은 번역으로 읽게 한다. 나는 번역도 제2의 창작이라는 말에 동의할 만큼 역자를 중요하게 생각한다. 중고등 학생이 되어도 여전히 모국어가 중요하다. 생각은 모국어로 하는 것이기에 우리말도 계속 확장하고 연마해야 한다.

››› 뉴베리 수상작

뉴베리 상(Newbery Medal)은 18세기 영국의 서적상인 존 뉴베리(John Newbery)를 기리기 위해 제정되었다. 미국에서 가장 오래된 아동문학상으로, 1921년 6월 21일 미국도서관협회(ALA) 아동문학 분과 회의에서 멜처(Frederic G. Melcher)가 처음 제안하였고, 1922년에 처음으로 시상되었다. 미국도서관협회가 주관하며, 시상식 1년 전에 출판된 작품 가운데 미국 아동문학 발전에 가장 크게 이바지한 작품(작가)에 메달을 준다. 시상식은 매년 초에 개최되며 대상은 소설, 시집, 논픽션 등으로 미국 시민이나 미국에 거주하는 사람의 작품에 한한다.

이 상은 한스 크리스티안 안데르센 상과 더불어 최고의 아동 문학상으로 꼽히며, 심사기준이 엄격하여 '아동 도서계의 노벨상'이라 불릴 만큼 최고의 권위를 가진다. 그해 최고의 작품으로 선정되면 금색 메달을 수여하기 때문에 '뉴베리 메달'이라 부르고, 후보에 올랐던 주목할 만한 작품들은 '뉴베리 아너'라고 하여 은색 마크를 수여한다. 뉴베리 수상작은 이처럼 여러 면에서 검증받은 원서이기 때문에 엄마표 영어 교재나 특목고 등의 입시 필독서로, 대학교의 강독 교재로 폭넓게 사용되고 있다.

심화 단계에서는 뉴베리 수상작들을 통해 본격적인 문학작품을 접하면 좋다. 『My Father's Dragon』시리즈, 『Sarah, Plain and Tall』, 『Cricket in Times Square』, 『Number the Stars』 등은 뉴베리 입문용으로 좋은 도서들이다. 또 롱테일북스의 뉴베리 수상작 시리즈를 추천한다. 저렴한 가격에 원서와 단어장, 내용 이해를 확인하는 문제들과 MP3 파일까지 들어있다.

어휘 부족

심화 과정 2, 3단계에서 부진을 보이는 이유는 여러 가지 요인이 있다. 첫 번째로 어휘가 부족해서 그럴 수가 있다. 어휘를 문맥 속에서 추론하는 것은 모든 단계에서 계속해야 한다. 그러나 한편으로는 정확한 뜻을 확인하고, 암기하며 나가야 할 필요가 있다. 뉴베리 수상작을 읽더라도 단어집이 함께 있는 것이 좋다. 롱테일북스에서 출간된 것들은 단어집이 함께 있다. 처음에 읽을 때는 추론하며 내용을 파악하기 위해 끝까지 읽는다. 두 번째 읽을 때는 몰랐던 단어에 밑줄을 그으면서 추론한 뜻을 책에 연필로 적어둔다. 세 번째 읽을 때는 단어집을 펼쳐서 몰랐던 단어에 대해 내가 추론한 뜻이 맞는지 확인하며 읽어본다. 단어집에도 표시해 둔다. 매일 두세 챕터 정도 읽으면서 단어도 외우고, 줄거리에 대한 문제도 풀어본다. 단어를 잘 외웠는지 확인하기 위해 어제 읽은 부분의 단어들을 쭉 살펴본다. 어휘를 확인하며 여러 번 읽는 것을 추천한다. 앞의 심화 과정 1단계의 어휘 부분을 참조하자.

독해력 부족

빨리 읽고 많이 읽었는데 정작 정독하는 훈련이 안 되어 문해 능력이 떨어지는 경우가 있다. 공부방에서 중고생을 가르치며 절실하게 느끼는 것은 레벨이 올라갈수록 결국 국어 실력이 영어 실력이 된다는 점이다. 홈스쿨러들은 좀 다르지만, 요즘은 책 읽는 아이들이 드물다. 일찍부터 유튜브, 게임, 스마트폰에 노출되다 보니, 중고생인데도 학교 과제 이외의 독서를 하는 아이를 보기 드물다. 독서를 하지 않은 아이들은 영어 독해도 당연히 안 된다. 수년간의 경험을 통해 이런 사실을 알게 된 나는 공부방의 중고등반에 주 1회 코칭 프로그램을 넣어서 책을 읽히고 있다. 당연히 한글책이다. 반드시 매월 1권의 책을 읽어야 하며 '본깨적'이라는 독서 양식으로 독후감을 쓰고, 함께 이야기를 나누어서 삶에 적용하게 한다.[26] 이때 중요한 것은 반드시 부모님과 함께 읽게 하는 것이다. 이 나이쯤 되면 선생님의 말씀도 잔소리쯤으로 여기기 쉽다. 그래서 책으로 책 읽기를 설득한다.

혹시 자녀가 여기에 해당하는 경우라면 그냥 매일 15분씩 책을 읽게 하라. 가족이 함께 15분 책 읽기 시간을 가지는 것이다. 실제로 우리 공부방에는 초등학교 6학년 때까지 책을 읽기 싫어하다가 2시간씩 읽게 된 친구가 있다. 할머니께서 아이들을 돌보아 주시다가 전문직인 엄마가 아이들 교육 때문에 직장을 그만두고 매일 15분씩 책을 읽게 했다고 한다. 아이 말로는 처음엔 억지로 읽었는데 읽다 보니 재밌어서 점점 시간이 늘어 2시간까지 읽게 되었다고 한다.

아무튼 우리말 독서 습관을 갖게 하고, 앞에서 설명한 것처럼 영어 독해 학습서를 정해 꼼꼼하게 읽는 연습을 하면 좋겠다. 나는 한동안 작은아이 예준이와 뉴베리 수상작으로 한 달에 한 권 읽기를 정말 천천히 읽기(Slow reading)로 매일 함께 읽고 나눈 적이 있었다. 예준이는 그 시간이 정말 기억에 남고 즐거웠다고 한다. 많이 읽기보다 천천히 함께 적은 양을 음미하며 읽어보는 것을 추천한다.

---

26) '본깨적'은 이랜드의 업무노트였던 본깨적 노트를 3P자기경영연구소의 강규형 대표가 독서에 적용한 것이다. 책에서 본 것(저자의 주장)을 먼저 정리한 뒤, 책을 보면서 독자로서 깨달은 것을 정리하고, 마지막으로 일상생활이나 업무에 적용할 만한 것을 적는다. 박상배, 『인생의 차이를 만드는 독서법, 본깨적』, 예담, 2013, pp.69~73 참조.

상식, 배경지식 부족

앞서 말한 바 있지만 역사, 과학, 사회, 시사 등에 대한 상식이나 배경지식이 없다면 이 레벨의 책들이 어렵고 흥미도 떨어질 것이다. 가족이 함께 이러한 주제에 대해 한글도서나 신문을 읽고 같이 대화도 나누어 본다면 가장 좋은 도움이자, 교육이 될 것이다.

9. 영어 성경

입문 과정

자녀가 한글을 읽을 수 있기 전에는 부모가 매일 성경을 읽어준다. 한글을 유창하게 읽을 때까지는 함께 읽는다. 스스로 한글을 잘 읽을 때쯤 되면 한글 성경으로 통독을 매일 하게 한다. 그래야 영어 성경으로 넘어가기 쉽다.

››› 소리 듣기

큰아이가 8세부터 마가복음을 암송하기 시작했기 때문에 우리 집은 밤에 잘 때 NIV 드라마 바이블로 마가복음을 들려주었다. 들으며 자다 보니 낮에 암송할 때 도움이 많이 되었다. 차로 이동할 때 어린이 성경 동화나 성경을 틀어 주어도 좋다.

≫ 암송하기

마가복음 영어 암송을 시작해 본다. 마가복음 암송을 권하는 이유는 16장이어서 복음서 중에 가장 짧으면서도 간결하고 생생한 문체의 지문과 대화로 구성되어 있어서. 『마가복음 영어로 통째 외우기』(김다윗, 살림출판사, 2007) 같은 책을 사용해도 좋겠다. 아이만 시키기보다는 부모가 함께하면 가장 좋다. 그리고 교회 친구들 몇 가정이 함께하거나 홈스쿨 코업에서 같이 한다면, 중간에 포기하거나 한없이 미뤄지는 것을 방지할 수 있다. 처음 시작할 때부터 '무조건 매일 한 절'과 같이 '양'을 정하기보단 '암송에 헌신할 시간'을 정해 보자. 매일 5분부터 시작하여 점차 시간을 늘려간다. 일정한 시간을 가족이 함께 외워가거나 '20번 읽기' 같이 횟수를 정해도 좋겠다. 그러다가 암송이 익숙해지면 양을 정한다.

기본 과정 1단계

≫ 소리 듣기 / 들으며 읽기

암송하는 성경을 매일 밤 들으며 자도 좋고, 이동할 때 차 안에서 들어도 좋다. 혹은 '들으며 읽기'를 성경으로 해도 좋다.

≫ 암송하기

입문단계에서 마가복음 영어로 암송하기를 시작했다면 꾸준히 해본다. 아직 시작하지 않았다면 이때부터 영어 성경 암송하기를 시작해도 좋다.

부모님이 함께하면 가장 좋다. 진도는 부모님이 아이들보다 느려질 수 있겠지만 그래도 함께 시작해 본다.

그리고 함께할 친구들을 꼭 만들자. 교회 친구들이나 홈스쿨 친구들과 같이 하면 좋다. 중간에 힘들어서 그만두거나 가정에서 가족끼리 하려다가 자꾸 미루는 것을 막을 수 있다. 정한 시간까지 단체 카톡방에 암송 녹음을 올리는 방식으로 하면 된다. 녹음 목표는 가정마다, 아이 연령과 발달에 따라 다르게 해도 된다. 어떤 가정은 이틀에 한 절, 어떤 가정은 일주일에 한 절씩 해도 된다.

》 한글 성경 통독하기

심화 단계에서 NIV 등의 영어 성경 통독이 가능하기 위해서는 무엇보다 우리말 성경 읽기가 선행되어야 한다. 자녀가 한글을 읽을 줄 알게 되면 성경을 읽게 하자. 어린이 성경을 먼저 읽어 주거나 읽게 한다. 처음부터 개역개정 성경을 바로 읽으면 어려울 수 있다. 아이들의 첫 성경으로는 아가페 출판사의 『쉬운 성경』을 추천한다. 통독표를 출력해서 매일 3장씩 읽고, 주일에 5장을 읽으면 매년 일독이 가능하다. 우리말 성경도 읽고, 마가복음을 영어로 암송도 해 왔다면 이제 오디오로 영어 성경을 '들으며 읽기'를 시작해 보자. 그렇게 하다 보면 차차 통독도 가능할 것이다.

기본 과정 2단계

≫ 소리 듣기

기본 과정 1단계 '듣기'를 참조하면 된다.

≫ 암송하기

입문단계와 기본 1단계의 설명을 참조하면 된다. 성경을 암송할 때에는 진도에만 급급하지 말고 반드시 복습의 시간을 갖도록 한다. 2장 정도는 누적해서 하는 것이 가능하지만 그 이상이 되면 누적 암송이 쉽지 않다. 따라서 정기적으로 복습을 해 주어야 한다.

≫ '들으며 읽기'로 통독 준비

아직까지는 한글로 통독을 하되, 영어 성경을 '들으며 읽기'를 하면 좋다. 존더반(Zondervan) 출판사에서 나온 『The Beginner's Bible』(『두란노 어린이 그림성경』의 원서)을 추천한다. 구약 48개, 신약 46개, 총 94개의 이야기들로 구성되어 있다. CD가 갖추어진 것을 이용하길 바란다.

기본 과정 3단계

≫ 소리 듣기/들으며 읽기

암송하는 성경을 매일 밤 들으며 자거나 음원이 있는 영어 성경을 활용해 '들으며 읽기'하는 것을 꼭 커리큘럼에 포함하자. 『The Word & Song Bible』(Stephen Elkins, 1999, Breadman & Holman Publishers)과 『The Jesus Storybook Bible』(Sally Lloyd-Jones, 2007, Zonderkids)을 추천한다.

》 암송과 필사

영어 성경 암송하기는 입문 단계와 기본 1단계의 설명을 참조한다. 역시 진도에만 얽매이지 말고 정기적인 복습의 시간을 꼭 갖도록 한다. 복습하지 않으면 힘들게 외운 말씀들을 순식간에 잊어버린다. 암송한 말씀을 필사하는 것은 암송 자체에도 큰 도움이 되지만 영어 쓰기를 위한 좋은 공부 방법이다. 고대부터 지금까지, 양서나 위대한 작품들을 베껴 쓰는 것은 좋은 글을 쓰기 위한 가장 좋은 방법이라고 한다. 더욱이 하나님의 말씀인 성경을 필사하는 것은 얼마나 더 좋겠는가?

》 통독하기

앞의 단계에서 들어왔던 『The Beginner's Bible』을 스스로 읽어보게

구분	듣기	암송	들으며 읽기	필사	통독
입문기	암송 성경 (마가복음)	마가복음	-	-	한글 성경 (『쉬운 성경』)
기본 1	암송 성경 (선택)	암송 절수 늘려가기	-	-	한글 성경 (『쉬운 성경』)
기본 2	암송 성경 (선택)	누적 암송 정기 복습	『The Beginner's Bible』	-	한글 성경 (『쉬운 성경』)
기본 3	암송 성경 (선택)	누적 암송 정기 복습	『The Word & Song Bible』 『The Jesus Storybook Bible』	암송성경	『The Beginner's Bible』

하자. 앞의 표는 입문 과정에서 기본 과정까지의 영어 성경 훈련 과정을 정리한 것이다.

심화 과정 1단계

››› 암송하기

영어 성경 암송하기는 입문단계와 기본 1단계의 설명을 참조하면 된다. 성경을 암송할 때는 진도 나가는 데만 마음 쓰지 말고, 반드시 정기적인 복습의 시간을 가져야 한다.

››› 소리 듣기/들으며 읽기

음원이 있는 영어 성경을 활용해 '들으며 읽기'를 꼭 하자. 『The Lion BIBLE for Children』(Murray Watts, 2013, Lion Hudson Plc, 한국 출간: 애플리스외국어사)을 추천한다. 구약과 신약 두 권의 책들과 총 10장의 CD로 이루어져 있다. 이야기 하나당 1~2쪽 분량인데 구약은 140개의 이야기로, 신약은 106개 이야기로 구성되어 있다.

››› 통독하기/독후활동

이 단계부터는 영어 성경을 매일 읽게 한다. 앞의 단계에서 '들으며 읽기' 해 왔던 『The Word & Song Bible』과 『The Jesus Storybook Bible』을 읽게 하자. 성경을 읽고, 그래픽 오거나이저('12. 독후활동과 영어 글쓰기'

를 참조)를 활용해 정리해 보는 것도 좋다.

심화 과정 2단계

≫ 암송과 들으며 읽기

영어 성경 암송하기는 한글 암송과 더불어 진행한다. 정기적인 복습의 시간도 꼭 가지자. 이제는 개역 성경과 같은 수준의 영어 번역본들로 '들으며 읽기'를 해 본다. 각 번역본의 차이점은 아랫글을 참조하길 바란다.

≫ 통독

앞 단계에서와 마찬가지로 매일 영어 성경으로 통독을 해 보도록 한다. 앞의 단계에서 들으며 읽기 했던 『The Lion BIBLE for Children』을 읽어도 좋고, 아래 번역본 소개에 기초하여 성경 읽기를 해 봐도 된다. 음원을 사용해도 무방하다.

≫ 영어 성경 번역본들 비교

영어 성경을 이용할 때 번역의 취지와 정신에 따라 다양한 번역이 있음을 참고하자. 번역에는 직역과 의역이 있다. 직역이 원문에 쓰인 개별 단어의 배열과 의미를 그대로 살리는데 치중하는 번역이라면, 의역은 원문이 전하고자 하는 메시지를 전하는데 치중하는 번역이라 할 수 있다. 의역이 읽기는 더 쉽겠지만 성경은 일점일획이라도 더하거나 빼서는 안 되는 하나님의 말씀이라는 점에서 원문의 단어와 구조를 충실히 살린 KJV, NASB, ESV, NIV를 추천한다. 의역 중에는 NLT를 추천한다.

KJV

KJV(King James Version)은 17세기에 번역되었지만, 현대인들도 많이 보는 성경이다. 고어체가 많아 읽기에 어려움이 있어 현대의 어법과 어휘로 바꾼 번역본들도 나왔다. NKJV(New King James Version, 1982)나 21CKJV(21st Century King James Version, 1991), American King James Version(1999) 등이다. 그러나 현대적 번역본들은 쉬운 말로 옮기다 보니 KJV가 의도한 의미가 바뀌기도 하고, KJV가 가진 운율의 아름다움은 잘 살리지 못했다는 평가도 있다.

NASB와 ESV

KJV 외에 원문에 가까우면서 읽기 쉽게 번역한 연구용 성경으로는 New American Standard Bible(NASB, 1971)이 있다. 이보다 좀 더 쉬우면서 NIV보다는 문자적 의미에 충실하게 번역한 성경으로는 English Standard Version(ESV, 2001)이 있다. 많은 교단에서 공예배와 연구용, 묵상용 등으로 쓰이고 있다.

NIV

New International Version(NIV, 1978, 1984, 2011)은 가장 대중적인 번역으로, 가장 널리 보급된 성경이다. 운율도 잘 살려서 낭독과 암송에도 좋다. KJV와 비교해 빠진 부분은 난외주에 수록했다. 미국 8학년(중2) 정도를 대상으로 번역한 것이다. 우리나라에서도 한영 성경 합본으로 가장 많이 발간되고 있다. 문자적 번역과 의미 중심 번역의 균형이 잘 잡힌 성경이다.

의미 중심 번역본들

의미 중심으로 현대 영어를 구사하여 번역한 것들도 많다. 『Living Bible』(TLB, 1971)은 아이들도 이해할 수 있도록 미표준역(ASV, 1901)을 현대어로 의역한 성경이다. 『현대인의 성경』(1985)은 이 성경을 기초로 번역한 것이다.

New Living Translation(NLT, 1996, 2004)은 의미 중심의 번역본들 중 우리나라에서 쉽게 구할 수 있는 번역본이다. 자연스러운 현대 미국영어로 의미를 전달하기 위해 번역된 것으로, 미국 초등학교 6학년 정도 수준으로 생활영어 표현이 살아있다는 점에서 쉽고 유익하다. 우리나라에서는 『쉬운성경』과 함께 한영대조 성경으로 발간되고 있다.

이외에도 Good News Translation(GNT, 1976/1992), Contemporary English Version(CEV, 1995) 등이 있다. 한편 유진 피터슨(Eugene H. Peterson) 목사 개인이 원문에서 직접 미국 현대 영어의 구어, 속어 표현까지 이용해 번역한 『The Message』(MSG, 2002)도 있다. 성경의 내용을 쉽게 읽도록 돕는 통독용 번역본이다. 원문의 중요한 단어가 빠지거나 문법 구조가 바뀌면서 신학적 문제도 제기되고 있어 묵상과 예배에 쓰기에는 적합하지 않다. 개인적으로는 추천하지 않는다.

요한복음 1:12로 번역본 맛보기

위에 소개한 다양한 번역 버전들의 요한복음 1:12을 비교해 보면 그 차이들을 느낄 수 있다.

"영접하는 자 곧 그 이름을 믿는 자들에게는 하나님의 자녀가 되는 권세를 주셨으니"(개역개정)

But as many as received him, to them gave he power to become the sons of God, even to them that believe on his name (KJV)

But as many as received Him, to them He gave the right to become children of God, to those who believe in His name (NKJV)

But as many as received Him, to them He gave the right to become children of God, even to those who believe in His name (NASB)

But to all who did receive him, who believed in his name, he gave the right to become children of God (ESV)

Yet to all who did receive him, to those who believed in his name, he gave the right to become children of God (NIV)

Some, however, did receive him and believed in him; so he gave them the right to become God's children (GNT)

But to all who believed him and accepted him, he gave the right to become children of God (NLT)

성경 연구 사이트

다양한 영어 성경 번역본을 히브리어, 헬라어 원문과 비교하며 깊이 연구하는 데 유익한 사이트로는 바이블 허브(https://biblehub.com)가 좋으며 KJV, NASV, ESV, NIV, NLT 등의 다양한 번역본들을 원문과 오디오로 직접 들을 수 있는 곳으로는 바이블 게이트 웨이(https://biblegateway.com)가 있다.

심화 과정 3단계

≫ 암송하기

영어 성경 암송하기는 앞의 설명을 참조한다. 성경을 암송할 때는 진도를 나가면서 반드시 정기적인 복습의 시간을 가지도록 한다.

≫ 통독하기

이제부터는 각 가정에 가장 적합한 성경 번역본을 선택하여 매일 영어로 성경을 통독해 보게 하자.

》》 묵상하기

두란노에서 발간하는 『생명의 삶』의 영어판인 『Living Life』 같은 묵상집을 사용할 수 있다. 두란노 큐티 사이트(http://www.duranno.com/qt/)에서도 CGN TV로 묵상 본문과 짧은 묵상 해설을 영어로 들을 수 있다.

『한국 오늘의 양식사』(The Daily Bread) 사이트(http://www.odbkorea.org)에 들어가면 매일의 말씀 묵상에 요긴한 3분가량의 예화들이 다양하게 실려 있다. 바로 들을 수도 있고 음성 파일을 다운받을 수 있다. 파일을 들으면서 통째로 외우면 발음 면에서도, 지식 면에서도 격조 있는 영어를 구사할 수 있는 점에서 유익하다.

아래는 심화 과정에서의 영어 성경 훈련 과정을 표로 정리한 것이다.

구분	암송	들으며 읽기	통독	묵상
심화 1	누적 암송 정기 복습	『The Lion BIBLE for Children』	『The Word & Song Children's Bible』 『The Jesus Storybook Bible』	
심화 2	누적 암송 정기 복습	KJV, NASB, ESV, NIV, NLT	『The Lion BIBLE for Children』	
심화 3	누적 암송 정기 복습		KJV, NASB, ESV, NIV, NLT	『Living Life』 『The Daily Bread』

10. 영어책

본서에서 영어책은 음원이 포함된 '오디오 북'을 말한다. 읽기를 훈련하기 위한 책들로 리더스북(readers book)과 챕터북(chapter book)이 있다. 리더스북은 30~40쪽 분량의 책들이고, 챕터북은 60~120쪽 분량의 챕터로 이루어진 책들로, 본격적인 소설 읽기 전에 읽는 책이다.

온라인 영어 도서관을 활용하더라도 종이책을 병행해 주어야 단계가 높아질수록 두꺼운 책으로 넘어가기가 쉽다. 많은 책을 사지 않아도 된다. 한 질 정도 사거나 낱권으로 사서 매일 일정 시간을 들어보게 한다. 같은 공동체에서 나눠 구입하여 서로 바꿔 볼 수도 있다. 요즘은 지역 도서관이 잘 되어 있어서 도서관에서 음원과 함께 책을 빌려 볼 수도 있다.

≫ 소리 듣기

각 단계에 맞는 오디오 북들의 음원(뒤에 추천 도서를 참조하라)이나 DVD들을 들으면서 영어 소리에 일정 시간을 노출시킨다. 재미있는 영화들은 DVD나 VOD 서비스 등으로 볼 수도 있다. 요즘은 유튜브에 웬만한 비디오들은 다 있다. 돈을 조금 더 내고 유튜브 프리미엄을 신청하면 광고 없이 볼 수 있다. 아이가 볼 영상은 부모님이 먼저 내용을 꼭 체크하고, 아이 혼자서는 절대 보게 하지 않는다. 되도록 음원이 있는 영어 그림책으로 소리를 접하게 한다. 심화 과정 2단계부터는 National Geographic 같은 다큐멘터리나 TED 같은 강연사이트, CNN Student News나 Voice Of America 등 흥미 있는 주제를 찾아 다양한 영어 듣기로 확장해 간다.

≫ 듣고 따라 말하기

입문 과정과 기본 과정 1단계에서는 자기 단계에 해당하는 책 한 권을 정해, 매일 일정 시간 듣고 따라 말하게 한다. 한 권을 혼자서 잘 읽을 수 있을 때까지 반복하면 된다. 이 시기의 책들은 녹음이 빠르지 않게 되어 있어서 듣고 따라 하기에 좋다. 이 훈련은 듣기, 말하기, 읽기와 다 관련이 있다.

이 훈련을 부모님이 먼저 해 보길 추천한다. 아이 입장에서 무엇이 힘들지, 어느 정도만 하는 게 좋을지 생각해 보게 된다. 너무 길게 하지 말고 시간은 5분부터 시작해서 점차로 늘려간다. 아이가 불평할 때도 야단치지 말고 공감해 준다. "엄마도 해 보니까 쉽지 않더라. 그런데 이렇게 연습하면 나중에 정말 영어 잘하게 된대. 조금만 힘내자" 하며 따뜻하게 격려해 주자.

기본 과정 2단계에서는 어느 정도 익숙해졌을 것이니 완벽하게 잘 읽을 때까지 반복하지 않아도 된다. 이 단계 이후부터는 글밥이 좀 많아지기 때문에 두세 번 정도 따라 읽게 하고, 잘 못 읽는 단어가 있더라도 다음 권으로 넘어가게 해 준다. 기본 과정 3단계부터는 리틀팍스에서 '듣고 따라 말하기'를 한다면 오디오 북으로는 하지 않아도 된다. 리틀팍스로 하지 않는다면 오디오 북으로 한다. 두 가지 중 하나만 하면 된다. 영어책으로 하는 '듣고 따라 말하기'는 심화 과정 1단계 정도까지만 하면 된다.

››› 들으며 읽기

'듣고 따라 말하기'보다 한 레벨 높은 수준의 오디오 북들을 사용하여 원어민의 소리를 들으며 눈으로 따라 읽는다. 오디오북은 각 단계의 추천 도서들을 참고한다. 이렇게 '들으며 읽기'를 하다 보면 아이들이 원어민이 읽어 주는 속도에 읽기와 듣기 속도가 맞춰진다. 이 훈련은 언어의 네 가지 영역과 다 관련이 있다.

오디오 북을 들을 때 음원을 들으면서, 소리에 맞춰 눈으로 책을 읽기는 쉽지 않다. 이 훈련도 부모가 함께하도록 한다. 가장 좋은 방법은 부모가 먼저 한번 해 보는 것이다. 그러면 이 훈련이 얼마나 고되고, 얼마나 쉽게 집중력을 잃기 쉬운지 알 수 있다. 그러면 아이의 입장에서 어떤 점이 어려울지 알게 되고, 어떻게 도와주어야겠다는 생각도 들 것이다. 부모가 먼저 해보고 아이가 해 보게 한 후 무엇이 어려웠는지, 어떻게 도와주면 좋을지를 물어보는 것도 좋다. 나이가 어린 아이들은 책에 자를 대고 해도 좋다. 집중해서 들었는지 확인은 내용 파악 정도로, 생각나는 것이나 줄거리 말하기로 한다. 영어로 말하기가 어렵지 않은 친구들은 영어로 시도해 봐도 좋고, 영어로 하는 것이 버거우면 우리말로 해 보게 한다.

기본 과정 2단계부터는 소리를 들으면서 눈으로 읽는 것이 익숙해질 것이다. 집중해서 들었는지 확인은 내용 파악 정도로 한다. 생각나는 것이나 줄거리 말하기는 영어로 말하기가 가능한 친구들은 영어로, 영어로 하는 것이 버거우면 우리말로 해 보게 한다. 레벨이 올라갈수록 '들으며 읽기'는 점점 양도 많아지고, 시간도 늘려가야 하는데 쑥쑥 잘 넘어가 주는 아이들의 특징은 책 읽기를 좋아하는 아이들이다. 우리말 독서가 훈련되어 있지 않은 아이들은, 이 시간이 고되고 힘든 훈련의 시간일 뿐이다. 항상 우리말 수준이 곧 영어 수준이 되지만 레벨이 올라갈수록 이 현상은 더 뚜렷해진다.

기본 과정 3단계부터는 집중해서 들었는지 확인은 내용 파악 정도로 간단히 하고, 이제부터는 생각나는 것이나 줄거리를 그래픽 오거나이저로 정리해 보게 한다. 이러한 작업은 생각을 깊게 하고 다시 말하기와 쓰기로 확장할 수 있는 밑바탕이 된다. 심화 과정 3단계에서는 문학작품이나 논픽션에 대해 '들으며 읽기'를 해 본다.

≫ 읽기

앞 단계에서 '들으며 읽기'를 한 책들이나 현재 단계에서 '듣고 따라 말하기'를 한 책들을 스스로 읽어 보게 한다. 입문 과정과 기본 과정 1단계까지 잘 훈련되면 기본 과정 2단계부터는 오디오를 듣지 않은 같은 단계 책들도 자연스럽게 읽을 수 있게 된다. 심화 과정 1단계부터는 자신의 관심사와 흥미를 따라 문학, 역사, 과학, 잡지와 신문 등으로 읽기의 범위를 넓혀간다. 심화 과정 2단계부터는 챕터북과 소설들을 재미있게 읽는다. 다양한 주제의 논픽션과 문학작품의 본격적인 리딩으로 도약하기 위한 단계이다. 이러한 확장의 방법으로 한 시리즈의 첫 책을 '들으며 읽기'를 한 뒤 나머지 시리즈를 오디오 없이 혼자 읽게 해 본다. 큰아이도 『Percy Jackson』시리즈의 첫 권을 '들으며 읽기' 한 후 나머지 시리즈는 CD 없이 혼자서 다 읽었던 경험이 있다.

11. 온라인 영어 도서관

시중에는 많은 온라인 영어 도서관이 있다. 아래에서는 그중 하나인 '리틀팍스'를 중심으로 한 이용법을 소개하고자 한다.

≫ 진도표(Progress Chart) 만들기

아이와 함께 각 단계를 언제까지 마칠지 목표를 정한다. 리틀팍스는 월~금까지 매일 새로운 애니메이션이 나온다. 그래서 한 단계에 해당하는 시리즈 중 몇 개를 정해 진도표를 만든다. 레벨 업의 기준이 뚜렷해야 부모나 자녀들도 보람이 있고 성취감이 생긴다. 진도표를 따로 만들기 번거로운 부모들은 '성경적 부모표 영어 홈스쿨' 네이버 카페에서 프로그레스 차트를 출력하면 된다. 벽에다 진도표를 붙이고, 시작한 날과 마치기로 한 날짜를 정해 놓고 마쳤을 때 축하하고 격려하는 의미로 낚시 가기, 동물원 가기 등 특별한 체험이나 맛있는 음식 먹기 등의 상을 결정해 적어 놓는다.

⟫⟫ 소리 듣기

'소리 듣기', 즉 영어 소리에 노출시키는 것은 영어의 네 가지 영역 중 '듣기'에 가장 직접적인 영향을 주지만 결국에는 언어의 네 가지 영역 모두에 가장 기초가 되는 훈련이다. '소리 듣기'의 목표는 일정한 양의 시간을 영어 소리에 노출시키는 것이다. 학년과 취향에 따라 시간은 달라질 수 있다. 주일을 제외한 월요일부터 토요일까지 매일 30분 정도는 하도록 한다.

입문 과정에서는 리틀팍스 1~3단계나 DVD 등을 매일 일정 시간 즐겁게 본다. 기본 과정 1단계에서는 리틀팍스 2~7단계까지 단계에 개의치 말고, 아이가 보고 싶은 것 위주로 애니메이션 상태로 본다.

기본 과정 2단계에서는 리틀팍스 3~7단계 중에서 아이가 보고 싶어 하는 시리즈 중심으로 보게 한다.『슈렉』,『앨빈과 수퍼밴드』,『볼트』등 재미있어하는 DVD나 VOD 혹은 유튜브를 보게 할 수도 있다.

기본 과정 3단계에서는 리틀팍스 3~7단계 중심으로 듣기,『How to Train Your Dragon(드래곤 길들이기)』,『The Chronicles of Narnia(나니아 연대기)』시리즈,『Pippi Longstocking(말괄량이 삐삐)』TV 시리즈,『Diary of a Wimpy Kid(윔피 키드 일기)』시리즈,『The Tale of Despereaux(작은 영웅 데스페로)』,『Charlotte's Web(샬롯의 거미줄)』등 재미있는 DVD를 본다. 영상물의 내용은 반드시 부모가 먼저 점검한다. 어린이 추천물도 성경적 기준으로 봤을 때 바람직하지 않은 내용인 경우가 있다. 특히 유튜브는 좋은 영상들도 많지만, 정말 위험한 콘텐츠들도 함께 섞여 있다. 학년과 상관없이 절대로 방에서 혼자 보게 하지 말고, 거실에서 가족이 함께 보는 것을 추천한다. 유튜브 가입 시 아이 이름과 나이로 가입하면 알고리즘에 의해 아이 연령대에 맞는 콘텐츠 중심으로 추천이 된다.

심화 과정 1단계에서는 리틀팍스 6~8단계 중심으로, 2단계에서는 리틀팍스 8~9단계 중심으로 아이가 좋아하는 것을 듣게 한다. 심화 3단계 이후는 리틀팍스보다 다른 영역들의 듣기로 나아가야 한다.

》 듣고 따라 말하기

성경적 부모표 영어의 모든 단계에서 '듣고 따라 말하기'는 레벨을 정하는 기준이다. 리틀팍스의 어떤 레벨을 '듣고 따라 말하기'를 하느냐를 레벨의 기준으로 삼는다. '듣고 따라 말하기'는 한 시리즈의 원문을 읽혀 보았을 때 70~80% 정도의 단어를 알고, 전체 맥락이 파악되는 정도면 적당하다. 줄거리가 파악되어야 흥미를 유지하며 아직 모르는 20~30%의 단어를 즐겁게 익혀갈 힘이 생기기 때문이다.

'듣고 따라 말하기'의 학년별 적정 레벨은 자기 학년이 리틀팍스 단계 정도면 적당하다고 할 수 있다. 즉 4학년은 4단계, 6학년은 6단계 정도라면 적당하다. 되도록 레벨과 아이의 학년이 맞춰질 수 있도록 고학년은 양을 많이 해서 빨리 마치도록 한다. 영어를 처음 시작하는 경우라면 입문 과정의 진행 방식을 그대로 하면 된다. 고학년의 경우는 이 책 '6. 성경적 부모표 영어 홈스쿨, 이렇게 시작하라' 중 '이렇게 시작하자'의 '리틀팍스 레벨 정하기'를 참고한다.(173쪽) 리틀팍스 상의 레벨 테스트 결과를 보고 결정해도 된다.

'듣고 따라 말하기'의 방법은 다음과 같다. 리틀팍스 화면에서 보고자 하는 에피소드에 커서를 올린다. 애니메이션과 e-book을 표시하는 두 개의 아이콘이 나온다. 그중 애니메이션 아이콘을 누르면 에피소드가 시작될 것이다. 하단의 번호를 여러 번 눌러가며 소리를 듣고 되도록 똑같이 따라 해서 원문만 보고 읽을 수 있을 정도로 연습을 한다. 적어도 듣고 따라 하는 것을 문장당 3회 이상 반복한다.

입문 과정에서는 리틀팍스 1단계 동화 중 'Mrs. Kelly's Class', 'ABC Book', '1단계 단편 동화' 등을 리틀팍스 하단의 번호를 눌러서 소리를 듣고 따라 하면서 스스로 읽을 수 있을 때까지 익힌다.

1단계의 '듣고 따라 말하기'의 순서는 다음과 같이 하면 좋다. 'ABC Book'을 가장 먼저 해서 알파벳 음가도 익히고, '듣고 따라 말하기'에 입문한다. "A is for apple"과 같은 문형으로 "is for"가 반복되며, 단어들도 처음 시작하기 쉬운 단어들로 이루어져 있기 때문에 발을 들여놓기에 좋다.

그다음으로는 1단계 단편 동화를 하는데 리틀팍스 화면상으로는 맨 끝에서부터 시작한다. 단편 동화는 계속 나오기 때문에 화면에서 앞부분이 최신의 것이다. 단편 동화는 다소 난이도가 들쭉날쭉한 단점이 있긴 하지만 계속 반복되는 문형으로 이루어져서 따라 하기가 어렵지 않다.

학년이나 흥미도, 능력에 따라 매일 1개에서 10개까지 듣고 따라 하게 한다. 읽기 자료를 프린터블 북으로 만들어도 된다. 옆의 사진은 'ABC

ABC Book 프린터블 북

Book'을 묶어 놓은 프린터블 북이다. 혼자서 잘 읽을 수 있을 때까지 스스로 연습한 후에 리틀팍스의 원문보기를 눌러 읽어보게 하고, 막힘없이 잘 읽는지를 검사한다.

기본 과정 1단계에서는 리틀팍스의 2단계 동화들인 '2단계 단편 동화', 'Wacky Ricky', 'Sam & Lucky', 'Magic Marker', 'Bird and Kip', 'Meet the Animals'들 중 적어도 4개의 시리즈를 선택하여, '듣고 따라 말하기'로 익혀 스스로 읽는다.

기본 과정 2단계에서는 리틀팍스 3단계 동화 중 '3단계 단편 동화', 'Pet Lover's Club', 'South Street School', 'Wind in the Willow', 'Hana's Album' 등 가운데서 적어도 5개의 시리즈를 정해 '듣고 따라 말하기'로 익혀 스스로 이해하며 읽는다.

기본 과정 3단계에서는 리틀팍스 4단계 동화들인 '4단계 단편 동화', 'Fun at Kids Central', 'Danny and the Colorless Giants', 'Thumbelina', 'The Wishing Well' 등에서 5개의 시리즈를 선택하여 문장을 '듣고 따라 말하기'로 익혀 스스로 읽는다.

심화 과정 1단계에서는 리틀팍스 5단계 동화들, 즉 '5단계 단편 동화', 'The Willow Creek Twins', 'Gullivers Travel', 'Aladdin', 'The Railway Children', 'A Dog of Flanders', 'Pinocchio', 'The Little Mermaid', 'Heidi' 등에서 8개 정도의 시리즈를 선택한다.

심화 과정 2단계에서는 리틀팍스 6, 7단계 동화 중 '6단계 단편 동화', 'The Lemonade Detectives', 'Peter Pan', 'The Secret Garden', 'Black Beauty', 'Wizard of Oz', 'Tom Sawyer', 'Around the World in 80 Days', '7단계 단편 동화', 'Huckleberry Finn', 'Red Magic', 'Anne', 'Treasure Island', 'Grandpa's World', 'Little Women', 'Q.T.'s Science Adventures', 'My Life' 등의 시리즈를 '듣고 따라 말하기'로 익혀 스스로 읽는다.

심화 과정 3단계에서는 리틀팍스 8, 9단계 동화 중 '8단계 단편 동화', 'The Prince and the Pauper', 'Oliver Twist', 'Oscar Wilde', 'Jane Eyre', 'Arsene Lupin', 'Shakespeare', '9단계 단편 동화', 'Famous Disasters', 'O. Henry', 'Greek Myths', 'Great Expectations' 등을 '듣고 따라 말하기'로 익혀 스스로 읽는다.

'듣고 따라 말하기'의 적정량이란 연령, 흥미에 따라 다를 수 있다. 4학년 이상이 이 단계라면 처음 시작할 때는 한 개씩으로 시작하여 적어도 5개 이상의 에피소드를 해야 한다. 3학년까지는 '듣고 따라 말하기' 비중은 매일 1~3개 정도가 적정한 양으로 보인다.

≫ 부모와 함께 하는 녹음 숙제와 퀴즈 및 단어장

부모 중 한 사람은 주중에 진행하는 것을 주로 관리하고, 다른 한 사람은 숙제를 봐주면 좋다. 자녀가 '듣고 따라 말하기'의 원문을 잘 읽을 때까지 연습하게 한다. 잘 읽으면 아이가 읽은 것을 카톡으로 녹음하여 아빠(혹은 엄마)에게 보내고 프로그레스 차트(진도표)의 해당 부분에 스티커를 붙여 주거나 색칠을 하게 한다. 이것이 '녹음 숙제'다. 에피소드 내용에 관한 퀴즈도 풀게 한다. 마치면 프로그레스 차트의 '퀴즈' 부분에 스티커를 붙이거나 색칠한다. 이어서 단어장을 보고 스스로 단어와 뜻을 익히게 한 후, 역시 스스로 검사해 보게 한다.
처음엔 부모가 검사해 주어
도 좋다. 검사하는 방법은 먼
저 단어장에서 한글 뜻을 지
우고, 영어 단어만 띄워 놓고
한글 뜻을 말하게 한다. 반대
로 한글 뜻을 띄워 놓고 단어
를 맞추게 해도 된다(위 화면

리틀팍스 단어장 Text on off

의 'Text on/off' 항목 중에서 선택). 지워져 있는 부분을 아이가 먼저 맞춰
보게 한다. 그 후에 지워져 있는 곳을 클릭하면 해당 내용이 나타나 맞는지
확인할 수 있다. 아이가 말한 것이 맞으면 통과하고 틀리면 영어 단어 왼쪽
에 있는 네모난 체크 박스에 체크한다. 그리고 다시 익히게 한 후 검사하면

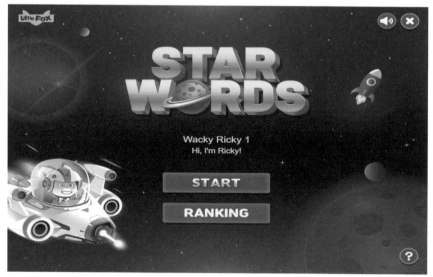

리틀팍스 스타워즈 화면

된다.

단어장으로 단어를 익혔으면 마지막으로 '스타워즈'를 해 본다. 스타워즈가 끝나면 맞춘 개수를 엄마에게 말하게 하고, 그 결과를 사진 찍어 아빠에게 보낸다. 단어장과 스타워즈를 마치면 프로그레스 차트상의 '단어'에 표시를 한다. 이 모든 과제는 기본 과정이나 심화 과정 모두 동일하게 적용할 수 있다. 영어 타자도 익힐 겸 리틀팍스 2단계부터 나오는 '크로스워드 퍼즐'도 적당히 이용하면 좋다.

주말이나 한 달에 한 번 정도 잘 읽을 수 있도록 연습한 책을 아빠(혹은 엄마) 앞에서 읽어 본다. 이때는 단어를 확인하거나 못 읽는 것을 고쳐주면 절대 안 된다. 무조건 감탄, 격려, 칭찬한다. 큰아이들의 경우는 이때 칭찬과 함께 정해진 용돈을 주어도 좋다.

≫ 들으며 읽기

'들으며 읽기'는 아이들이 원어민이 읽어 주는 속도에 읽기와 듣기 속도가 맞춰지게 해준다. 이 훈련도 결과적으로는 언어의 네 가지 영역과 다 관련이 있다. 모든 단계에서 '들으며 읽기'는 '듣고 따라 말하기'보다 한 레벨 높은 것부터 한다.

두 가지 방법이 있는데, 첫째 프린터블 북으로 인쇄해서 소리를 들으면서 눈으로 읽게 할 수 있다. 두 번째, e-book을 'Read to Me' 상태로 놓고 소리를 들으면서 읽게 할 수도 있다. 이 상태에서는 소리가 나오면서 그 소리에 해당하는 단어나 문장들에 색깔이 표시되기 때문에 그것을 보고 있으면 된다.

입문 과정에서는 리틀팍스 2단계 이상의 e-book을 사용하여 원어민의 소리를 들으며 눈으로는 따라 읽는다. 기본 과정 1단계에서는 리틀팍스 3단계 이상을, 기본 과정 2단계에서는 리틀팍스 4단계 이상의 시리즈 동화들을 들으며 읽기를 한다. 기본 과정 3단계에서는 리틀팍스 5단계나 그 이상의 시리즈를 대상으로 매일 적어도 20분 이상 오디오 소리를 들으며 눈으로 따라 읽는다.

심화 과정 1단계에서는 리틀팍스 6단계나 그 이상의 시리즈를, 심화 과정 2단계에서는 8단계 이상의 관심 있는 것을 스스로 읽는다. 리틀팍스의 시리즈는 가끔 역사나 과학을 다룬 것들도 있지만 대개가 명작이나 창작동화들이다. 반면에 리틀팍스의 단편 동화들은 대부분 사회, 과학, 위인전, 역사 등을 다룬 것들이다. 이때쯤부터는 의식적으로 단편 동화들을 일정량씩 읽어 보도록 지도한다.

⋙ 읽기

'읽기'는 '듣고 따라 말하기'나 '들으며 읽기'를 한 리틀팍스 동화를 스스로 읽어보는 것이다. 입문 과정부터 기본 과정 2단계까지는 되도록 소리내어 읽게 한다. 이때 프린터블 북을 활용할 수도 있고, 리틀팍스 e-book을 'Read It Myself' 상태로 놓고 활용해도 좋다. 오른쪽 화면 사진의 하단 가운데에 있는 파란색 'Read It Myself' 버튼을 누르면 화면이 나올 때 글자만 보이고 소리가 나지 않아 '읽기'를 할 수 있다.

소리 내어 읽을 때 유창성이 부족해 보이면 이렇게 훈련해 보자. '들으며 읽기'와 '듣고 따라 말하기'를 했던 책을 중심으로 5분부터 30분 정도까지

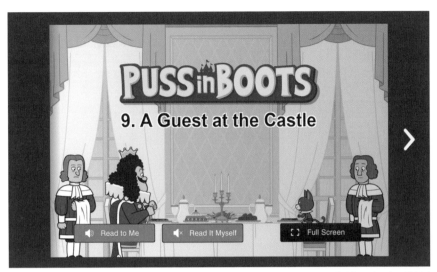

시간을 늘려가며 진행할 수 있다. 이때 '듣고 따라 말하기' 한 시리즈 중 한 개의 시리즈를 정하고, 그중 50편 정도의 에피소드를 아이가 쉽게 읽을 수 있을 때까지 10번을 목표로 읽어보게 한다. 같은 것을 읽는 것이 재미없을 수도 있지만, 훈련상 필요하다고 말하고 도전해 보자고 한다. 심각하게 말고, 재미있게 하면 좋겠다. 예전에 나는 예준이가 뭐든 느리게 하는 것 때문에 생쥐 모양의 쿠킹 타이머를 사서 '찍찍이'라 이름 붙이고 예준이와 찍찍이의 대결이라고 하면서 예준이가 정한 시간 내에 마치면 스티커를 하나씩 붙여 주고, 20개가 모이면 아쿠아리움에 갔다.

이 훈련의 목적은 영어책에 익숙해져서 두려움 없이 읽도록 하려는 것이다. 처음부터 10번을 목표로 하지는 않는다. 처음엔 3번, 5번, 10번씩 점점 늘려가 본다. 만약 3번 만에 모든 단어의 뜻을 다 알고 유창하게 읽는다면 그만해도 된다. 여기서 '유창하게'의 기준은 분당 150단어 정도 수준이다.

그렇다고 빨리 읽는 데만 급급해서는 안 되고, 영어의 리듬이나 연음, 문장 부호에 맞는 읽기가 되도록 해야 한다. 읽기 시간은 처음 시작하는 경우 5분부터 시작하되 기본 과정에서는 되도록 30~40분까지 늘려가고, 심화 과정에서는 1시간이나 그 이상까지도 늘린다.

기본 과정 3단계 이후부터는 꼭 소리 내어 읽게 하지 않아도 되지만 e-book을 볼 때는 소리 내어 읽게 하는 것도 좋다. e-book이 편하고 저렴한 장점은 있지만 꼭 종이책을 병행하기를 권한다. 나중에 좀 더 볼륨 있는 책으로 넘어갈 때를 위해서도 그렇고 전자책은 아무래도 다른 유혹이 생기기 쉽기 때문이다.

또한 이 단계부터는 이미 읽어본 책을 읽지 않아도 된다. 새로운 책도 읽어보고 싶어 하면 읽을 수 있다. 프로그레스 차트에 없는 것들을 하거나 새로 나온 에피소드들을 중심으로 하면 즐겁게 읽을 수 있을 것이다. 읽기를 할 때 사회, 과학, 위인전, 역사 등을 다룬 단편 동화들도 일정량은 꼭 읽어보도록 지도하자.

≫ 말하기/쓰기

리틀팍스는 단계마다 특별히 회화를 익히기 좋은 시리즈가 있다. 1단계 동화 중 'Mrs. Kelly's Class'가 그중 하나다. 아이들이 듣고 따라 한 후 오른쪽과 같이 '원문/해석' 중에서 해석 부분만 출력해서 한글만 보고 영어로 말하게 해 본다. 유창하게 외울 때까지 매일 연습한다. 리틀팍스로 말하기 훈련하는 것이 번거롭게 느껴진다면 대안으로 『어린이 영어탈피(상, 하)』라는 교재를 활용해도 좋다(PART 3의 '7. 단계별 학습 목표와 핵심' 중 189

쪽 '입문 과정 진행 요점' 표 하단의 설명 참조). 여기서 중요한 것은 원어민의 목소리나 억양, 리듬을 되도록 똑같이 따라 하게 하는 것이다. 이때 중요한 것은 원어민이 불러주는 문장을 노래라고 생각하고 음정과 박자를 지켜 그대로 따라 하는 것이다. 영어의 음역대는 우리말 음역대보다 더 넓으며 우리말에는 없는 높은 음역대가 있다. 그래서 우리말을 쓰는 사람들이 영어를 들을 때 우리말의 음역대 밖에 있는 소리는 잘 듣지 못한다.[27]

우리나라 영어 교육이 실패하는 대부분의 이유는 소리 교육 없이 시험을 목표로 하는 문법 위주 교육, 우리말로 해석하는 독해 위주 교육으로, 영어 어순대로 순차적으로 소리를 듣고 이해하는 부분이 취약하기 때문이다. 그러나 원어민의 억양, 목소리, 리듬과 음의 고저를 그대로 따라하다 보면 어느덧 뇌와 귀와 혀를 비롯한 구강 구조까지 영어에 맞춰지게 된다. 그리하여 마침내 모국어가 체화되듯이 임계량이 차면 어느 날 귀도 트이고 입도 트여 영어가 말이 되어 나오는 것이다.

처음엔 해야 할 양을 적게 한다. 하루 한 문장에서 시작하는 것도 좋다. 한 문장을 그 성우와 똑같이 따라 하는 것이다. 조금 과장되다 싶게 목소리, 발음, 억양 등을 똑같이 따라 하는지 체크하고 패스를 시켜준다. 아이의 말하기를 녹음해서 성우의 소리와 비교해 보게 해도 좋다. 그런 식으로 문장의 양을 천천히 늘려 간다. 그리고 연습은 항상 누적이다. 어제 에피소드 1번을 했으면 오늘도 1번부터 시작해서 오늘의 분량까지 연습하고, 내일은 처음부터 시작해서 내일 분량까지 연습하는 것이다.

---

27) 한국어는 800~2,000Hz의 음역대에 있고 영어는 1,000~3,000Hz의 음역대에 있다. 신효상, 이수영, 『스피드 리딩』, 롱테일북스, 2007, p.52.

연습해서 한글 해석만 보고도 영어로 잘 말할 수 있을 때까지 연습하게 한다. 한글 해석은 리틀팍스의 원문 보기의 해석 보기를 눌러서 인쇄하면 된다. 이때 친구나 형제가 짝이 되어 서로 한 문장씩 번갈아 해 보면 좋다. 오늘은 언니가 먼저 시작했다면 내일은 동생이 먼저 시작하는 식으로 한다.

입문 과정에서는 말하기만 했지만, 기본 과정부터는 문장을 말하고 써보게 한다. 한 에피소드에 들어 있는 문장들을 한글 해석만 보고 잘 말할 수 있게 되면 그때 쓰기를 시작한다. 쓰기 역시 매일 한 문장부터 시작한다. 해석을 보고 영어로 완벽하게 쓸 수 있을 때까지 계속 쓰기도 연습하게 한다. 쓰기는 누적하기가 어려우니 테스트를 통해 정기적으로 반복한다. 한 에피소드가 끝나면 한번 쭉 써 보게 한다. 에피소드 5개를 마칠 때마다 그중에서 자주 틀렸던 문장이나 꼭 익혀야 하는 문장을 중심으로 테스트를 한다. '말하기/쓰기'를 익히기 위해 꼭 컴퓨터로 할 필요는 없다. MP3 파일을 휴대폰에 다운받아서 반복해서 듣게 해도 된다.

기본 과정 1단계에서 'Mrs. Kelly's Class'를 했다면, 2단계에서는 'Magic Marker'(필수) 중 50개의 에피소드와 'Wacky Ricky'(권장) 중 50개의 에피소드에 나오는 문장을 한글만 보고 영어로 말하고 쓸 수 있게 반복해서 익히도록 한다. 'Magic Marker'의 문장들은 I, You, He, She 등의 인칭대명사와 be 동사의 결합, be 동사의 부정문과 의문문, 일반동사의 부정문과 의문문, 의문사가 없는 의문문과 대답, 의문사가 있는 의문문과 대답 등 중학교 1학년 교과서의 필수적인 문법을 아우르는 문형들이 나온다. 'Magic Marker' 1번에서 50번까지 모든 에피소드를 해도 상당한 양이 되기 때문에 'Magic Marker'는 필수적으로 하고, 'Wacky Ricky'도 할 수 있다면 해도 좋다. 기본 과정 3단계에서는 리틀팍스 3단계 동화들인 'South Street School'과 'Hana's Album' 중 하나를 선택하여 20개 정도의 에피소드에 나오는 문장을 익혀서 한글만 보고 영어로 말하고 쓸 수 있게 한다.

심화 과정 1단계에서는 '4단계 단편 동화'나 시리즈물 가운데 'Fun at Kids Central', 'Danny and the Colorless Giants', 'The Wishing Well' 등에 나오는 에피소드를 20개 정도 정해서 기본 단어와 문장을 익혀 영어로 말하고 쓸 수 있게 한다. 앞에서도 말했듯 사회, 과학, 역사, 위인전 등 다양한 분야의 어휘와 배경지식을 갖게 하기 위해 단편 동화를 꼭 넣어두도록 한다. 심화 과정 2단계에서는 '5단계 단편 동화'와 시리즈물 가운데 'The Willow Creek Twins', '6단계 단편 동화'와 시리즈물 중 'The Lemonade Detectives' 등에 나오는 에피소드를 총 40개 정도 정해서 기본 단어와 문장을 익혀 영어로 말하고 쓸 수 있게 한다. '7단계 단편 동화', 'Anne', 'Grandpa's World', 'Q.T.'s Science Adventures', 'My Life', '8단계 단편 동화', 'Oliver Twist', 'Arsene Lupin', '9단계 단편 동화', 'O. Henry', 'Greek Myths' 등에 나오는 기본 단어와 문장을 익혀 말하고 쓸 수 있다.

≫ 단어 테스트와 레벨 업

가정에서 학습할 때 시작은 했지만, 끝맺기가 안 되어서 어려움이 생기기 쉽다. 지도하는 부모와 자녀에게도 한 단계를 마칠 때의 기준이 명확해야 목표 설정도 쉽고, 목표를 달성했는지도 알 수 있다. 그래야 성취감이 생기면서 꾸준히 공부할 동력이 생긴다.

한 시리즈를 마치면 간단한 테스트를 보면 좋다. 리틀팍스 화면에서 Vocabulary(단어장)를 활용하면 아주 훌륭한 시험지가 만들어진다. 한 시리즈를 하는 동안 꼭 외웠으면 하는 단어들을 나의 단어장에 저장해 둔다. 교육부 지정 초등 필수 800단어를 참조해도 좋다. 저장한 단어들을 인쇄한다. 입문 단계에서는 영어단어만 인쇄해서 뜻을 써 보게 하는 게 좋다. 만약 3학년 이상이 이 단계라면 시험지를 두 장 인쇄한다. 뜻을 쓰는 시험지와 영어 단어를 쓰는 시험지 두 장으로 인쇄가 가능하다. 영어 단어와 한글 뜻 둘 다 나오게 출력도 가능하고, 영어 단어만 나오거나 한글 뜻만 나오게 하여 다양하게 출력할 수 있다. 1, 2학년이어도 쓰기를 좋아하고, 한글 쓰기를 잘하는 아이라면 단어 쓰기도 가능하다.

이렇게 1단계 시리즈 중 3개 정도의 시리즈를 선택해서 프로그레스 차트를 만들고, 한 시리즈를 마칠 때마다 단어 테스트를 보게 한다. 한 시리즈에 50개 정도의 단어만 정해도 된다. 통과 점수도 미리 정해 놓는다. 만약 '90점 이상이면 통과'라는 기준을 정했다면 점수가 통과 기준에 도달할 때까지 재시험을 보게 한다. 그리고 중요한 것은 시리즈를 마칠 때까지 단어 테스트 준비를 매일 하게 하는 것이다. 매일 3~5개씩 단어를 외우게 한다.

조금씩 꾸준히 반복하는 것의 힘은 놀랍다. 월요일에서 금요일까지 매일 3개의 단어를 외운다고 가정하면 한 달이면 60개 정도, 1년이면 약 700개의 단어를 외울 수 있다. 그리고 한 석 달 동안 매일 3개 외우는 것을 꾸준히 해 왔다면 그다음엔 5개, 10개, 30개 등으로 늘려가는 것은 일도 아니게 된다.

레벨 업의 기준도 명확히 해 둔다. 입문 과정의 레벨 업 기준을 예로 든다면 다음과 같다.

① 한 시리즈의 각 에피소드의 녹음, 퀴즈, 단어를 다 마친다.

② 그 시리즈의 단어 테스트를 90점 이상으로 통과한다.

③ 1단계에서 3개 시리즈의 단어 테스트를 모두 마친다.

기본 과정 1단계 → 2단계 (위 기준 ①, ②에 아래 기준을 추가)

③ 2단계에서 4개 시리즈의 단어 테스트를 모두 마친다.

④ 'Mrs. Kelly's Class'의 문장을 외워서 한글 해석을 보고 말하고 쓸 수 있다.

기본 과정 2단계 → 3단계 (위 기준 ①, ②에 아래 기준을 추가)

③ 3단계에서 5개 시리즈의 단어 테스트를 모두 마친다.

④ 'Magic Marker'의 문장들을 외워서 한글 해석을 보고 말하고 쓸 수 있다.
  뒷부분이 어렵기 때문에 이 시리즈에서 1~50번까지 50개의 에피소드만 한정해서
  외운다.

기본 과정 3단계 → 심화 과정 1단계 (위 기준 ①, ②에 아래 기준을 추가)

③ 4단계에서 4~5개 시리즈의 단어 테스트를 모두 마친다.

④ 'South Street School' 시리즈의 문장들을 외워서 한글 해석을 보고 말하고 쓸 수
  있다. (다 하기 어려우면 20~30개만 암기)

심화 과정 1단계 → 2단계 (위 기준 ①, ②에 아래 기준을 추가)

③ 5단계에서 8개 시리즈(시리즈당 70개)의 단어 테스트를 모두 마친다.

④ 'Danny's Adventures'의 문장들을 외워서 한글 해석을 보고 말하고 쓸 수 있다.

    (다 하기 어려우면 1~20번까지 20개만 암기)

심화 과정 2단계 → 3단계 (위 기준 ①, ②에 아래 기준을 추가)

③ 6단계에서 7개, 7단계에서 7개 시리즈(시리즈당 100개)의 단어 테스트를 모두 마친다.

④ 6단계를 진행하는 동안 '5단계 단편 동화' 중 10개, 'The Willow Creek Twins' 중 20개 에피소드의 문장들을 외워서 한글 해석을 보고 말하고 쓸 수 있다.

    (다 하기 어려우면 일정량만 한정하여 암기)

심화 과정 3단계 통과 (위 기준 ①, ②에 아래 기준을 추가)

③ 8단계에서 최소한 7개, 9단계에서 6개 시리즈(시리즈당 100개)의 단어 테스트를 모두 마친다.

④ 8단계를 진행하는 동안 '7단계 단편 동화' 중 5개, 'Anne' 중 10개, 'QT's Science Adventures' 중 5개 정도 에피소드를 골라서 외워서 말하고 쓸 수 있다.

⑤ 9단계를 진행하는 동안 '8단계 단편 동화' 10개, 'Sports Stories' 10개, 'People in the News' 10개, '9단계 단편 동화' 중 10개 정도와 한 시리즈 정도를 골라서 외워서 말하고 쓸 수 있다.

다음은 입문 과정에서 심화 과정 3단계까지 각 훈련 영역에 대한 온라인 영어 도서관(리틀팍스) 진도를 표로 정리한 것이다.

구분	듣고 따라 말하기	소리 듣기	들으며 읽기	읽기	말하기/쓰기
입문	리틀팍스 1 수준	리틀팍스 1~6 수준, 애니	-	리틀팍스 1 수준 시작	Mrs. Kelly's Class (말하기)
기본 1	리틀팍스 2 수준	리틀팍스 1~7 수준, 애니	리틀팍스 3 수준	리틀팍스 1 수준	Mrs. Kelly's Class (이하 말하기, 쓰기)
기본 2	리틀팍스 3 수준	리틀팍스 1~7 수준, 애니	리틀팍스 4 수준	리틀팍스 1, 2 수준	Magic Marker Wacky Ricky
기본 3	리틀팍스 4 수준	리틀팍스 1~7 수준, 애니	리틀팍스 5 수준	리틀팍스 2, 3 수준	South Street School Hana's Album
심화 1	리틀팍스 5 수준	리틀팍스 3~7 수준, 영상	리틀팍스 6 이상	리틀팍스 3, 4 수준	리틀팍스 4 동화 중 선택
심화 2	리틀팍스 6, 7 수준	영상, 뉴스, 다큐, 강연	리틀팍스 7, 8 이상	리틀팍스 5, 6 수준	리틀팍스 5, 6 동화 중 선택
심화 3	리틀팍스 8, 9 수준	영상, 뉴스, 다큐, 강연	리틀팍스 8 이상	리틀팍스 7~9 수준	리틀팍스 7~9 동화 중 선택

12. 독후활동과 영어 글쓰기

기초적인 독후활동

≫ 독후화

책을 읽다가 가장 재미있었거나 감동적이었던 장면, 우스웠거나 혹은 슬펐던 장면, 아슬아슬했던 장면 등을 그려보게 한다. 유아나 저학년의 경우 독후화를 그리다가 글자에 익숙해지면 독후감을 써보게 해도 좋다. 결국은 독후감상화가 독후감상문이 된다.

≫ 책 베껴 써 보기

자녀가 초등학교 2학년 이상이라면 그림을 그린 후 그림에 해당하는 내용을 책에서 찾아 베껴 써보게 해도 좋다.

≫≫ 책 만들기

책을 읽고 내용을 요약해서 책을 만들어 볼 수도 있다. 이 단계의 간단한 그림책이나 읽기를 위한 리더스북을 보고 응용하여 내용을 구성하거나 그림을 그려서 책을 만들어 본다. 위 사진은 작은아이가 리틀팍스에 있는 'How to make a sandwich'를 보고 만든 책이다. bread, lettuce, tomatoes, cheese, mustard를 각각 색종이를 오리고 글씨를 쓴 다음, 빵부터 머스터드 소스까지 차례대로 붙이되 한쪽만 붙여서 들춰볼 수 있게 만들었다.

≫≫ 한 줄 독후감 써 보기(Reading Record)

Reading Record는 영어 글쓰기 초기 단계에서 시도해 볼 만한 가장 기초적인 활동이다. 책 읽은 날짜, 제목과 저자, 한 줄 독후감을 써 볼 수도 있다. 이 단계에서는 쓰기가 주가 아니기 때문에 작품이 마음에 들면 웃는 표정, 마음에 안 들었다면 우는 표정 정도의 그림을 그리거나 한 줄 느낌을 한글로 써도 된다. 아래 사진은 작은아이가 기록한 읽기 기록(Reading record)이다. 'funny', 'sad', 'I like it', 'I don't like it' 정도의 표현을 알려 주고 적게 해도 된다.

Reading Record

ach time you finish a book, write the information in your Reading Record.

1 Realistic Fiction 2 Humor 3 Fantasy 4 Mystery 5 Historical 6 Biography 7 Poetry 8 Nonfiction 9 Adventure 10 Science Fiction 11 Reference 12 Folk & Fairy Tales			

Use these numbers to tell the type of book.

ATE	TITLE & AUTHOR	COMMENTS	TYPE OF BOOK
55 5/17	CHICK, CHOCK Moo Cows That type	(cons can type?)	4
56 5/17	Spring is Here	the spring the flowers bloom.	
57 5/17	put it all together (kasa?)	put it all together.	1
58 5/18	Curious George takes a train	George is in trouble	3
59 5/19	Curious George Visits a toy store	Balls, dolls, bicycles, games filled the shelves.	1
60 5/19	Curious George and the dump truck	George is Funny monkey	1
61 5/19	the case of the missing monkey	where is the monkey	4
62 5/19	The paper bag princess	they don't married.	1
63 5/14	Don't Do that!	Nellie's Finger stuck!	2

그래픽 오거나이저(Graphic organizer)

⟫ 스토리 맵(Story Map)

책을 읽고 나서 하는 독후활동은, 단순한 정보 처리 정도에 그치지 않고, 다양한 읽기 기술을(Reading skill)을 연마하고, 사고력 확장까지 돕는 중요한 과정이다. 이때 사용할 수 있는 유용한 도구가 그래픽 오거나이저이다. 그래픽 오거나이저는 인터넷 검색만 해도 다양한 양식들을 다운받아 쓸 수 있다. 심화 과정 이상의 단계에서 북 리포트(Book Report)를 쓰는 것을 목표로 매 단계마다 한 가지씩 좀 더 자세히 설명해 보겠다. 소개하는 그래픽 오거나이저는 모든 단계에서 사용할 수 있다. 가능한 한 가지를 많이 써봐서 아이가 잘 활용하게 되었을 때 다른 폼을 사용하면 좋다. 그중에 Story Map은 이야기의 구성 요소인 인물, 사건, 배경 등을 한 장에 정리해 볼 수 있다. 가장 기본적이면서도 모든 단계에서 활용할 수 있는 도구이다. 책의 제목과 주요 인물들, 시간이나 공간적인 배경, 문제와 해결 등을 간략히 써넣으면 된다.

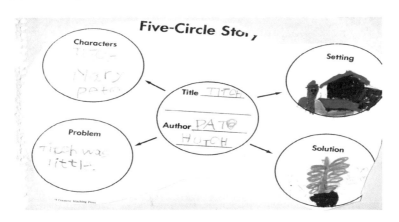

앞쪽 사진은 작은아이가 자신이 쓸 수 있는 것은 책에서 보고 쓰고, 어려운 건 그림으로 그린 것이다. 이렇게 그림을 그려도 된다.

아래 이미지는 큰아이가 『Mouse Soup』이라는 책을 읽고, 책 제목, 저자, 주인공, 부가적인 인물들, 공간적 배경, 주인공이 처한 문제점, 중요한 사건들과 결론을 정리한 것이다.

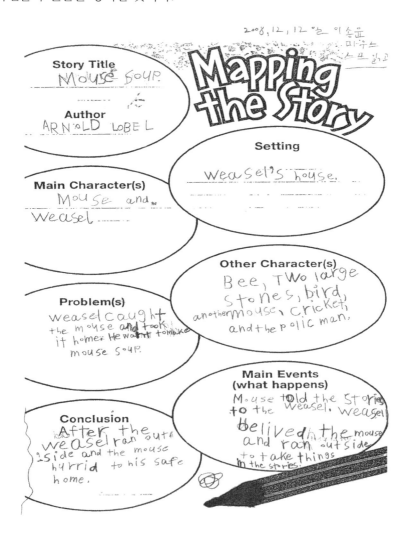

아래는 작은아이가 『Little Bear and Emily』라는 책을 읽고 북마크 형태의 그래픽 오거나이저에 정리한 것이다. 제목과 저자, 좋았거나 싫었던 내용, 흥미로운 사건이나 배경, 등장인물에 관해 쓰거나 그리기 등을 하게 되어 있다.

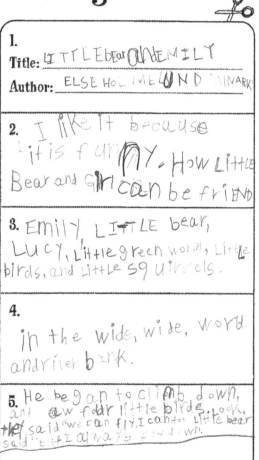

Bookmark Organizer

1. Write the title and author of the book.

2. Tell what you liked or did not like about the story

3. Write the names or draw pictures of the main characters.

4. Describe or draw the setting of the story.

5. Tell about or draw an interesting event or character.

1.
Title: LITTLE Bear AND EMILY
Author: ELSE HOLMELUND MINARIK

2. I like It because It is funny. How Little Bear and Girl can be friEND

3. EMILY, LITTLE bear, LUCY, Little green worm, Little birds, and Little Sq uirrels.

4.
in the wide, wide, word. andriver bank.

5. He began to climb down, and saw four little birds. Look, he said we can fly. I can too. Little bear said but I always fly down.

이런 내용을 쓰는 훈련을 해보면 심화 과정 이상의 단계에서 자신의 견해나 관점을 표현하는 북 리뷰(Book Review)를 쓰는 데도 어려움이 없을 것이다.

≫ 비교와 대조(Compare & Contrast)

책의 내용을 비교와 대조의 관점으로 분석하는 유용한 도구가 벤다이어그램이다. 비교와 대조는 책을 읽고, 인물, 주제, 버전, 개념 등을 비교하고 대조할 때 사용한다. 공통점과 차이점을 생각하고, 찾아보고, 기술하게 한다. 같은 이야기의 인물 비교, 다른 두 개의 이야기 속 주제나 인물 비교, 전래 동화의 버전 비교, 영화화된 책과 영화 버전 비교 등이 가능하다. 아래는 큰아이가 『Little Red Hen』과 『It's My Birthday』를 읽은 후에 공통점과 차이점을 벤다이어그램에 써넣은 것이다. 한글로 써도 된다.

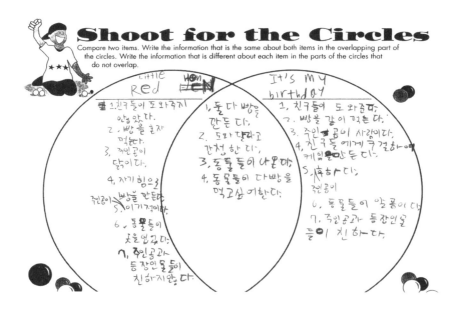

≫ 캐릭터 맵(Character Map)

Character Map은 등장인물의 외모, 성격, 행동, 생각 등을 분석해 보거나 주요 등장인물 간의 관계를 정리해 볼 수 있는 도구이다. 등장인물들의 생김새는 어떻게 그려지고 있는지, 무슨 생각을 하고, 어떤 말을 했는지, 어떠한 행동을 했는지에 대한 분석을 통해 묘사하는 표현을 책에서 찾아보고 배울 수 있다. 오른쪽은 큰 아이가 『Thumbelina』를 읽고 기록한 것이다. 등장인물 하나를 선택해 그가 한 행동들을 팔, 다리 부분에 적어 놓고 이 모든 것을 종합해서 몸통에 그 사람됨을 정리한 것이다.

≫ 타임 라인(Time Line)

Time Line은 동화나 소설 혹은 역사책에 나오는 중요한 사건들을 시간의 순서에 따라 요약하는 것이다. 시간 순서대로 되어 있는 책들은 어려움이 없겠지만 과거와 현재와 미래를 오가며 교차 기술되는 SF나 판타지, 회상 형식의 책들은 주의해서 정리해야 한다. 또 대충 읽으면 사건 사이의 연관성을 놓칠 수 있기에 책을 잘 읽었는지 확인하는 좋은 도구가 된다. 과거 시제를 사용하면 과거형 쓰기 연습도 되어서 유익하다.

아래는 큰아이가 『Last One is a Rotten Egg』라는 책을 읽고 사건이 발생한 순서에 따라 내용을 요약하고 결말을 쓴 것이다. First, Second, Next, Last 같이 단계별로 이야기를 시작하고 순서대로 이어나가는 데 쓸 수 있는 접속사와 표현들이 제시되어 있다.

Writing About
What Happened

TITLE: Last one In is a ROTTEN EGG.

In the beginning On (date) First To begin with The start of It started when It began on (date)	bobby and willie is friend. they go to the swimming pool. on the way to the swimming pool they met there friend freddy. they went to the swimming pool together
2 Not long after Second Next Then The second thing And then	Freddy's mom tlod freddy. "You may go swimming. but not to swim deep-water. so freddy sat on the bench of the swimming pool.
3 Next Third...fourth...fifth Now Then As And then	And, the tow big boys come into the swimming pol. And they pushed him freddy into the pool.
4 After Finally Last At the end And the last thing After everything In conclusion	Lifeguard Tom save freddy Freddy dednt want to swim. Tom helpd swim in the water Then freddy can swim in the water

아래는 큰아이가 『The Magic School Bus 18. The Fishy Field Trip』
을 읽고 Time Line으로 정리한 것이다. 과거에서 미래로 향하는 양방향의
화살표를 구획을 나누어서 시간대별로 관련된 그림과 해설을 넣었다.

Name: Jong-yoon-Lee   Date: 2009.5.오늘

On the Road to the Future
What happened when? Write the events in the correct order on the time line.

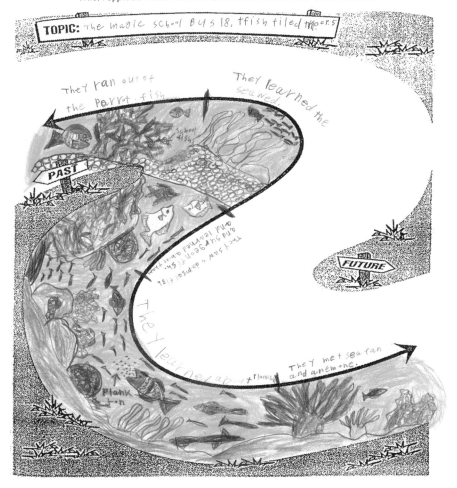

》》 써머리 차트(Summary Chart)

Summary Chart는 내용 요약을 돕는 정리 도구이다. '요약하기'는 책을 읽거나 영화 등의 매체를 보고, 그 내용을 전달할 수 있도록 정리하는 것이다. 요즘 같은 정보화 시대에는 많은 양의 글을 빨리 읽고 소화해 내는 능

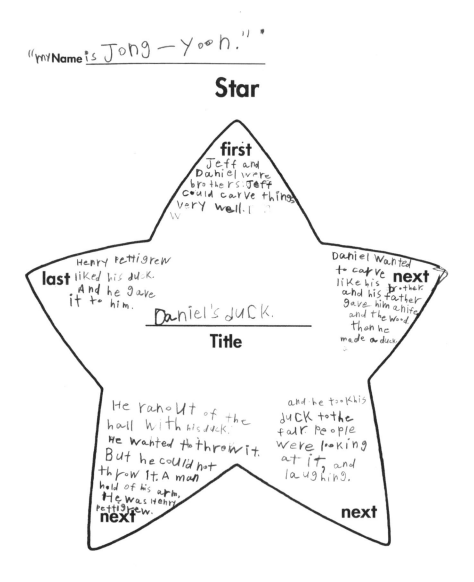

"My Name is Jong-Yoon."

Star

first
Jeff and Daniel were brothers. Jeff could carve things very well. I w

next
Daniel wanted to carve like his brother. and his father gave him a knife and the wood. then he made a duck.

last Henry Pettigrew liked his duck. And he gave it to him.

Daniel's duck.
Title

next
He ran out of the hall with his duck. He wanted to throw it. But he could not throw it. A man hold of his arm. He was Henry Pettigrew.

next
and he took his duck to the fair. People were looking at it, and laughing.

력이 필수적이다. 수능을 비롯한 각종 시험도 지문이 길어지고 있기 때문에 요약 기술이 매우 중요하다. 요약하는 과정을 통해 읽은 내용이 정리되기 때문에 장기 기억화에도 큰 도움이 된다. 무엇보다도 필요한 정보들을 정해진 주제나 구성 등의 틀에 맞게 재구성하는 과정에서 사고력과 창의력도 길러질 수 있다. 요약하기는 논술의 처음이자 마지막이라고까지 할 만큼 중요하다. 당연히 북 리포트 작성에서도 '요약하기'는 중요한 핵심이다.

Summary Chart 이전에 Time Line 그래픽 오거나이저로 시간의 흐름에 따라 중요한 사건들을 정리하는 연습을 충분히 한다면 요약하기가 한층 쉬워진다. Time Line에 정리된 상세한 사건 중 주인공과 문제와 해결 등이 드러나는 주요 사건을 골라서 정리하면 된다. 왼쪽 사진은 큰아이가 별 모양의 그래픽 오거나이저에 『Daniel's Duck』이라는 책을 읽고 쓴 것이다. 맨 위에 발단이 되는 내용을 적고 시계 방향으로 다음 내용을 적어 나가다가 마지막 결론부를 적게 되어 있다. 챕터북이나 긴 책의 경우는 한 챕터 혹은 몇 개의 챕터를 읽고 이렇게 정리해 볼 수 있다.

심화 과정 이상의 독후활동

» 기본활동과 그래픽 오거나이저(Graphic organizer) 활용하기

심화 과정에서는 책을 읽는 시간이 길어지면서 읽는 양이 많아진다. 리딩 레코드에 기록해 두면 유익하다. 목표량을 정해서 챕터북 100권 읽기에 도전하면서 성취감도 느끼고 읽은 책들에 대한 짧은 평가를 남겨 볼 수도

이름 Name	날짜 Date	쪽수 Number of pages
Jong-Yoon-Lee	2009 년 10 월 5 일	112 쪽

책제목 Title	저자 Author
The Little Prince	Saint Exupery.

등장인물 Main Character(s)
1 Little prince.
2 Saint Exupery
3 rose
4 Fox

활동 Activity

☆ Little prince home
planet B-612. ☆

있다.

그림이나 만들기는 아이가 좋아한다면 심화 단계에서도 여전히 유용하다. 왼쪽에 있는 그림은 큰아이가 『The Little Prince』를 읽고 집에서 만든 독후활동지에 어린 왕자가 사는 별을 그린 것이다. 단순해 보이는 이 그림을 그리기 위해서는 책에 별이 묘사된 부분을 자세히 읽어야 하고, 그것을 떠올려야 하고, 어떻게 보는 사람에게 전달해야 할지를 고민하며 재구성해 내야 하기에 그림도 좋은 독후활동이다.

≫ 북 리포트(Book Report) 쓰기

Book Report는 제목, 저자, 책 내용 등과 같이 책에 대한 정보를 기록하는 보고서 형식의 글이다. 주인공과 사건이 일어난 장소, 주인공의 문제와

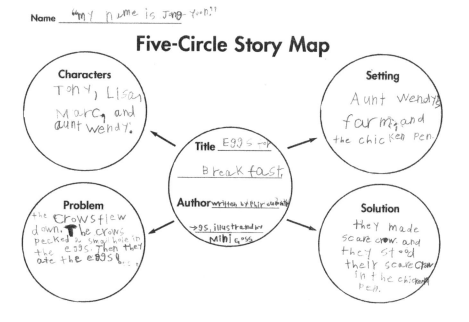

결말 등 책에 대한 기본적인 사실들을 적으면 Book Report가 된다. 책에 대한 주관적인 관점과 견해가 포함되는 Book Review보다는 쉬우므로 시도해 볼 만하다. 그래픽 오거나이저에 정리하고 나서 완전한 문장으로 기록해 보는 것으로 시작하자.

앞의 사진은 큰아이가 『Eggs for Breakfast』를 읽고 스토리 맵(story map)에 정리한 것이다. 스토리 맵을 바탕으로 책에 대한 정보들을 완전한 문장으로 적어본다. 예컨대 'The main Characters are Tony, Lisa, Mark, and aunt Wendy'. 'The setting of the story is aunt Wendy's farm"과 같이 말이다. 그리고 'Problem'과 'Solution'에 적은 문장을 그대로 적어 주거나 약간 변형하면 된다.

오른쪽 사진은 큰아이가 『Don't Do That』이란 책을 읽고 내용을 요약해 본 것인데 기본적인 스토리 맵을 문장 형식으로 중요한 내용을 적어보게 한 것이다. 북 리포트로 가는 중간 단계의 양식이다. 이런 양식을 쓰거나 양식에 적혀 있는 템플릿을 외워서 써도 된다.

책을 잘 읽고, 내용을 잘 기억하고 있는지도 점검이 되며 글을 써 봄으로써 책 내용이 오래 기억에 남기 때문에 유익하다. 이 단계의 정해진 책들을 읽고 독후감을 써 본다. 비교와 대조(Compare & Contrast)를 활용하여 공통점과 차이점을 중심으로 써 볼 수도 있고, 사건의 흐름을 중심으로 써 보고 싶으면 타임라인(Time Line)을 활용해 볼 수 있다. 캐릭터 맵(Character Map)을 사용하여 인물들 중심으로 써 볼 수도 있다.

무엇보다 우리말 책들을 읽고 글쓰기를 꾸준히 하는 것이 가장 중요하다. 중고생들도 외국대학에 진학할 것이 아니라면 한글로 글쓰기를 계속하는 것이 가장 중요하다고 생각한다. 아래 단계부터 문형 '말하기/쓰기'를 계속해 왔다면 영어가 안 돼서 글쓰기를 못 하는 경우는 없을 것이다. 큰아이도 우리말 독후활동이 영어 글쓰기에 밑바탕이 되었다.

Name ___Jong - Yoon.___

Narrative Story Frame

___DON'T DO THAT!___
title

Once upon a time in ___a city___,
setting

there lived ___Nellie___ and ___Henry,___.
character   character

They had a problem. The problem was that
___her finger was stuck in her___
___nose.___.

So their goal, or what they wanted to do, was
___getting her finger out___.

In order to reach this goal, they did three different things.
They ___called the doctor.___ They ___called the police.___
They ___called the fire brigade.___

When they finished doing these things, they had solved
the problem. So the resolution was that
___Henry tickled Nellie.___.

아랫글은 고1 나이의 큰아이가 미국에 유학 간 해에 블로그에 올린 글이다.

먼젓번 포스팅에서 15세 남아 이야기를 하다가 영어 쓰기에 대한 생각이 나서 이 글을 포스팅하게 되었습니다.

영어로 리더스북을 읽는 수준만 되어도 많은 학부모님이 영어 쓰기에 대해 고민을 합니다. 여기에 대한 제 생각은 초등 때까지 독서를 잘해온 아이라 해도, 중고등학생 때까지도 여전히 우리말 독서와 쓰기가 중요하다는 것입니다.

제 큰아이 조슈아의 경우도 영어로 글쓰기를 해 본 적이 거의 없습니다. 5학년 정도에 이미 제 학년의 미국 아이들이 읽는 책을 읽는 수준이었던 조슈아에게 영어 글쓰기를 시켜야 하지 않느냐고들 했지만 제 생각은 아직도 국어가 중요하다는 것이었습니다. 우리말로 독서 수준을 높여가고 글쓰기를 연습해 가면서 영어 독서를 꾸준히 해나간다면 영어 쓰기는 약간만 훈련을 해도 가능하다 여겼습니다. 또 영어 쓰기가 어려운 것이 과연 영어의 문제일까 하는 생각도 했습니다. 쓰기란 학습의 가장 마지막 단계일 것입니다. 글감을 찾고 생각을 정리해서 쓴다는 것은 상당한 수준의 사고력과 표현력을 요구하는 일입니다. 이런 것들을 지금 당장 미국에 살고 미국에서 교육을 받아야 하는 특별한 경우가 아니라면 영어보다는 우리말로 훈련해가야 한다고 생각했습니다.

그래서 아이들이 어릴 때부터 청소년이 된 현재까지도 우리 집에서는 독서와 글쓰기가 학습의 가장 중요한 도구입니다. 조슈아도 어릴 때부터 매일 성경 말씀 묵상과 일기 쓰기, 주 1회 정도는 독후활동을 했었고, 6학년 정도부터는 매주 1회 독서록이나 자유주제로 글쓰기를 했답니다.

조슈아를 미국에 유학 보내는 과정에서 쓰기에 대한 저의 이런 생각이 옳았다는 것을 확인할 수 있었습니다. 올해 4월에 갑자기 조슈아가 시카고에 있는 Wheaton Academy에 지원하기로 결정했을 때는 여러모로 막막했습니다. 조슈아는 작년 1년간 영어를 거의 안 하다시피 했습니다. 조슈아가 한 해 동안 다녔던 대안학교는 신입생들에게는 학과목을 공부시키지 않기 때문이었습니다.

지원서를 쓰려면 'iTEP SLATE-Plus'라는 시험을 봐야 하는데 읽기와 듣기는 기본 실력으로 본다고 쳐도 말하기와 쓰기를 너무나 자신 없어 했습니다. 공인시험을 본 적이 없어서 시험 경험이라도 하게 해 보려 했지만, 시간이 안 맞아서 고심하다가 토플 테스트와 가장 비슷하다는 한 어학원 레벨 테스트를 하러 갔습니다. 거기서 조슈아는 난생처음 Essay Writing이란 걸 해 보게 되었는데 원장님 말씀이 정말 잘 썼다고 합니다. 에세이는커녕 영어로 글쓰기도 해 본 적이 거의 없다는 말에 무척 놀라셨습니다. 이때 어학원 주장으로는 미국 공립학교 11학년 수준이라는 결과가 나왔고 덕분에 자신감이 많이 생긴 조슈아는 아이텝 시험을 잘 볼 수 있었습니다.

조슈아가 미국에 간 지 두 달여 되는 지난주에 레벨 테스트 겸 찰스 디킨즈의 『Great Expectations』의 일부를 읽고 글을 썼는데, 영어 선생님께서 조슈아를 부르시더니 다음과 같은 이야기를 하셨다고 합니다. "보통은 10학년으로 들어온 아이들도 국제 학생의 경우 영어 과목만큼은 9학년부터 시작하게 되는데 너는 우리 생각보다 글을 훨씬 더 잘 써서 10학년부터 듣게 해 주겠다."

이 이야기를 듣고 역시 영어 실력은 국어 실력을 능가할 수 없다는 점과 쓰기도 그렇다는 것을 다시 한번 확인할 수 있었습니다. 모국어가 모든 배움의 기초임을 알게 하신 주님, 감사합니다.^^

'Write from the Heart'라는 글쓰기 프로그램을 소개한다(http://writefromtheheartclasses.com). WFTH는 학교에서 얻을 수 있는 학생들 간의 교제와 선생님의 체계적인 지도를 받기 힘든 상황에 있는 6~12학년의 미국 홈스쿨 학생들을 위해 만들어진 온라인 영어 작문 교육 프로그램이다. 미국 홈스쿨 대상이지만 사실상 국제적인 프로그램으로 우리나라에서 저렴한 가격에 양질의 글쓰기 교육을 받을 수 있는 프로그램이다.

이 프로그램에는 중학생부터 고등학생들을 대상으로 한 다양한 30주짜리 코스가 있는데, 영어 글쓰기 경험이 아예 없는 학생들부터, 이미 숙련이 되어 있지만 더 글을 잘 쓰고 싶은 학생들을 위한 클래스까지 5개 레벨의 클래스가 있다. 구두점 찍기 단계부터 좋은 글을 쓰기 위한 개요, 문법, 다양한 뉘앙스의 적절한 단어 사용 등 글 쓰는 구체적인 방법을 배운다. 학생들은 매일 올라오는 과제들을 해가며 체계적으로 배울 수 있다.

연중 개설되는 문법, 시 쓰기, 창의적 글쓰기, 고등학교와 대학교 입학 에세이 등의 코스들이 있고, 시 같은 특정한 스타일의 글이나 단기간에 준비해야 하는 대학교 에세이, 학교 과제 등을 쓸 수 있게 도와주는 한 달 정도의 집중 과정들도 있다. 대학 에세이를 제외한 거의 모든 클래스는 레벨이 쉬운 클래스와 어려운 클래스로 나누어져 있어 자신에게 맞는 레벨을 선택할 수 있다. 온라인 사이트에서 먼저 간단한 테스트를 거치면 거기서 단계를 정해준다. 자기 생각보다 높거나 낮은 레벨에 배정되었다고 생각해서 더 높거나 낮은 수준의 수업을 듣고 싶다면 관계자들에게 연락을 취할 수 있다.

수업은 온라인상에서 이루어지는데, 화상 수업은 아니다. 매 단계 목표가 있고, 그 목표를 이루기 위한 과제가 있다. 과제에 대한 기준(Rubric)을 잘 읽고 제출해야 할 시간까지 보내면 된다. 다만 미국시간이라 그 시간에 맞춰야 하며, 미국은 주마다 시간대가 다르다는 것에 주의할 필요가 있다. 등록 기간이 정해져 있어서 그 기간에만 등록할 수 있고, 미리 하면 조기 등록(Early Bird) 할인도 있다. 30주 과정의 경우 매주 선생님이 보내주시는 연습 과제들을 하고, 개인별 피드백을 그 클래스의 전문가 선생님께 받는 동시에 같은 클래스에 있는 다른 홈스쿨 학생들끼리도 서로 피드백을 해준다. 최대한 좋은 피드백을 받기 위해 글 끝이나 중간에 막히는 부분마다 빨간색으로 질문을 넣는다. 주로 피드백을 받는 것은 문법, 단락 상의 논리, 글의 흐름 등이다. 영어 글쓰기의 기초부터 체계적으로 배우고 싶을 때, 또 미국 대학교 진학을 위한 에세이(essay)나 자기소개서(resume) 등을 써야 할 때 특히 유용하다. 우리 가정은 두 아이 모두 일정 시간 동안, 이 사이트를 통해 도움을 받았다. 그러나 역시 이 사이트에서 배우는 것도 글쓰기이기 때문에 우리말로 글쓰기가 되어야 따라갈 수가 있다.

다음 글은 작은아이 예준이가 한글에 대한 에세이의 개요를 쓴 것이다.

Ⅰ. History of Hangul's invention
  A. Korean used Chinese character before Hangul was invented
     in 1446 A.D.
  B. King Sejong the Great's invention of Hangul
     1. The high literacy rate of the Chosun commoners
        a) Commoners who can't receive formal education
        b) Discomfort of commoners due to Chinese characters

C. Difference between the arrangement other languages and Hangul

II. The Influence of Hangul in Modern Society

D. The Official character for th Chia Chia people

E. Hangul used in modern art

III. The characteristics of Hangul

A. The only character that combines consonants and vowels into one single letter

B. The character that imitated the shape of vocal organs when they speak each consonant

아랫글은 초고의 마지막 장으로, 내용 중간과 마지막 부분에 피드백을 받기 위한 질문을 달았다. 이후 동료 학생들과 선생님의 피드백을 반영하여 최종본을 작성하여 제출한다.

Hangul easy and scientific for the commoners who can't learn Chinese. In other words, the purpose of Hangul is to make people learn fairly, easily, and quickly. The Hoon-min-jeong-eum (The book written by King Sejong, which describes the writing system of Hangul) mentions, "A fool can be learned in a week, and a smart peson can learn in a day."

Q1. Is the conclusion unnatural ?

Q2. Do this essay have any grammatically unnatural words, sentences or paragraphs ?

Q3. Should I reveal the source of the quote here ?
The materials are all in Korean, and there are too many sources to translate only necessary contents...

13. 이제부터 시작하면 된다

여기까지 읽어 오다 보면 여러 생각이 들 수 있다. 아이들이 어리다면 덜 하겠지만 이미 많이 커 버린 경우에는 지난 세월에 대한 후회, 아쉬움, 너무 늦었구나 싶은 두려움과 걱정이 생길 수도 있다. 하나님 음성 듣기를 안 해 왔구나, 어디서부터 시작해야 하나 막막한 마음도 들 수 있다. 그러나 우리가 기억해야 할 것이 있다. 하나님은 사랑이시며, 전지하시고 전능하시다. 지금 이 책을 읽게 하신 뜻이 있을 것이다.

버티고, 믿고, 바라며

우리는 시공간의 제약을 받는 3차원적인 존재이다. 내가 보는 것, 내가 생각하는 것에 갇혀 있으면 하나님을 제한하게 된다. 믿음은 내게 보이는 대로, 느껴지는 대로 생각하고 믿고 바라는 것이 아니다. 내게도 앞이 보이지 않는 많은 순간이 있었다. 보이는 것과 느끼는 것대로 판단하자면 절망스럽고 버겁고 견딜 수 없는 그런 암울한 때가 정말 많았다. 그때마다 주님께서 주신 말씀을 붙들고 하나님의 성품에 기대어 버티고, 믿고, 바랐다.

재작년 상반기부터 하나님께서 주신 마음이 있어서 40주간 매주 하루는 종일 금식을 했다. 상황상 일을 하는 금요일에 금식하니 바빠서 기도를 충분히 못 하고 밥만 굶는 때가 많았다. 수요일 새벽에 무거운 마음으로 새벽기도를 갔는데 정죄하는 마음이 들어 슬펐다. 예배가 끝나고 눈물을 흘리며 비참한 심정으로 기도를 시작했다. 내 마음에서 나올 수 없는 전혀 다른 음성이 들리기 시작했다. 그래서 적었다.

"딸아, 네가 눈물을 흘리며 씨를 뿌렸기 때문에, 네가 하나님의 선하심을 믿을 수 없는 중에 믿었기 때문에, 바랄 수 없는 가운데 바랐기 때문에 종윤이는 네가 그토록 믿으려고 애썼던 것들이 너무나 당연하게, 또 자연스럽게 믿어질 것이다. 그가 하나님의 선하심을 맛보아 알 것이며 네가 힘들게 선택해야만 했던 믿음이 종윤이에게는 너무나 자연스럽고 당연한 것이 될 것이다. 딸아, 네가 성벽을 뛰어넘을 것이다. 나를 의지함으로 넉넉히 그리할 것이다. 네가 그토록 바라왔던 그 기쁨, 하나님을 나의 아버지, 나의 하나님으로 믿기 때문에 생기는 그 낙관주의를 종윤이는 선물로 받게 될 것이다. 그가 이미 그러하다. 딸아, 내가 너를 기뻐한다. 심히 기뻐한다. 나는 너로 인해 기쁨을 이기지 못한다. 나의 사랑 안에 거하라. 그 사랑 안에 뿌리를 내리고 터가 굳어지길 바란다."

우리는 하나님에 대해 오해할 때가 너무 많다. 하나님의 성품을 모르기 때문에 그렇다. 나는 "하나님, 저는 밥만 굶지, 기도를 하지 못하네요. 이건 금식도 아니에요."라는 비참한 마음으로 울면서 기도를 시작했지만, 하나님은 내가 일하면서 기도하지 못하고 밥만 굶은 것 같은 그 허접한 금식도 마음으로 받으셨고 가족 구원을 위한 내 작은 기도를 기뻐하셨다.

인생을 살다 보면 열매가 없다고 생각되는 시간이 있다. 내겐 피를 나누진 않았지만 친자매와도 같은, 어쩌면 친자매보다 더한 믿음 안의 동생이 있다. 작년에 그녀가 들려준 말이 있다. 그녀가 '주님, 지난 3년간 제 인생은 비시즌이었어요'라고 슬픈 마음으로 기도하는데 하나님께선 그 3년에 대해 '네 잎이 푸르러지는 시간이었다'고 말씀하셨다는 것이다. 그 말을 듣자 나는 예레미야 17:7~8 말씀이 생각나서 축복해 줬다. 그렇다. 내 인생의 비시즌이라고 여겨지는 그때가 실은 잎이 무성하여지고 청청해지는 시기, 열매를 맺기 위해 꼭 필요한 시기인 것이다.

이 책을 읽고 있는 당신에게도 동일하게 이야기하고 싶다. 주님을 바라보며 힘을 내자. 주님의 위로를 받자. 세상은, 또 원수 마귀는 "기도만 하면 다냐?"라고 한다. 그러나 주님이 맡기신 자녀를 기르기엔 지혜도, 성품도, 체력마저도 너무나 부족한 우리 부모들이 "어떻게 할 줄도 알지 못하고 오직 주만 바라봅니다"(대하 20:12)라는 마음으로 올려드린 그 기도를 주님은 들으신다. 아무도 보지 않는 곳에서 무릎 꿇은 당신의 모습을 눈여겨보신다. 주님 앞에서 마음을 쏟아 놓으며 흘렸던 눈물을, 그 마음을 귀하게 여기신다. 그러니 염려하지 말자. 하나님은 선하시고 우리 부모들의 마음을 아신다. 우리의 소망을 참 좋으신 아버지 하나님께 두자.

사실 홈스쿨 엄마가, 홈스쿨 아빠가 우리의 정체성이 아니다. 아이들의 부모이기 전에 우리는 하나님의 딸이며, 하나님의 아들이다. 우리가 하나님의 임재 안에서 딸로서, 아들로서 아버지의 사랑을 듬뿍 받을 때 자녀에게도 그 사랑이 흘러간다. 잠시 눈을 감고 그 주님께 사랑의 고백을 올려 드리자. 주님, 사랑합니다. 감사합니다!

실패했다고 말하지 말아라

초등학교 4학년까지 조용히 엄마랑 홈스쿨 하다가 갑자기 집에서 영어 공부방을 하게 되고, 비좁은 반지하로 이사를 하면서 5학년이던 큰아이는 사춘기가 빨리 왔다. 나는 생계와 남편의 학비 걱정으로 힘든데 친정아버지마저 암 진단을 받으셔서 넋이 나갈 지경이었다. 아이들의 마음을 돌아볼 여력이 없었다.

그러는 사이 큰아이는 예민해지고 자주 우울해졌다. 좋아하고 의지하던 외할아버지까지 돌아가시고, 가정 형편이 달라지고, 홈스쿨 모임에서도 소외감을 느끼던 아이는 모임에 다녀오는 길이면 늘 차 안에서 울었다. 또 교회에서 가장 친한 친구 가정이 미국으로 가게 되었다. 친한 홈스쿨 가정들은 다 멀리 살고, 교회 안에는 또래가 없고, 형들과는 게임이 아니면 대화가 안 되었다. 그런 어려움을 겪으며 큰아이는 공부방에 오던 또래 아이와 어울리며 게임에 빠졌다. 아이가 중학교 1, 2학년을 게임에 빠져 거의 매일 PC방에 다니며 지내는 동안 나는 아무것도 몰랐다. 2년을 죄책감에 시달리던 큰아이가 중3이 되는 2015년 2월에 고백을 했다. 청천벽력 같은 일이었다.

그날은 교회에서 40일 저녁기도를 마치던 날이었다. 남편과 작은아이는 벌써 교회에 갔는데 큰아이가 꾸물거려서 나도 교회에 늦을 것 같았다. 재촉하는 내게 큰아이는 기도해도 하나님 음성이 안 들린다며 투덜거렸다. 시간도 촉박해서 그냥 데려갈 수도 있었지만 마음에 의문이 들었다. '그렇게 하나님 음성도 잘 듣고 영적으로 민감하던 애가 왜 저럴까?' 그때 아이에게 질문해 보라는 마음이 들었다. 성령님의 음성이었다. "왜 하나님 음성을 못 들어? 너 부모님 몰래 죄짓는 거라도 있니?" 아이는 화들짝 놀랐다. 내가 말해 보라고 하자 자기가 말하면 엄마는 깜짝 놀랄 거라고 한다. 그래서 "네가 말하기 싫으면 안 해도 되지만 그러면 네가 힘들 거야."라고 했더니 아빠한테 비밀을 지켜 달라고 했다. 그건 들어보고 결정하겠다고 했더니 머뭇머뭇 말을 하는 데 정말 충격이었다. 명색이 내가 부모 교육 강사인데… 내 자식이 게임 중독이라니… 양심을 깨끗이 하고 싶었다면서 우는 큰아이와 함께 울면서 용서해 주고, 나도 용서를 빌었다. "그렇게 될 때까지 엄마가 무심했고, 너를 돌보지 못했구나, 혼자서 얼마나 괴로웠니? 미안하다."

내가 보기에 아이는 게임 중독이었다. 그래서 알고 지내던 중독 전문 상담가에게 상담을 부탁했다. 큰아이를 한번 만나고 나서 아이 자신이 왜 중독에 빠졌는지도 알고 어떻게 극복해야 하는지도 알기 때문에 상담이 필요 없다고 하셨다. 그러면서 주변에 천 원만 내면 다닐 수 있는 PC방이 너무 많으니 환경을 바꾸어 주라면서 기숙대안학교를 권유하셨다.

나는 정말 내키지 않았지만 온 가족이 함께 기도하고 하나님께 사인

(sign)도 구했다. 우리가 구한 대로 학교 측에서는 이례적으로 이미 지나버린 사전 캠프 참여 없이 입학을 허락해 주었고, 반액 장학금도 주셨다. 그렇게 해서 우리는 전라도 광주에 있는 기독대안학교에 아이를 입학시키게 되었다.

그럼에도 홈스쿨을 9년이나 했는데 허사가 되었다는 생각에 마음은 너무나 참담했다. 자식 교육에 실패했다는 마음 때문에 부모 교육 제안을 다 거절했다. 이제 부모들에게 성경적 양육을 가르쳐서 다음 세대를 세워간다는 사명을 더는 감당할 수 없게 되었다고 생각했다. 남편이 양육하던 형제 한 명은 "홈스쿨 하다가 대안학교 보내시는 거 보니까 홈스쿨 실패하신 것 아니에요?"라고 묻기도 했다. 우리 부부 안에서 들려오는 실패의 목소리에도 매우 괴로운데 그런 말을 들으니 더없이 고통스러웠다.

그 무렵 나는 매일 1시간 기도하고, 성경 10장 읽고, 묵상하는 훈련 커뮤니티에 속해 있었다. 공부방, 홈스쿨, 살림, 일주일에 한 번 시댁 방문, 교회 사역 등으로 바쁜 하루 일정 가운데 모든 자투리 시간을 써야만 할 수 있었다. 그때는 버스 정류장에 서서 버스를 기다리면서도 성경을 읽었을 정도였다. 그 훈련 덕분에 정말 마땅히 생각할 그 이상의 생각을 품지 않고 주님의 음성에 집중할 수 있었다. 그때 주님께서 말씀하셨다. "실패했다고 말하지 말아라. 너는 홈스쿨 하라는 나의 명령에 순종하여 홈스쿨을 해 온 것이고, 이제는 학교에 보내라는 명령에 순종하여 학교에 보내게 된 것이다." 그러면서 내 안에서 '좋은 교육인 홈스쿨' 대 '나쁜 교육인 학교'라는 구도가 깨어졌다. 회개가 절로 나왔다.

누가복음 18:9~13에는 바리새인과 세리의 비유가 나온다. 바리새인은 자기를 의롭다고 믿고, 다른 사람을 멸시한다. 그렇게 판단하는 근거는 행위이다. '난 저 세리와 죄인들처럼 토색, 간음, 불의를 안 한다. 또 나는 이레에 두 번씩 금식하고 또 소득의 십일조도 드린다.' 무엇을 하고 안 하는지가 자기 의의 기준이다. 그러나 주님은 율법으로는 의로워질 수 없는 자신을 죄인이라 여기며, 감히 하늘을 우러러보지도 못하고 눈물을 흘리며 하나님의 은혜를 구하는 세리를 귀하게 보신다.

홈스쿨을 하는 내게도 이 시대의 다른 부모들과 비교해 특별히 무엇을 하고 또 특별히 무엇을 안 한다고 하는 교만한 마음이 있었다. 그 사실을 자식이 게임에 빠지고서야 깨달았다. 내가 '홈스쿨 하는 의인'이었던 것을 인정하니 눈물이 펑펑 쏟아졌다. '아이들이 게임이나 기타 중독에 빠지는 건 마땅히 받아야 할 사랑을 받지 못하기 때문이다.'라고 부모교육 때 해 온 말이 부메랑으로 돌아와 마음이 낮아졌다. 또한 엇나가는 자녀로 인해 고통받는 부모들의 심정을 공감하며 함께 울게 되었다. 이런 쓰디쓴 경험은 자녀 문제로 아파하는 부모들을 치유하는 약재로 쓰이게 되었다.

큰아이가 다녔던 대안학교는 교장 선생님의 소개에 의하면 1/3은 중독이 있는 아이들, 1/3은 평범한 아이들, 1/3은 뛰어난 아이들이 모이는 곳이었다. 그곳에는 휴대폰, 컴퓨터, TV가 없다. 통화도 공중전화로만 할 수 있다. 입학 첫해에는 학과를 공부하지 않는다. 성경을 암송하고 기도하는 훈련, 상담 전문가들의 집단 상담과 워크숍, 매일 축구나 농구 등 운동하기, 1인 1악기 배우기 등으로 진행한다. 아이들이 자연스럽게 중독 대상에서 벗어나 하나님과의 관계, 친구와 교사와의 관계 속에서 회복되고, 가족과의 관계도 회복되도록 돕는다. 치유된 아이들은 치유 스토리를 발표한다.

큰아이는 그곳에서 여러 아이들의 간증(치유 스토리)을 듣게 되었다고 한다. 이를 통해 담배, 술, 약물, 먹을 것, 성, 게임, 인터넷, 스마트폰, 도둑질… 종류와 정도가 다를 뿐 많은 사람이 중독을 경험하고 또 중독 상태에 있다는 것을 알게 되었다. 그리고 깨달았다고 한다. '하나님과 또 사람들과의 관계로부터 사랑이 채워지지 않을 때 중독에 빠지게 되는구나… 이 관계가 회복될 때 중독을 극복할 수 있구나…'

1년 가까이 큰아이가 대안학교에 다니는 동안 한 달에 한 번 집에 오고 전화로 잠깐씩 통화하는 것이 익숙해졌다. 처음엔 홈스쿨을 하다가 지방의 기숙학교에 보내려니 홈스쿨이 물거품이 된 것 같았다. 한 달에 한 번 아이가 집에 왔다가 다시 학교로 갈 때마다 나는 울었다. 그러나 아이가 학교에 가보더니 "엄마, 친구들은 공부를 잘하는 아이건, 못하는 아이건 다 공부를 싫어하는 것 같아. 나는 홈스쿨을 해서 공부를 질리게 해 보질 않아서인지 공부가 싫지 않거든. 그리고 나는 홈스쿨 했기 때문에 영어도 이만큼 하는 것 같아."라고 말했다.

1년쯤 되었을 때, 50% 장학금을 받고 보내는 학교였지만 당시 형편으로는 좀 버거웠다. 게다가 책 읽기와 글쓰기를 좋아하던 아이가 한 달에 한 번 영어책 한 권, 우리말 책 한 권을 주어서 보내면 그 한 권을 다 못 읽고 오는 것을 보며 고민이 되었다. 기도하는데 다시 홈스쿨로 데려오라는 마음을 주셨다.

집에 데려온 지 얼마 되지 않아 교회의 담임 목사님께서 미국의 크리스천 사립학교에서 국제 학생들에게 장학금을 주는 제도가 있으니 지원해 보라는 권유를 하셨다. 전에도 권유하셨지만 미국에 보낼 자신이 없었기에 생각조차 하지 않았다. 그러나 이번엔 당신이 기도할 때마다 하나님께서 그런 감동을 주신다고 강권하셨다. 사모님을 통해서도 말씀하셨다. 담임목사님 부부는 기도함으로 하나님의 인도하심을 받고 부부관계, 자녀 양육 등 모든 영역에서 삶으로 믿음의 본을 보이시는 분이시다. 우리 아이들을 귀히 여기시고 사랑해 주시는 분들이다. 그래서 이 문제를 놓고, 가족이 함께 기도함으로 확신을 얻기를 간구했다. 다 같이 21일간 다니엘 새벽기도를 했는데, 가족 모두에게 지원해 보라는 마음을 주셨다.

지원했던 학교는 연간 학비(홈스테이 비용도 포함하여)가 수천만 원 되는 명문 사립학교였다. 우리 형편으로는 장학금을 받아야만 보낼 수 있었기에 장학금 지원서를 정말 잘 써야 했다. 지원서에는 '왜 우리가 당신의 아이를 지원해야 하는가?', '아이가 우리 학교에 무엇을 기여할 수 있는가?', '왜 미국에 오려고 하는가?' 등의 질문이 있었는데 큰아이와 함께 기도하고 코칭 대화를 하면서 그 답을 채워나갔다.

사실 그때까지 큰아이는 별다른 꿈이 없었다. 그러나 이 지원 과정을 거치며 상담을 통해 다른 사람들을 돕고 싶다는 꿈이 생겼다. 아이의 게임 중독 경험과 중독에 대한 깨달음, 심리상담을 통해 몽골이나 라오스, 베트남 등의 청소년들을 돕고 싶어 하는 꿈을 발견했다. 미국이 심리학의 선도적인 국가이고 다양한 문화가 공존하는 국가이기 때문에 장차 저개발국에 가서 청소년들을 섬기기 위해 필요한 다양한 문화 경험을 쌓기 위해서 반드시 미국에 가야만 한다는 스토리를 만들 수 있었다. 지원서를 내고 나서 두 차례의 화상 인터뷰와 시험 등 여러 단계를 거쳤다. 그리고 최종적으로 장학생으로 선발되어 전체 학비 중 최소한의 비용으로 사립 명문 고등학교로 유학을 가게 되었다. 이 학교는 부유한 중국 학생들이 입학하기 위해 대기하는 곳인데도 학교 측에서는 장학금을 주면서 입학 기회를 주었고, 입학하고 얼마 후에 교장 선생님과 위원회가 바뀌면서 종윤이는 그 마지막 수혜자가 되었다.

이 과정을 거치면서 느낀 것이 있다. 남편이 박사과정을 할 때 박사 후 과정으로 미국에 가족이 모두 가는 꿈을 꾸었다. 그러나 남편이 목회자가 되면서 꿈꾸었던 기회들이 사라졌다고 생각했고 아이들 교육을 어떻게 할지가 가장 큰 걱정이었다. 그러나 하나님의 뜻은 사람의 계획과는 정말 스케일이 다르다.

주님은 큰아이가 국내에서 홈스쿨로 영어를 배워 미국 공립학교 11학년 수준이 되게 하셨다. 큰아이가 다녔던 고등학교는 세계 여러 나라의 국제학교에서 오는 학생들이 많았다. 그런데도 큰아이는 발음, 억양, 읽기와 쓰기 및 말하기 수준 등 모든 부분에서 몇 년씩 국제학교에 다니다 온 아이들보다 뛰어나다는 평가를 받았고, 1년도 안 되어서 미국 사람들마저도 큰아이가 미국에서 나고 자란 교포라고 생각하는 수준이 되었다. 듣기, 읽기, 쓰기가 되어서 미국에 가니 말하기는 금방 늘었다. 읽기와 쓰기는 자기 또래 원어민보다 낫다는 평가도 받았다. 아이가 미국에 가게 된 시점이야말로 주님의 완벽한 타이밍이라고 생각된다. 국내에서 홈스쿨만으로도 미국에서 통하는 영어가 가능하다는 것을 입증해 주었기 때문이다.

큰아이가 게임에 빠지고 대안학교에 가게 되면서 모든 게 끝난 것 같았다. 큰아이가 학교에 가게 되면서 우리 부부는 한창 사춘기를 지나던 작은아이에게 집중할 수 있었다. 중1 때까지는 대화가 안 되었던 작은아이와 대화가 가능해지기 시작했다. 하나님께서는 자폐 스펙트럼 장애가 있는 작은 아이가 중학교 3년 동안 지성이나 감정 표현, 인간관계 등에서 전에는 생각해 보지 못했던 큰 변화와 진전이 있게 하셨다.

또 기숙학교에 다녔던 큰아이와 매달 이별하는 연습을 하게 하셔서 미국에 보낼 담력을 우리 부부에게 주셨다. 큰아이 입장에서도 대안학교에서의 경험이 여러모로 부모를 떠나 유학길에 오를 수 있는 훈련이 되었다. 그뿐만 아니라 중독자가 많은 특별한 대안학교에 다닌 탓에 '상담자'라는 꿈을 발견하게 되었다. 큰아이에게 자신의 중독 경험과 회복의 과정은 내담자를 이해하고 치유하는데 큰 자산이 될 것 같다. 이처럼 주님께서는 우리 인생의 '흑역사', 우리의 실패, 오점, 실수와 연약함마저 주님의 완전하신 뜻 가운데 합력하여 선을 이루시는 전능하시고 전지하신 하나님이시다. 할렐루야!

내가 실패했다고 느끼며 좌절했을 때 이미 하나님께서는 회복의 길을 준비하셨고 나보다 앞서 그 길을 열어가셨다. 그러니 여러분의 기준과 기대가 무너졌을 때 실패했다고 말하지 말라. 너무 늦었다고도 하지 말라. 깨닫게 하신 그때가 하나님의 카이로스, 그분이 일하기로 작정하신 때이다. 여러분에게 이제 시작하게 하신 하나님은 또한 그에 맞는 힘도, 필요한 능력과 지혜도 주실 것이다.

> 하나님께서는 여러분 안에서 하나님이 기뻐하시는 일을 할 수 있도록 돕고
> 계십니다 또한 하나님은 할 수 있는 힘과 능력을 여러분에게 공급해 주실
> 것입니다 (빌 2:13, 쉬운 성경)

이제부터 시작하면 된다. 하나님을 신뢰하며 말씀하시는 음성을 듣고, 열어 주시는 만큼 가면 된다. 그러다 보면 하나님의 뜻을 알게 되고, 주님을 믿고 심어왔던 것들을 한꺼번에 거두게도 하시고, 내가 심지도 않은 선하고 풍성한 열매를 거두게 하심을 분명히 보게 될 것이다. 여러분의 믿음의 이야기(faith story)는 지금부터다!!

1. 입문과정, 기본과정, 심화과정의 학습 목표와 핵심을 각각 4~5개의 키워드로 정리해보라.

_____

_____

_____

_____

2. 각 단계의 유의점에서 마음에 다가왔던 내용을 3가지 적어보라.

_____

_____

_____

_____

3. 자녀의 단계에서 적용할 수 있는 독후활동이 있다면 어떤 것들인가?

_____

_____

_____

_____

4. 책을 읽고 난 지금 하나님께 자신의 회개와 소원, 결단을 드리는 기도를 적어보라.

_____

_____

_____

_____

1. 단계 비교표

이 책의 단계		리틀팍스 단계	미국학교 리딩 레벨
입문 과정		1	Kindergarten
기본 과정	1단계	2	Grade 1
	2단계	3	Grade 1~2
	3단계	4	Grade 2
심화 과정	1단계	5	Grade 2~3
	2단계	6	Grade 3~4
		7	Grade 4~5
	3단계	8	Grade 5~6
		9	Grade 6~7

리틀팍스 단계는 자기 학년이 자기 단계인 것이 이상적이다. 3학년은 3단계, 4학년은 4단계인 것이다. 초등 단계에서 최소 4단계까지는 마쳐야 중학교 수준의 문법을 자연스럽게 이해할 수 있다. 그래서 이 책에서는 1~3단계를 기본 과정으로 묶었다. 또한, 미국학교 리딩 레벨로 5, 6학년 정도가 우리나라 수능 영어 수준에 해당하므로 리틀팍스 8, 9단계면 수능 수준이라고 생각할 수 있다. 그렇기 때문에 초등학교 3학년이 3단계를 한다는 것도 결코 낮은 수준으로 볼 수 없다.

위의 표에 우리나라 연령도 함께 표기해 주길 바라는 분도 계실 것이다. 그러나 연령에 매이다 보면 영어에만 지나치게 몰입하다가 가정과 아이에게 더 중요하고 우선되어야 할 것들을 간과할 수 있다. 기본 과정을 마치면 우리나라 중학교 수준이 완성되고, 심화 과정을 마치면 수능에도 대응할 수 있는 정도로 생각하고 아이에게 맞는 로드맵을 짜는 데 위 표를 활용하길 바란다.

2. 단계별 추천 도서

이 책들을 전부 살 필요도 없고, 사실 없어도 무방하다. 아이가 좋아하는 시리즈를 찾아서 한 질만 사거나, 빌려 읽어도 된다. 또 홈스쿨 가정끼리 한 질씩 사서 여러 달씩 서로 돌려봐도 된다. 리틀팍스와 병행한다면 많은 시리즈를 하는 것보다 한 질만 사거나 몇 권만 사서 여러 번 읽게 하는 것이 더 낫다.

이하의 모든 책은 책 제목의 알파벳 순서대로 배열했다. 시리즈물의 경우 그 안에 레벨이 다양한 경우가 있어서 여러 단계에 추천되어 있으니 주의가 필요하다. (칼)은 칼데콧상 수상작이며, (뉴)는 뉴베리상 수상작을 표시한 것이다.

입문 단계

그림책
Brown Bear, Brown Bear, What Do You See?
Finding Jack
Five Little Monkeys Jumping on the Bed
Freight Train (칼)
Let's Go Visiting
Parade
Quick as a Cricket
Spring is Here
Spot 시리즈
The Crocodile and the Dentist
Titch
Today is Monday
Who Stole the Cookies from the Cookie Jar?

리더스북

개인적으로는 10권으로 구성되어 있고, 그림책 느낌이 나는 리더스북인 『Little Critter(Level 1)』와 『An I Can Read Book(My first)』을 추천한다. 이 단계의 리더스북은 거의 비슷하다. 단, 같은 시리즈라 해도 리딩 레벨의 편차가 큰 점이 단점이다. 편의상 레벨을 나눠 두는 것이니 참고하길 바란다.

All Aboard Reading (Level 1)
An I Can Read Book (My first)
Learn to Read
Little Critter (Level 1)
Puffin Easy-to-read (Level 1)
Ready to Read (Level 1)
Oxford Reading Tree (Stage 2~3)
Scholastic Hello Reader (Level 1)
Step into Reading (Step 1)

기본 과정 1단계

그림책

Bear on a Bike
Don't Do That!
Each Peach Pear Plum
Five Little Monkeys 시리즈 (칼)
Joseph Had a Little Overcoat (칼)
Little Bear 시리즈
Little Blue and Little Yellow
Polar Bear, Polar Bear, What Do You Hear?
Silly Sally
The Great Big Enormous Turnip
The Story of the Little Mole who Knew it was None of His Business
There was an Old Lady who Swallowed a Fly (칼)
Titch 시리즈
We're Going on a Bear Hunt
When Sophie Gets Angry-Really Really Angry... (칼)

리더스북

개인적으로는『An I can read book (Level 1)』과『Little Critter (Level 2)』를 추천한다.
이 단계의 리더스북은 어떤 시리즈를 선택해도 비슷하며, 한 시리즈의 같은 레벨이라 해
도 각 권의 리딩 레벨은 편차가 있으니 참고 바란다. 가정마다 구할 수 있는 가장 저렴한
책을 사면 된다.

All Aboard Reading (Level 1)
An I Can Read Book (Level 1)
Little Critter (Level 2)
Oxford Reading Tree (Stage 4~5)
Puffin Easy-to-read (Level 2)
Ready to Read (Level 2)
Scholastic Hello Reader (Level 1)
Step into Reading (Step 2)

기본 과정 2단계

앞서 말했듯 코업에서 가정별로 한 질씩 나누어 사서 서로 돌려 보아도 된다. 그
러나 많은 책을 읽히기 위해서 많이 사지는 말라. 비싼 책을 전집으로 사서 읽히려
고 하면 엄마도 아이도 부담스러울 수 있다. 개인적으로는『Little Critter』(Level
3)와『Folk & Fairy Tale Easy Readers』,『Step into Reading(Step 3)』을 추천
한다.『Folk & Fairy Tale Easy Readers』는 저렴한 가격에 CD와 소책자 15권이
있어서 좋다. 다른 시리즈와 마찬가지로『Step into Reading(Step 3)』도 한 시리
즈 안에서도 편차가 있어 책 리딩 레벨이 기본 과정 2단계와 3단계에 걸쳐 있음을
참고하라.

그림책

Ben's Trumpet (칼)
Curious George 시리즈
Click, Clack, Moo: Cows that Type (칼)

Dr. Seuss 시리즈
Elmer 시리즈
Farmer Duck
Guess How Much I Love You
Harry the Dirty Dog 시리즈
Inch by Inch (칼)
Jessy Bear 시리즈
Little Bear 시리즈
Love in Frog 시리즈
Love You Forever
Madeline (칼)
Mr. Gumpy's Outing
Noah's Ark (칼)
Seven Blind Mice (칼)
The Little Mouse, the Red Ripe Strawberry, and the Big Hungry Bear
The Mixed-Up Chameleon
The Paper Bag Princess
The Snowy Day (칼)
The Very Hungry Caterpillar

리더스북
All Aboard Reading (Level 1, 2)
An I Can Read Book (Level 2)
Arthur Starter
Fly Guy
Folk & Fairy Tale Easy Readers
Little Critter (Level 3)
Oxford Reading Tree (Stage 6~7)
Puffin Easy-to-read (Level 2)
Ready to Read (Level 3)
Scholastic Hello Reader (Level 2)
Step into Reading (Step 3)

기본 과정 3단계

앞에서도 말했지만 많은 책을 읽히기 위해서 대량으로 사지 않도록 한다. 비싼 책을 전집으로 사서 읽히려고 했을 때 여러모로 무리가 될 수 있다. 아이가 읽기 싫어하면 엄마도 속상하고, 아이도 읽기에 대한 흥미를 잃게 될 수 있다. 책 구매 시 반드시 재정에 대한 결정을 남편과 함께한다. 남편이 조금이라도 싫어하면 주님의 뜻이라 여기고 사지 않는 것이 좋다. 남편은 가정의 제사장, 공급자, 보호자이며 인도자이다. 내키지 않더라도 남편의 뜻에 따르는 아내의 순종으로, 가정의 필요가 공급되며, 주님의 인도하심을 받게 될 것이라 믿는다.

이 단계 도서로 개인적으로는 『An I can read』 시리즈와 『Usborne Young Reading(Level 1)』을 추천한다. 아래 그림책의 경우는 리딩 레벨이 심화 1단계에도 걸쳐 있으니 다음 단계에서도 활용할 수 있다.

그림책

A Chair for My Mother (칼)
Alexander and the Wind-Up Mouse (칼)
Angelina Ballerina 시리즈
Curious George 시리즈
Doctor De Solo
Make Way for Ducklings (칼)
One Fine Day (칼)
Rainbow Fish 시리즈
Shrek!
Strega Nona 시리즈
Swimmy (칼)
The Amazing Bone (칼)
The Little House (칼)
Willy the Wizard

리더스북

All Aboard Reading (Level 2~3)
An I Can Read Book (Level 2~3)
Oxford Reading Tree (Stage 6~7)
Puffin Easy-to-read (Level 3)
Ready to Read (Level 3)
Scholastic Hello Reader (Level 3)
Step into Reading (Step 3)
Usborne Young Reading (Level 1)

심화 과정 1단계

이 책들을 전부 살 필요는 없다. 아이가 좋아하는 시리즈를 찾아서 그 책만 3~5 회 정도 반복하여 읽혀도 된다. 좋아하는 책을 찾기 위해 도서관이나 책 대여점에서 다양한 시리즈의 책들을 빌려보아도 좋다. 좋아하는 책을 찾았을 경우, 한 시리즈 전체를 다 살 수도 있지만 몇 권씩 낱권으로 사도 된다. 중고 책을 사도 되고 빌려 읽어도 된다.

전집으로 사도 좋을 이 단계의 도서로『Usborne Young Reading』 Level 2, 3을 추천한다.『Usborne Young Reading』은 페이지 당 글밥이 많고 명작동화와 창작동화로 구성되어 있다. 리더스북에 비해 CD 속도는 비교적 빠른 편으로 리더스북과 챕터북의 중간 단계 정도이다. 리더스북에서 챕터북으로 넘어가는 단계에 좋은 책이다. 리더스북의 고전이라 불리는『Step into Reading』 Level 3, 4도 좋은 책이다.『Oxford Book Worms Library』1~3단계도 추천할 만하다.『Oxford Book Worms Library』는 1~6단계까지 있다. 1, 2단계는 우리나라 중1 정도 수준이다. 5, 6단계는 외고를 준비하는 학생들이 읽고 리포트 쓰는 수준이다. 이 단계에서 가장 좋은 것은 원서와 단어장이 함께 있어서 문맥 속에서 단어를 꾸준히 복습하는 것이다. 원서와 단어장, MP3가 함께 있는 롱테일 북스의 책들을 추천한다. 이 단계의 시리즈로 『Nate the Great』가 현재 나와 있다.

리더스북
All Aboard Reading (Level 3)
An I Can Read Book (Level 3)
Arthur Adventure
Berenstain Bears
Curios George 시리즈
Henry and mudge
Mr. Men & Little Miss
Oxford Reading Tree (Stage 8~9)
Puffin Easy-to-read (Level 3)
Ready to Read (Level 3)
Scholastic Hello Reader (Level 4)
Step into Reading (Step 4)

챕터북
Amber Brown
Andrew Lost
A to Z Mysteries
Classic Tales (1~2)
Encyclopedia Brown
Flat Stanley
Franny K. Stein
Magic School Bus Chapter Book
Mr. Putter & Tabby
Nate the Great
Ricky Ricotta's Mighty Robot
Rockets
Scholastic Junior Classics
Shakespeare Story
Time Warp Trio
Usborne Young Reading (Level 2, 3)

소설
Charlotte's Web
Oxford Book Worms Library (Level 1~3)
Sarah, Plain and Tall 시리즈 (뉴)
Spiderwick Chronicles 시리즈
The Boy who Lost His Face
The Lemonade Club
The Miraculous Journey of Edward Tulane
There's a Boy in the Girl's Bathroom

지식책
Four Corners (Stage 2~3)
Let's Read and Find Out 시리즈 (Level 2)
Usborne Young Reading 시리즈 (Level 3)

심화 과정 2단계

이 단계 도서로 개인적으로는 『Arthur Chapter Book』과 『Marvin Redpost』,
『Classic Starts』, 『Oxford Book Worms Library』 등의 시리즈를 추천한다.

챕터북
A Jigsaw Jones Mystery
Arthur Chapter Book
Junie B. jones
Magic Tree House
Marvin Redpost

소설
Alice's Adventure in Wonderland
A Little Princess
A Long Way from Chicago (뉴)
A Wrinkle in Time (뉴)

Because of Winn-Dixie (뉴)
Bridge to Terabithia (뉴)
By the Shores of Silver Lake (초원의 집 시리즈)
Chester Cricket and His Friends 시리즈 (뉴)
Chronicles of Narnia 시리즈
Classic Starts
Daddy-Long-Legs
Dear Mr. Henshaw (뉴)
Frindle
From the Mixed-up Files fo Mrs. Basil E. Frankweiller (뉴)
Geronimo Stilton
Harry Potter 시리즈
Hiccup 시리즈
Holes
Island of the Blue Dolphins (뉴)
Little House 시리즈 (뉴)
Little Town on the Prairie (초원의 집 시리즈)
Mr. Popper's Penguins (뉴)
My Father's Dragon 시리즈 (뉴)
No Talking
Number the Stars (뉴)
On the Banks of Plum Creek (초원의 집 시리즈)
Oxford Book Worms Library (Level 4)
Percy Jackson 시리즈
Pippi Longstocking 시리즈
Ramona 시리즈 (뉴)
Roll of Thunder, Hear My Cry (뉴)
School Stories 시리즈
Shakespeare Stealer 시리즈
Sounder (뉴)
Stuart Little
The Brown Bow (뉴)
The Giver (뉴)
The Great Gilly Hopkins (뉴)

The Hundred Dresses (뉴)
The Little Prince
The Long Winter (초원의 집 시리즈)
The Snow Queen
The Tale of Despereaux (뉴)
The Wind in the Willows
These Happy Golden Years (초원의 집 시리즈)
Time Quartet: A Wrinkle in Time 시리즈
Tom's Midnight Garden
Tuck Everlasting

지식 책
Four Corners (4~5)
Horrible History 시리즈
Horrible Science 시리즈
Let's Read and Find Out
Terry Deary's Historical Tales
Who Was? 시리즈

심화 과정 3단계

이 책들을 전부 살 필요는 없다. 아이가 좋아하는 시리즈를 찾기 위해 도서관에서 다양한 시리즈의 책들을 빌려본다. 좋아하는 책을 찾게 되면 한 시리즈 전체를 다 살 수도 있지만 몇 권씩 낱권으로 사도 된다. 중고책을 사도 되고 빌려 읽어도 된다. 롱테일북스의 뉴베리 시리즈를 통해 단어도 익숙해지고 즐겁게 읽을 수 있게 되었다면 다른 영역으로도 읽기를 확장해 가자.

소설
A Christmas Carol
Aladdin and Other Tales from The Arabian Nights
Amos Fortune: Free Man (뉴)

Anne of Green Gables 시리즈
Around the World in Eighty Days
A Single Shard (뉴)
Black Beauty
Hans Andersen's Fairy Tales
Hatchet (뉴)
Heidi
Jane Eyre
Little Women
Lord of the Rings 시리즈
Oxford Book Worms Library (Stage 5, 6)
Peter Pan
Robinson Crusoe
Shiloh (뉴)
Tales from the Odyssey
The Adventures of Huckleberry Finn
The Jungle Book
The Wizard of Oz
To Kill a Mockingbird (뉴)
Treasure Island

지식 책
Four Corners (6~7)
The Story of the World 시리즈 (세계 역사 이야기 원본)

기타
The Adventures of Tintin 시리즈 (땡땡의 모험)

▌ 참고 문헌

● 국내서

김소진,『토설기도』, 베다니출판사, 2011.

박상배,『인생의 차이를 만드는 독서법, 본깨적』, 예담, 2013.

설은주,『가정사역론』, 예영커뮤니케이션, 2004.

신서균 외 공저,『현대 기독교 교육입문』, 혜본, 2001.

신효상, 이수영 공저,『스피드 리딩』, 롱테일북스, 2007.

우공이산연구소,『독자도 되는 영어 공부법』, 우공이산, 2019.

장동렬,『백날 들어봐라, 영어가 되나!』, 쿠키, 2006.

최윤식, 최현식 공저,『2020 2040 한국교회 미래지도 1』, 생명의 말씀사, 2013.

최윤식, 최현식 공저,『다시, 사명이다: 하나님이 이끄시는 크리스천 미래준비학교』, 생명의 말씀사, 2016.

한우리독서문화운동본부 교재집필연구회,『독서 자료론·독서 지도 방법론』, 위즈덤북, 2005.

한철우, 박진용, 김명순, 박영민 공저,『과정 중심 독서 지도』, 교학사, 2001.

● 번역서

니콜라스 카 저, 최지향 역,『생각하지 않는 사람들』, 청림출판, 2010.

로날드 클럭 저, 오연희 역,『영혼의 일기』, 두란노, 1991.

버니 트릴링, 찰스 파델 공저, 한국교육개발원 역,『21세기 핵심역량』, 학지사, 2012.

짐 와일더 외 저, 손정훈, 안윤경 공역,『예수님 마음담기』토기장이, 2015.

찰스 파델, 마야 비알릭, 버니 트릴링 공저, 이미소 역,
   『4차원 교육 4차원 미래 역량 : 21세기 무엇을 가르치고 배워야 하는가?』, 새로온봄, 2016.

크레이그 힐 저, 김진선 역,『하나님의 언어로 자녀를 축복하라』, 토기장이, 2015.

토니 레인케 저, 김귀탁 역,『독서신학』, 부흥과개혁사, 2012.

폴 트립 저, 황규명 역,『위기의 십대 기회의 십대』, 디모데, 2004.

● 국외서

Flemming, Laraine, 『Reading for Results』, Houghton Mifflin, 2005.

Jannifer Jacobson & Dottie Raymer, 『The Big Book of Reproducible Graphic Organizers』 (Scholastic, 1999)

Karen Bromley, Linda Irwin-De Vitis, Marcia Modlo, 『Graphic Organizer』, Scholastic, 1995.

● 신문잡지

「지식수명 7년서 2년으로 줄어… 끊임없이 배워야」『세계일보』(2013.3.25.)

「한국판 킨제이보고서 "부부 36.1%는 섹스리스로 세계 2위"」『연합뉴스』(2016.6.29.)

「섹스리슨데 성중독?」,『중앙선데이』(2017.3.12.)

「외국어가 양질의 일자리다」『국민일보』(2018.2.12.)

「서울대 외국인 유학생 절반 한국어 수업 이해 못한다」『경향신문』(2018.12.3.)

「2019 중앙일보 대학평가 - '인구절벽' 시대 국제화로 살길 찾는 대학들」『월간중앙』2019년 12호.

「UAE 원전 직원 파견, 영어 능력 논란… 한수원 '뒷말' 무성」『세계일보』(2020.3.4.)

초판 1쇄 발행   2021년 3월 25일
초판 2쇄 발행   2023년 1월 20일

지은이   추소정
발행인   박진하
편집   홍용선
교정   김경화 성정선
디자인   신형기

펴낸곳   홈앤에듀
신고번호   제 379-251002011000011호
주소   경기도 성남시 수정구 복정동 639-3 정주빌딩 B1
전화   050-5504-5404
홈페이지   홈앤에듀 http://homenedu.com
패밀리   홈스쿨지원센터 http://homeschoolcenter.co.kr
      아임홈스쿨러 http://www.imh.kr
      아임홈스쿨러몰 http://imhmall.com
판권소유   홈앤에듀

ISBN 979-11-962840-8-4 13740
값 18,000원

하루에 10분, 복음 이야기로 여러분의 가정을 변화시키세요.

매일 『Long Story Short : 복음, 그 길고도 짧은 이야기』 (구약편),
『Old Story New: 복음, 늘 새로운 옛 이야기』 (신약편)를 통해 복음의 은혜를
나눌 수 있습니다. 이 책은 취학 전 아이들부터 고등학생까지 전 연령대의
자녀들이 복음을 이해하는 데 도움이 될 것입니다.

마티 마쵸스키 저 │ 각 권 25,000원

성경을 관통하는 40가지 핵심 주제 바이블 이슈 40

신약과 구약, 그리고 역사적 사실들이 퍼즐처럼 맞춰진다! 구약과 신약의 말씀이
분리할 수 없는 연관성과 일관성을 가졌으며, 예수 그리스도를 주인공으로 하는
하나의 치밀한 시나리오임을 볼 수 있도록 돕는 책.

홍광석 지음 │ 20,000원

이럴 때 남자는 어떻게 해야 하는가? 남자들을 위한 지혜

삶의 질문들에 대해 성경으로 답한다. 남자들을 위한 깊이 있고
통찰력 있는 영적 가이드북!

노옴 웨이크필드 지음 │ 황병규 옮김 │ 14,500원

참 사랑의 가치는 무엇인가? 하나님처럼 사랑하기

관계에 상처를 주는 거짓 사랑에서 자유하기를 원하십니까?
당신에게 참 사랑의 가치를 선물합니다.

노옴 웨이크필드 지음 │ 11,000원

자녀양육의 위기 극복하기

자녀 양육을 하면서 홈스쿨 부모들이 범하기 쉬운 일곱가지 맹점을 다루어 줌으로써
자신을 돌아보게 하며 그러한 실수를 하지 않도록 돕습니다.
렙 브래들리의 <성경적 자녀양육 지침서>와 함께 읽으면 좋을 필독서!

렙 브래들리 지음 │ 임종원, 임하영 옮김 │ 10,000원

홈앤에듀 | 원고지형 '성경말씀 따라쓰기' 시리즈

말씀 필사뿐 아니라 바른글씨, 맞춤법, 띄어쓰기, 원고지작성법을 자연스럽게 익히며
어휘력도 증진시킬 수 있는 1석 6조의 다목적 성경교재

잠언 따라쓰기

원고지 형태로 구성된 잠언 따라쓰기 교재
홈앤에듀 편집부 지음 | 14,500원

요한복음 따라쓰기

원고지 형태로 구성된 요한복음 따라쓰기 교재
홈앤에듀 편집부 지음 | 14,000원

사도행전 따라쓰기

원고지 형태로 구성된 사도행전 따라쓰기 교재
홈앤에듀 편집부 지음 | 15,000원

로마서 따라쓰기

원고지 형태로 구성된 로마 따라쓰기 교재
홈앤에듀 편집부 지음 | 12,500원